POLONO-GERMANICA 1

Schriften der Kommission
für die Geschichte
der Deutschen in Polen e.V.

Markus Krzoska, Isabel
Röskau-Rydel (Hg.)

Stadtleben und Nationalität

Ausgewählte Beiträge zur Stadtgeschichtsforschung in Ostmitteleuropa im 19. und 20. Jahrhundert

Martin Meidenbauer »

Markus Krzoska studierte Geschichte und Politikwissenschaft in Mainz und promovierte an der Freien Universität Berlin. Er arbeitet als freiberuflicher Historiker und Übersetzer in Mainz. Im wissenschaftlichen Bereich beschäftigt er sich mit Themen der Geschichte Polens, Böhmens und der Habsburgermonarchie.

Isabel Röskau-Rydel studierte in München, wo sie auch promovierte, in Mainz und Krakau. Sie ist wissenschaftliche Mitarbeiterin am Instytut Neofilologii Akademii Pedagogicznej i. KEN in Krakau. Zurzeit bereitet sie ihre Habilitation zur Akkulturation und Integration deutschösterreichischer Beamtenfamilien in Galizien im 19. Jahrhundert vor.

Die Deutsche Bibliothek verzeichnet diese Publikation in der Deutschen Nationalbibliografie; detaillierte bibliografische Daten sind im Internet über http://dnb.ddb.de abrufbar.

© 2006 Martin Meidenbauer Verlagsbuchhandlung, München

Umschlagabbildung: Mickiewicz-Monument, Lwów/Lemberg (Postkarte, um 1900)

Alle Rechte vorbehalten. Dieses Werk einschließlich aller seiner Teile ist urheberrechtlich geschützt. Jede Verwertung außerhalb der Grenzen des Urhebergesetzes ohne schriftliche Zustimmung des Verlages ist unzulässig und strafbar. Das gilt insbesondere für Nachdruck, auch auszugsweise, Reproduktion, Vervielfältigung, Übersetzung, Mikroverfilmung sowie Digitalisierung oder Einspeicherung und Verarbeitung auf Tonträgern und in elektronischen Systemen aller Art.

Gedruckt auf
chlorfrei gebleichtem, säurefreiem und alterungsbeständigem Papier (ISO 9706)

ISBN 3-89975-081-0

Verlagsverzeichnis schickt gern:
Martin Meidenbauer Verlagsbuchhandlung
Erhardtstr. 8
D-80469 München

www.m-verlag.net

INHALTSVERZEICHNIS

Vorwort 7

Markus KRZOSKA: Stadtgeschichte im 19.
und 20. Jahrhundert. Allgemeine Einführung.
vor dem Hintergrund Ostmitteleuropas 11

Stefan DYROFF: Das kulturelle und
gesellschaftliche Leben der Deutschen
in der Provinz Posen.
Forschungsstand und Forschungsaufgabe 31

Peter Oliver LOEW: Stückwerk: Was wissen
wir über die Geschichte Danzigs im
19. und 20. Jahrhundert? 47

Isabel RÖSKAU-RYDEL: Integration
oder Abgrenzung? Deutschösterreichische
Beamtenfamilien in den Städten Galiziens
1772 bis 1918 67

Heidi HEIN-KIRCHER: Die Entwicklung der
Lemberger Selbstverwaltung im Rahmen
der habsburgischen Gemeindeordnung
von der Revolution 1848 bis zur
Verabschiedung des Statuts 1870 83

Inhaltsverzeichnis

Harald BINDER: Die Polonisierung Lembergs
im 19. Jahrhundert – Konzeption und Realität   107

Elżbieta EVERDING: Das Kulturleben
der Nationalitätengruppen in Lemberg
in den Jahren 1918-1939   119

Hanna KRAJEWSKA: Die Evangelischen
in den Städten des Königreichs Polen   155

Bernard LINEK: Entstehung einer
oberschlesischen Industriestadt. Zabrze vor dem
Ersten Weltkrieg   165

Autoren   183

VORWORT

Mit dem nun vorliegenden Band beginnt die Kommission für die Geschichte der Deutschen in Polen e.V. ihre neue Schriftenreihe. Sie trägt damit nicht nur dem Gedanken Rechnung, die Ergebnisse ihrer Arbeit öffentlichkeitswirksamer als bisher zu präsentieren, sondern setzt zudem den im letzten Jahrzehnt eingeleiteten Verwissenschaftlichungsprozess fort. Dieser Prozess ging von der Notwendigkeit aus, den methodischen und ideologischen Ballast der deutschen Ostforschung hinter sich zu lassen und sich den neuen Entwicklungen innerhalb der Osteuropaforschung stärker zu öffnen. Auch eine Kommission, die sich in erster Linie mit der Geschichte der Deutschen beschäftigt, muss diese immer in gesamtstaatliche und gesellschaftliche Strukturen einordnen. Dazu gehört das Zusammen-, mitunter auch das Nebeneinanderleben der verschiedenen ethnischen, religiösen, kulturellen und sozialen Gruppen ebenso wie die jeweiligen Kontakte zu Nachbarregionen und –staaten. Ein entscheidendes Kriterium ist somit der Vergleich, durch den allein es möglich wird, lokale und regionale Ereignisse und Entwicklungen in einen überregionalen, im Idealfall auch europäischen Kontext einzubetten.

Dass sich der erste Band dieser Reihe mit Stadtgeschichte beschäftigt, fügt sich dabei sehr gut in dieses Bild. Zeigt doch die Entwicklung von Städten seit dem Mittelalter all jene Elemente von Interaktion, Kulturtransfer und Interdependenz, die den Rahmen kleinteiliger Strukturen sprengen und auch vor nationalen Grenzen keinen Halt machen.

Die Kommission für die Geschichte der Deutschen in Polen fühlt sich geographisch insbesondere den Gebieten der alten polnisch-litauischen *Rzeczpospolita szlachecka* verpflichtet, insbesondere den Regionen, in denen – seit dem Mittelalter oder auch erst seit dem 19. Jahrhundert – Deutsche in einer größeren Anzahl lebten, also in Großpolen (Provinz Posen), der Lodzer Gegend, Warschau, den galizischen Städten, aber auch Wolhynien. Weitgehend ausgeklammert wird dabei jedoch das einstmalige Königliche Preußen, für das mit der Historischen Kommission für Westpreußen eine eigene Einrichtung besteht.

Die wissenschaftliche Jahrestagung der Kommission, die vom 16. bis 18. September 2005 in Słubice stattfand, widmete sich der Stadtgeschichte in jenen Regionen. Ihr heterogener Charakter musste ganz zwangsläufig dazu führen, dass nicht alle Teile gleichermaßen berücksichtigt werden konnten, zumal der Forschungsstand mancherorts mehr als unbefriedigend ist. Die Organisatoren entschlossen sich auch deshalb dazu, sich nicht auf das „Kommissionsgebiet" zu beschränken, sondern auch die Entwicklung in anderen Städten mit einzubeziehen.

Einige der Beiträge dieses Bandes gehen auf Vorträge zurück, die in Słubice gehalten wurden. Diese wurden ergänzt durch drei Texte, die sich mit Lemberg beschäftigen, so dass das Buch eine besondere galizische Note erhält. Zwei weitere Manuskripte zur Tagung werden an anderer Stelle publiziert.

In seinem allgemeinen Überblick zur Stadtgeschichtsforschung skizziert Markus Krzoska die wissenschaftliche Entwicklung der letzten Jahre und setzt einige Schwerpunkte, die gerade für die Geschichte Ostmitteleuropas von Bedeutung sein können.

Stefan Dyroff betrachtet den Forschungsstand zur Geschichte der Deutschen in der Provinz Posen und weist vor allem auf die mangelnde Qualität vieler Stadtgeschichten hin, neben denen jedoch auch eine Reihe durchaus gelungener Arbeiten steht.

Peter Oliver Loew blickt auf die Literaturlage in Bezug auf Danzig seit dem Beginn des 19. Jahrhunderts und kommt zu dem Ergebnis, dass hier erstaunliche Ungleichgewichte und Forschungsdefizite sowohl auf polnischer wie auf deutscher Seite zu beobachten sind, die nicht allein durch die unterschiedlich gute Quellenüberlieferung zu erklären sind.

Isabel Röskau-Rydel untersucht vor dem Hintergrund des Generationenmodells die unterschiedliche nationale Entwicklung von Familienbiographien in Galizien. Dabei zeigt sie, dass die Grundsatzentscheidung, ob sich ein junger Mensch aus einer deutschösterreichischen Beamtenfamilie eher an den Werten und

Vorwort

Maßstäben des Habsburgerreiches oder denen der polnischen Nationalbewegung orientierte, von einer Vielzahl von Faktoren abhing und sich nicht von der Familiengeschichte selbst herleiten lässt.

Heidi Hein-Kircher unterzieht die österreichische Gemeindegesetzgebung in Bezug auf Lemberg in der zweiten Hälfte des 19. Jahrhunderts einer detaillierten Analyse. Dabei betrachtet sie das Zusammenspiel lokaler, regionaler und zentraler Entwicklungen.

Harald Binder stellt die verschiedenen Sichtweisen einer Stadtentwicklung im 19. Jahrhundert am Beispiel Lembergs dar, wo neben der stärker werdenden polnisch-ukrainischen Konkurrenz auch allgemeine Aspekte von Urbanisierung und Modernisierung eine maßgebliche Rolle spielten.

Elżbieta Everding behandelt das lange vernachlässigte Thema des kulturellen Lebens der Nationalitätengruppen dieser Stadt in den Jahren zwischen den Weltkriegen und entdeckt dabei dessen Vielschichtigkeit bei Ukrainern, Juden, Deutschen und Polen, wobei jedoch eher eine Nebeneinander als ein Miteinander zu beobachten war.

Hanna Krajewska gibt einen allgemeinen Überblick zur Geschichte der Städte im russischen Königreich Polen in Bezug auf die besonderen konfessionellen Gruppen von Evangelischen.

Bernard Linek skizziert die politischen und kulturellen Veränderungen einer neuen Industriestadt, nämlich des oberschlesischen Zabrze, an der Wende zum 19. Jahrhundert.

Die Herausgeber danken dem Johann-Gottfried-Herder-Institut Marburg für die Bereitstellung von Mitteln für die Tagung und diesen Band sowie dem Martin Meidenbauer Verlag für seine Bereitschaft, die neue Reihe in sein Verlagsprogramm aufzunehmen, und hoffen, dass in den nächsten Jahren weitere Bände folgen werden.

Mainz/Krakau, im Juli 2006

    Markus Krzoska   Isabel Röskau-Rydel

Markus Krzoska

STADTGESCHICHTE IM 19. UND 20. JAHRHUNDERT.

ALLGEMEINE EINFÜHRUNG VOR DEM HINTERGRUND OSTMITTELEUROPAS

Was das Thema Stadtgeschichte betrifft, so hat sich hier in den letzten Jahrzehnten im Bereich der internationalen Forschung durchaus Bemerkenswertes vollzogen und man ist vom bloßen Sammeln harter Fakten über die einzelnen Städte abgekommen. Die Entwicklung ist hin zu einer interdisziplinären Betrachtung von Stadtentwicklungen im größeren geographischen und politischen Rahmen fortgeschritten. Die Art und Weise, wie man sich eine Stadt „erschreibt", kann so vielfältig sein wie dies die gesamte Wissenschaftslandschaft ist. Ausgangspunkt kann ein Ereignis sein, eine Person, also die ganze mikrohistorische Ebene, andererseits bietet Stadtgeschichte die Möglichkeit, nach der Realisierung makrohistorischer Prozesse im kleinen, überschaubaren Rahmen zu blicken. Eine Stadt, jener „Korallenstock für das Kollektivwesen Mensch", wie sie Alfred Döblin genannt hat, kann jedoch auch in der Tradition der Flaneure wie der eines Walter Benjamin als Grundlage, ja als steinerne Quelle, für weiterführende Überlegungen dienen, z.b. wie es der historische Essayist Karl Schlögel ausgedrückt hat: „Eine Stadt ist für mich eine überschaubare mittlere Ebene, die gestaltbar ist. Eine Stadt verbindet nämlich das Individuelle, das Kleine, das Mikrologische mit der Großgeschichte. Auf der anderen Seite ist für mich die Beschäftigung mit den Städten eine Form, über Menschen zu schreiben, über die direkt zu schreiben ich mich nicht traue."[1]

Wenn man von Stadtgeschichte spricht, ist es zunächst nötig zu bestimmen, um was es bei ihr eigentlich geht. Nach der Definition Jürgen Reuleckes untersucht sie entweder einzelne Städte und Stadt-

---

[1] Der Osten Europas und die Kunst, Geschichte zu erzählen. Gespräch mit Karl Schlögel, in: Dialog (Berlin) (2005) Nr. 71, S. 98-103, hier S. 98.

gruppen oder das Städtewesen in seiner je historisch spezifischen Ausprägung.[2] In ihrer modernen Form zu Beginn des 21. Jahrhunderts muss es jedoch um mehr gehen als um das einfache Aufzählen lokalhistorisch mehr oder weniger bedeutsamer Fakten aus der Ereignisgeschichte der jeweiligen Stadt. Oder anders formuliert: die moderne Sozial- und Strukturgeschichte verbunden mit kulturhistorischen Fragenstellungen tritt an die Stelle der klassischen Heimatgeschichte mit ihrem beschränkten Erkenntniswert für größere Zusammenhänge und allgemeingültige Aspekte.

Heute ist es für den Stadthistoriker mehr denn je nötig, die methodische und theoretische Basis seiner Forschungen offen zu legen und zugleich ihren interdisziplinären Charakter herauszustellen. Eine wichtige Rolle hierbei spielt zweifelsohne die Soziologie, die seit der Entstehung dieses Faches vor über 100 Jahren wichtige Beiträge zum Verständnis der Stadt geliefert hat. Erinnert sei hier nur an die maßgeblichen Arbeiten von Wissenschaftlern wie Georg Simmel[3], Ferdinand Tönnies[4], Werner Sombart[5] und Max Weber, um allein aus dem Kreise deutscher Soziologen in diesem Kontext einige Namen zu nennen.

Ein wichtiger Punkt bei der Einbettung der Stadtgeschichte in einen größeren Gesamtzusammenhang ist die veränderte Betrachtungsweise der Stadt in den letzten Jahrzehnten. Anders als die ältere Forschung hat man die scharfe Trennung zwischen Stadt und Land immer mehr aufgehoben und die Dominanz rechtlicher Unterscheidungsfaktoren zugunsten anderer Elemente in den Hintergrund gerückt. Dies gilt gerade für Kleinstädte und Mittelzentren, bei denen

---

[2] Jürgen Reulecke, Fragestellungen und Methoden der Urbanisierungsgeschichtsforschung in Deutschland, in: Stadtgeschichtsforschung. Aspekte, Tendenzen, Perspektiven, hrsg. v. Fritz Mayrhofer, Linz 1993, S. 55-68, hier S. 55.
[3] Georg Simmel, Die Großstädte und das Geistesleben, in: Die Großstadt. Vorträge und Aufsätze zur Städteausstellung, Dresden 1903, S. 185-206 (=Jahrbuch der Gehe-Stiftung Dresden, hrsg. v. Theodor Petermann, 9).
[4] Ferdinand Toennies, Gemeinschaft und Gesellschaft. Grundbegriffe der reinen Soziologie. Berlin ²1912.
[5] Werner Sombart, Der Begriff der Stadt und das Wesen der Städtebildung, in: Archiv für Sozialwissenschaft und Sozialpolitik 25 (1907), S. 1-9; ders., Städtische Siedlung, Stadt, in: Handwörterbuch der Soziologie, hrsg. v. Alfred Vierkandt, Stuttgart 1931, S. 527-533.

Stadtgeschichte im 19. und 20. Jahrhundert

auch im 19. und 20. Jahrhundert noch eine enge Verbindung zum umliegenden ländlichen Raum bestanden hat.[6] Weiterhelfen kann uns hierbei immer noch die Typologie der Städte, die Max Weber in seiner klassischen Schrift „Wirtschaft und Gesellschaft" aufgestellt hat.[7] Er nennt verschiedene Kategorien der Stadt: Marktansiedlung; Fürstenstadt, Typen der „Konsumentenstadt", „Produzentenstadt" und „Händlerstadt" sowie mittels der Beziehungen zur Landwirtschaft „Ackerbürgerstädte", d.h. Orte, „welche als Stätten des Marktverkehrs und Sitz der typischen städtischen Gewerbe sich von dem Durchschnitt der Dörfer weit entfernen, in denen aber eine breite Schicht ansässiger Bürger ihren Bedarf an Nahrungsmitteln eigenwirtschaftlich decken und sogar auch für den Absatz produzieren". Trotz dieses ökonomischen Schwerpunkts wehrte Weber sich aber dagegen, allein wirtschaftliche und quantitative Argumente für eine Stadt gelten zu lassen, sondern bezog auch die historisch-juristisch-politische Dimension mit ein. Nach einer Reihe von Falsifizierungen definierte Weber die Stadt wie folgt, wobei er durchaus eine globale, und nicht eine rein europazentrische Perspektive für sich beanspruchte: „Die [Stadt] kann grundsätzlich in zweierlei Art begründet sein. Nämlich a) in dem Vorhandensein eines grundherrlichen, vor allem eines Fürstensitzes als Mittelpunkt, für dessen ökonomischen oder politischen Bedarf unter Produktionsspezialisierung gewerblich gearbeitet [wird] und Güter eingehandelt werden. Einen grundherrlichen oder fürstlichen Oikos aber mit einer noch so großen Ansiedlung fron- und abgabenpflichtiger Handwerker und Kleinhändler pflegt man nicht „Stadt" zu nennen, obwohl historisch ein sehr großer Bruchteil der wichtigsten „Städte" aus solchen Siedlungen hervorgegangen ist und die Produktion für einen Fürstenhof für sehr viele von ihnen (die „Fürstenstädte") eine höchst wichtige, oft die vorzugsweise Erwerbsquelle der Ansiedler blieb. Das weitere Merkmal, welches hinzutreten muß, damit wir von

---

[6] Clemens Zimmermann, Dorf und Stadt: ihre Beziehungen vom Mittelalter bis zur Gegenwart, Frankfurt am Main 2001.
[7] Max Weber, Wirtschaft und Gesellschaft. Bearb. von Johannes Winckelmann, Tübingen 5. Aufl. 1972, S. 727-734. Der Text erschien zuerst als „Die Stadt" in „Archiv für Sozialwissenschaft und Sozialpolitik" 47 (1921), S. 621ff.

„Stadt" sprechen, ist: [b)] das Bestehen eines nicht nur gelegentlichen, sondern regelmäßigen Güteraustausches am Ort der Siedlung als ein wesentlicher Bestandteil des Erwerbs und der Bedarfsdeckung der Siedler: eines Marktes. Nicht jeder „Markt" aber macht den Ort, wo er stattfindet, schon zur „Stadt". Die periodischen Messen und Fernhandelsmärkte (Jahrmärkte), auf welchen sich zu festen Zeiten zureisende Händler zusammenfinden, um ihre Waren im großen oder im einzelnen untereinander oder an Konsumenten abzusetzen, hatten sehr oft in Orten ihre Stätte, welche wir „Dörfer" nennen. Wir wollen von „Stadt" im ökonomischen Sinn erst da sprechen, wo die ortsansässige Bevölkerung einen ökonomisch wesentlichen Teil ihres Alltagsbedarfs auf dem örtlichen Markt befriedigt, und zwar zu einem wesentlichen Teil durch Erzeugnisse, welche die ortsansässige und die Bevölkerung des nächsten Umlandes für den Absatz auf dem Markt erzeugt oder sonst erworben hat."[8]

Des Weiteren ist es von Bedeutung, die jeweilige Stadt nicht völlig losgelöst von der sie umgebenden Region zu betrachten. Letztere wird freilich in der Regel heute nicht mehr als gegebene Größe oder homogener Merkmalsraum verstanden, sondern als im Alltag bewusst oder unbewusst von Eliten oder anderen individuellen oder korporativen Akteuren konstruierte Größe zur Schaffung eines Zusammengehörigkeitsgefühls.[9] Zudem befindet sich die Stadt meist zusätzlich in einer Konkurrenzsituation mit anderen Städten der Umgebung, ein Phänomen, das bis zum heutigen Tage zu beobachten ist, etwa beim Kampf um Landkreise, Behörden oder schmückende Epitheta für das jeweilige Ortsschild. In den Mittel- und Kleinstädten war die Bindung an das Umland wichtiger als der abschätzende Blick auf die Zentren, doch auch hier sollte man den verändernden Einfluss der Modernisierung nicht unterschätzen. Handelswege konnten sich ebenso rasch verändern wie die Nachfrage nach bestimmten ortstypi-

---

[8] Ebd. S. 727-728.
[9] Siehe dazu Manuel Schramm, Konsum und regionale Identität in Sachsen 1880-2000. Die Regionalisierung von Konsumgütern im Spannungsfeld von Nationalisierung und Globalisierung, Stuttgart 2003, S. 19-20; Peter Haslinger, Die „Arbeit am nationalen Raum" – Kommunikation und Territorium im Prozess der Nationalisierung, in: Comparativ 15 (2005), Nr. 2, S. 9-21.

schen Erzeugnissen, so dass es ebenso wenig einen sicheren Wohlstand gab wie ein ewiges Verdammtsein zur Armut.

Ein wichtiges Element bei der Erforschung der Geschichte einer Stadt ist das ihrer Bevölkerung und deren soziale Zusammensetzung. Ganz automatisch gerät man hierbei in die Nähe der Bürgertumsforschung, die gerade in Deutschland in den letzten Jahrzehnten sehr erfolgreich betrieben worden ist. Während man hier anfangs vor allem die Abgrenzung der sozialen Kategorie Bürgertum gegenüber anderen Kategorien, etwa gegenüber den Arbeitern, den Angestellten und dem Adel im Auge hatte, wandte man sich später verstärkt einer Analyse der Binnendifferenzierung innerhalb des Bürgertums zu.

Parallel dazu veränderten sich auch andere Perspektiven. Die Forschung widmete sich der Entstehung des Bürgertums in öffentlichen Räumen, untersuchte einzelne bürgerliche Berufsgruppen oder markierte Felder, auf denen über Bürgerlichkeit verhandelt wurde. In den Bereich des Privaten (Lebensstile, Generationenüberlieferungen, Alltag des Zusammenlebens) konnte man aufgrund der schwierigen Quellenlage nur selten vordringen, es sei denn außergewöhnliche Bestände waren zufällig erhalten geblieben. Um Hans-Ulrich Wehler in Bielefeld und Lothar Gall in Frankfurt am Main entwickelten sich historische Schulen, die das Bürgertum recht konträr interpretierten. Während die „Bielefelder Schule" lange Zeit bemüht war, die fehlende Bürgerlichkeit des deutschen Bürgertums nachzuweisen und darin ein zentrales Element des „deutschen Sonderweges" sah, gingen die Frankfurter bis weit ins 19. Jahrhundert hinein von der Existenz einer „klassenlosen Bürgergesellschaft" aus.[10]

Ohne diesen Theorierahmen gänzlich ablehnen zu wollen, möchte ich in diesem Kontext auf die meines Erachtens erfolgversprechendere Notiz von Ernest Labrousse verweisen, nämlich dass das Bürgertum nicht aufgrund einer begrifflichen Definition erfasst

---

[10] Einen Überblick über die Diskussion zu Stadt und Bürgertum bietet Heft 4 (1998) der vom Deutschen Institut für Urbanistik herausgegebenen Zeitschrift „Informationen zur modernen Stadtgeschichte", sowie Thomas Mergel, Die Bürgertumsforschung nach fünfzehn Jahren, in: Archiv für Sozialgeschichte 41 (2001), S. 515-538, und zuletzt Andreas Schulz, Lebenswelt und Kultur des Bürgertums im 19. und 20. Jahrhundert, München 2005 (=Enzyklopädie Deutscher Geschichte; 75).

werden sollte, sondern man diese Art von städtischer Bevölkerung vielmehr vor dem spezifischen Hintergrund ihrer Orte bzw. ihrer Städte untersuchen muss.[11] Die Bielefelder und die Frankfurter Erklärungsmodelle krankten in jedem Fall daran, dass sie im Grunde genommen einen westeuropäischen Blick aufwiesen, die Entwicklungen in Ostmitteleuropa mit ihren Ähnlichkeiten und Besonderheiten kaum zur Kenntnis nahmen und – im Falle Wehlers – die osteuropäische, sprich russische, Entwicklung explizit mit der Begründung ausklammerten, dort habe es „kein europäisches Bürgertum, keine autonomen Bürgerstädte, keinen europäischen Adel, keine europäische Bauernschaft" gegeben.[12] Gleichermaßen vernachlässigt wurde lange Zeit die Rolle der Juden im Bürgertum, erst seit Kurzem gibt es verschiedene, unter Umständen auch auf Ostmitteleuropa übertragbare Ansätze, die von den Juden als einer „Kerntruppe des Bürgertums" sprechen.[13]

Die Betrachtung der Arbeiterschaft als solcher ist etwas aus der Mode gekommen. Das Ende des Kalten Krieges und im Grunde genommen auch der marxistischen Historiographie hat der Beschäftigung mit ihr in vielen Ländern ein Ende bereitet, nachdem sie schon in den achtziger Jahren geschwächelt hatte. Eine Verbindung zur Alltags- oder Kulturgeschichte hat nur in wenigen Fällen stattgefunden. Allerdings muss man hinzufügen, dass dies z.B. für die Sozial-

---

[11] Zitiert nach: Anna Millo, Das Triestiner Bürgertum. Kollektives Verhalten, politische Beteiligung, kulturelle Identität, in: „Durch Arbeit, Besitz, Wissen und Gerechtigkeit!" Bürgertum in der Habsburgermonarchie II., hrsg. v. Hannes Stekl (u.a.), Wien (u.a.) 1992, S. 69-81, hier S. 69.
[12] Hans Ulrich Wehler, Das Problem Türkei, in: Fischer Weltalmanach aktuell. Die EU-Erweiterung, hrsg. v. Volker Ullrich/Felix Rudloff, Frankfurt am Main 2004, S. 104-109, hier S. 106, zitiert nach: Hans Hecker, Gehört Russland zu Europa?, in: Jahrbücher der Heinrich-Heine-Universität Düsseldorf (2003), S. 291-304 (und: http://www.uni-duesseldorf.de/HHU/Jahrbuch/2003/PDF/Hecker.pdf).
[13] Simone Lässig, Jüdische Wege ins Bürgertum. Kulturelles Kapital und sozialer Aufstieg, Göttingen 2004; Juden, Bürger, Deutsche, hrsg. v. Andreas Gotzmann/ Rainer Liedtke/Till van Rahden, Tübingen 2001. Siehe hierzu auch die wegweisende Arbeit des Letzteren über die konfessionellen Verhältnisse in Breslau: Juden und andere Breslauer. Die Beziehungen zwischen Juden, Protestanten und Katholiken in einer deutschen Großstadt von 1860 bis 1925, Göttingen 2000.

Stadtgeschichte im 19. und 20. Jahrhundert

geschichte der Volksrepublik Polen nicht gilt. Hier sind in den letzten Jahren – anknüpfend etwa an Studien des Ehepaars Żarnowski – viele wichtige Arbeiten überwiegend im Umfeld der Warschauer Historiker Marcin Kula und Włodzimierz Borodziej entstanden. Um nur zwei Beispiele zu nennen: das Buch über Alltagskonflikte Warschauer Arbeiter im Stalinismus von Błażej Brzostek aus dem Jahre 2002 oder Małgorzata Mazureks vergleichende Studie über den Fabrikalltag in Polen und der DDR Ende der 1950er Jahre von 2005.[14] Nur ganz vereinzelt liegen bisher Studien vor, die Bürgertums- und Arbeiterforschung miteinander verbinden.[15] Dagegen stehen Themen der Migrationsgeschichte häufiger auf der Liste stadthistorischer Arbeiten wie überhaupt Elemente der Alltagsgeschichte ihren Boom der achtziger und neunziger Jahre offenbar in das neue Jahrtausend haben herüberretten können.[16] Dies gilt auch für eine Verbindung von sozialem Alltag und nationaler Festlegung, einer Fragestellung, der z.B. anhand von Festen in Oberschlesien der Erfurter Historiker Andrzej Michalczyk derzeit in einem Dissertationsprojekt nachgeht.[17]

---

[14] Błażej Brzostek, Robotnicy Warszawy. Konflikty codzienne (1950-1954) [Die Arbeiter Warschaus. Alltagskonflikte (1950-1954)]. Warszawa 2002; Małgorzata Mazurek, Socjalistyczny zakład pracy. Porównanie fabrycznej codzienności w PRL i NRD u progu lat sześćdziesiątych [Der sozialistische Arbeitsbetrieb. Vergleich des Betriebsalltags in der VR Polen und der DDR an der Schwelle der sechziger Jahre]. Warszawa 2005. Beide Bücher erschienen im äußerst verdienstvollen Warschauer Trio-Verlag.
[15] Etwa Jürgen Schmidt, Begrenzte Spielräume. Eine Beziehungsgeschichte von Arbeiterschaft und Bürgertum am Beispiel Erfurts 1871-1914, Göttingen 2005.
[16] Nur als Beispiel zwei Arbeiten zu den beiden deutschen Hauptstädten: Annemarie Steidl, Auf nach Wien! Die Mobilität des mitteleuropäischen Handwerks im 18. und 19. Jahrhundert am Beispiel der Haupt- und Residenzstadt, München 2003; Oliver Steinert, „Berlin – Polnischer Bahnhof!" Die Berliner Polen. Eine Untersuchung zum Verhältnis von nationaler Selbstbehauptung und sozialem Integrationsbedürfnis einer fremdsprachigen Minderheit in der Hauptstadt des Deutschen Kaiserreichs (1871-1918), Hamburg 2003.
[17] Siehe dazu u.a. Andrzej Michalczyk, Oberschlesien im Lichte staatlicher und kirchlicher Feiern 1922-1939. Religiös-politische Identitätskonstruktionen, in: Inter Finitimos 3 N.F. (2006), S. 139-145.

Zu den in den letzten Jahren verstärkt in den Blick genommenen Fragestellungen gehört die nach der Öffentlichkeit.[18] Sie erscheint im normativen Verständnis als Agentur der Aufklärung, als (imaginierte) Diskurskultur der Versammlungen und Vereine des bürgerlichen Zeitalters und als vernunftgeleitete Kommunikation mündiger Bürger über die Regelung gemeinsamer Angelegenheiten.[19] In einer weiter gefassten Interpretation wird Öffentlichkeit als grundsätzlich „offene", frei zugängliche soziale Sphäre bzw. als sozialer Raum definiert, in dem Kommunikation jedweder Art stattfindet. Daraus lässt sich ableiten, dass in dieser Sphäre Wirklichkeitskonstruktionen und Normen verhandelt, Information aggregiert, gebündelt und in das politische System eingebracht werden[20]. Im Unterschied zur klassischen Bürgertumsforschung wurde bei der Öffentlichkeitsforschung frühzeitiger auf einen gesamteuropäischen Ansatz geachtet, wie z.b. die Tagung des Leipziger GWZO zu diesem Thema im Jahre 1999 zeigte.[21] Auch wenn sicherlich noch gewisse Meinungsunterschiede über die chronologische Ansetzung des Begriffes Öffentlichkeit existieren, so steht seine Bedeutung gerade für die Stadtgeschichte ganz außer Frage.

Ein solcher Ansatz schließt nicht aus, dass man sich auch dem Thema der Verwaltung einer Stadt im 19. und 20. Jahrhundert nähern kann, ohne sich dem Vorwurf einer langweiligen Erbsenzählerei auszusetzen. Neuere Arbeiten haben gezeigt, dass sowohl in Groß- als auch in Kleinstädten eine Betrachtung der politischen Strukturen weit reichende Erkenntnisse nicht nur für soziale Fragen, sondern auch für das Funktionieren des städtischen Milieus allgemein oder

---

[18] Erstmals konkretisiert bei Jürgen Habermas, Strukturwandel der Öffentlichkeit, Neuwied 1962.
[19] Stadt und Öffentlichkeit in Ostmitteleuropa, hrsg. v. Andreas R. Hofmann, Stuttgart 2002, S. 10. Zum Vereinswesen vgl. die ausgezeichnete gesamteuropäische Übersicht von Stefan-Ludwig Hoffmann, Geselligkeit und Demokratie. Vereine und zivile Gesellschaft im transnationalen Vergleich 1750-1914, Göttingen 2003.
[20] Stadt und Öffentlichkeit (wie Anm. 19), S. 11; mit Kritik an den Grundlagen der bisherigen Öffentlichkeitsforschung: Torsten Liesegang, Öffentlichkeit und öffentliche Meinung. Theorien von Kant bis Marx (1780-1850), Würzburg 2004.
[21] Die Ergebnisse sind festgehalten in: Europäische Öffentlichkeit. Transnationale Kommunikation seit dem 18. Jahrhundert, hrsg. v. Jörg Requate/Martin Schulze Wessel, Frankfurt am Main 2002.

Stadtgeschichte im 19. und 20. Jahrhundert

für die Rekonstruktion der Dichte und Geschwindigkeit des Modernisierungsprozesses mit sich bringen kann.[22]

Im weitesten Sinne zum Begriff der Öffentlichkeit gehören auch die *gender studies*. Der Frage, welche Rolle Frauen als städtische Akteurinnen spielen, stand bisher nicht gerade im Mittelpunkt des Forschungsinteresses. Hierzu gehört der Anteil von Frauen an der Kommunalpolitik, am Vereinswesen, im karitativen Bereich, aber auch gerade in politischen Krisenzeiten.[23] Ähnliche Probleme ließen sich im Prinzip auch für die Männer anschneiden, nur geschieht dies noch seltener. Beispiele hierfür wäre etwa die Bedeutung von Männerrunden im Vereinswesen bzw. generell innerhalb der städtischen Eliten, aber auch die Verbindung mit Aspekten von Körperlichkeit und Sexualität, etwa in den sich im 19. Jahrhundert rapide entwickelnden Turnvereinen.[24]

---

[22] Oliver Barghorn, Auf dem Wege zur modernen Kleinstadt: Politik, Verwaltung und Finanzen norddeutscher Kleinstädte und Landgemeinden in der Zeit des Kaiserreiches 1871-1914, Taunusstein 2005; Berthold Grzywatz, Stadt, Bürgertum und Staat im 19. Jahrhundert. Selbstverwaltung, Partizipation und Repräsentation in Berlin und Preußen 1806 bis 1918, Berlin 2003. – In diesen Kontext gehört auch das Düsseldorfer Habilitationsprojekt von Ute Caumanns über öffentliche Gesundheit in Russisch-Polen am Beispiel der Städte Warschau und Lodz (1815-1915).
[23] Einführend hierzu: Adelheid von Saldern, Die Stadt und ihre Frauen. Ein Beitrag zur Gender-Geschichtsschreibung, in: Informationen zur modernen Stadtgeschichte (2004), Nr. 1, S. 6-16. Siehe auch: Margret Friedrich, „Vereinigung der Kräfte, Sammlung des kleinen Gutes zu einem gemeinschaftlichen Vermögen, kurz die Association ist hier die einzige Rettung". Zur Tätigkeit und Bedeutung bürgerlicher Frauenvereine im 19. Jahrhundert in Peripherie und Zentrum, in: Bürgerliche Frauenkultur im 19. Jahrhundert, hrsg. v. Brigitte Mazohl-Wallnig, Wien 1995, S.125-173; allgemein: Bürgerinnen und Bürger. Geschlechterverhältnisse im 19. Jahrhundert, hrsg. v. Ute Frevert, Göttingen 1988, S. 175-189; Anne-Charlott Trepp, Sanfte Männlichkeit und selbständige Weiblichkeit: Frauen und Männer im Hamburger Bürgertum zwischen 1770 und 1840, Göttingen 1996.
[24] Daniel A. McMillan, „…die höchste und heiligste Pflicht…". Das Männlichkeitsideal der deutschen Turnerbewegung 1811-1871, in: Männergeschichte – Geschlechtergeschichte. Männlichkeit im Wandel der Moderne, hrsg. v. Thomas Kühne, Frankfurt am Main 1996, S. 88-100.

Zur Geschichte der Stadt gehört selbstverständlich auch gerade für das 19. Jahrhundert der Aspekt der Stadtentwicklung. Der Siegeszug der Dampfmaschine veränderte die gewerblichen Strukturen massiv, häufig wurden auf Freiflächen große Fabrikanlagen geschaffen. Damit verbunden war mitunter eine lebhafte Bodenspekulation, die die Wohn- und Einkommensverhältnisse zuweilen radikal umzugestalten vermochte.[25] Der zweite wichtige Entwicklungsfaktor war der Erfolg der Eisenbahn, der nicht nur im engeren ökonomischen Bereich sichtbare Folgen zeitigte, sondern auch in der Stadtarchitektur.[26] Die meist am Stadtrand gelegenen Bahnhöfe mussten mit dem alten Zentrum verbunden werden. Vielerorts entstanden eine so genannte Neustadt, ein genuines Bahnhofsviertel, neue Straßen, die verschiedenen Planungsstrategien folgten; außerdem erfolgten weitere bauliche Veränderungen wie das Schleifen alter Befestigungsanlagen, das zum einen die sprichwörtliche „Luft zum Atmen" schuf, zum anderen aber gewachsene Strukturen zerstörte und manchmal zu einem Gefühl der Entwurzelung der Bevölkerung beitrug.[27] Der Verstädterungsprozess beinhaltete neben dem höheren Maß an sozialer Differenzierung auch das Aufkommen dessen, was Jürgen Reulecke „Städtetechnik" genannt hat, nämlich die rasche Einführung technischer Innovationen in der Gas-, Strom- und Wasserversorgung sowie

---

[25] Peter Schöber, Wirtschaft, Stadt und Staat. Von den Anfängen bis zur Gegenwart, Köln (u.a.) 2000, S. 151-167; Horst Matzerath, Urbanisierung in Preußen 1815-1914, Stuttgart 1985.

[26] The city and the railway in Europe, hrsg. v. Ralf Roth, Aldershot 2001; Siegfried Weichlein, Nation und Region: Integrationsprozesse im Bismarckreich, Düsseldorf 2004 (mit einem Schwerpunkt auf dem Eisenbahnbau in Sachsen und Bayern); Hans-Jakob Tebarth, Technischer Fortschritt und sozialer Wandel in deutschen Ostprovinzen: Ostpreußen, Westpreußen und Schlesien im Zeitalter der Industrialisierung, Berlin 1991; Stanisław Szuro, Informator statystyczny do dziejów społeczno-gospodarczych Galicji: koleje żelazne w Galicji w latach 1847-1914 [Statistischer Führer zur Sozial- und Wirtschaftsgeschichte Galiziens: die Eisenbahnen in Galizien in den Jahren 1847-1914], Kraków 1997.

[27] Stadterweiterungen 1800-1875: von den Anfängen des modernen Städtebaues in Deutschland; Ergebnisse eines 1. Kolloquiums zur Planungsgeschichte, hrsg. v. Gerhard Fehl, Hamburg 1983; Die alte Stadt: Denkmal oder Lebensraum?: die Sicht der mittelalterlichen Stadtarchitektur im 19. und 20 Jahhundert, hrsg. v. Cord Meckseper, Göttingen 1985.

Stadtgeschichte im 19. und 20. Jahrhundert

der Abwässerbeseitigung.[28] Auf diese Weise versuchte man den Problemen, die eine rasch steigende Einwohnerzahl und eine drohende Verelendung weiter Bevölkerungsschichten, allen voran der Industriearbeiterschaft, verursachten, zu begegnen.[29]

Für den hier behandelten Zeitraum stehen zweifellos gewisse Fragestellungen im Mittelpunkt, von denen die wichtigsten mit den Begriffen „Nation", „Religion" und „Soziale Frage" umschrieben werden könnten und die immer wieder zusammenwirken. Ohne dass ich hier die damit verbundenen Entwicklungen *en detail* nachzeichnen kann oder will, möchte ich doch zumindest einzelne Schlagworte erwähnen.

Zunächst einmal geht es um das Zusammen- oder Nebeneinanderleben verschiedener Nationalitäten. Hier wird es wichtig sein, die Motive etwaiger Störungen genauer zu untersuchen. Gern wird in der Forschung auf nationale Konflikte verwiesen, obwohl diese de facto entweder gar nicht existiert oder nur eine kleine Gruppe von Einwohnern betroffen haben. Jenes Phänomen der Gruppen aktiver Nationalisten, die mehr oder wenig erfolgreich versucht haben, die Gesamtbevölkerung in ihrem Sinne zu indoktrinieren, ist auch vielen Historikern im Nachhinein nicht bewusst gewesen.[30] Es reicht des-

---

[28] Jürgen Reulecke, Geschichte der Urbanisierung in Deutschland, Frankfurt am Main 1985, S. 56-58. Für Posen liegt seit Kurzem die Arbeit des Ingenieurs Alfred Kaniecki mit dem Titel „Poznań. Dzieje miasta wodą pisane" [Posen. Stadtgeschichte mit dem Wasser geschrieben] (Poznań 2004) vor, die sich freilich auf alle Aspekte des Wassers vom Mittelalter bis zur Gegenwart beschränkt.
[29] Als Beispiel: Detlef Vonde, Revier der großen Dörfer: Industrialisierung und Stadtentwicklung im Ruhrgebiet, Essen 1989.
[30] Zur Entwicklung des deutschen und tschechischen Vereinswesens im Böhmen der Habsburgermonarchie in dieser Hinsicht siehe: Vereinswesen und Geschichtspflege in den böhmischen Ländern, hrsg. v. Ferdinand Seibt, München 1986. Für die polnischen Teilungsgebiete ist in nationaler Hinsicht die Tätigkeit der Sokół-Bewegung nicht zu unterschätzen. Vgl. hierzu: Die slawische Sokolbewegung: Beiträge zur Geschichte von Sport und Nationalismus in Osteuropa, hrsg. v. Diethelm Blecking, Dortmund 1991. Zudem erfüllte das Vereinswesen hier seine nationale Funktion im Rahmen des Konzeptes der „organischen Arbeit". Hierzu und *mutatis mutandis* zur Rolle deutscher Vereine in West- und Ostpreußen und deren Veränderungen siehe Christian Pletzing, Vom Völkerfrühling zum nationalen Konflikt. Deutscher und

halb nicht aus, nur allgemein von der Konstruktion nationaler Erzählungen zu sprechen, sondern man muss auch die konkreten Versuche ihrer Umsetzung vor Ort klären, also der Frage nachgehen, wie genau diese Konstruktion vonstatten ging. Die Begrifflichkeit ist dabei nicht ohne Belang. Formulierungen wie Ethnizität, Rasse oder nationale Einheit (*nationhood*) erscheinen dann – mit den Worten des amerikanischen Soziologen Rogers Brubaker – nur noch als Methoden der Wahrnehmung, Interpretation und Repräsentation der sozialen Welt, aber nicht als reale „Dinge in der Welt".[31]

Vor allem, wenn man die ahistorische Auffassung von der Existenz **einer** Identität jedes Einzelnen vermeidet und statt dessen ein Bündel parallel nebeneinander existierender Identitäten annimmt, wird eine Nuancierung möglich, die manche Schärfe aus alten Konfliktlinien nimmt. Ein Austausch von Begriffen reicht jedoch hierbei nicht aus, sondern es muss versucht werden zu klären, welche sozialen Phänomene sich hinter ihnen verborgen haben. Dies ist zunächst nur mit Hilfe von kleinteiligen Lokal- und Regionalstudien möglich. Für den polnischen Raum sind solche alternativen Stadtgeschichten, wie ich sie nennen würde, die den Begriff des Nationalen stärker hinterfragen, noch recht rar.

Diese Relativierung des Nationalen bedeutet jedoch nicht, dass es Zweifel am multiethnischen Charakter vieler Städte geben kann. Für die Region Mitteleuropa am prägnantesten war das sicherlich in Städten wie Wien, Prag oder Budapest und verstärkte sich durch die zunehmende Industrialisierung und den natürlichen Bevölkerungszuwachs noch, aber auch in den Mittelzentren und Kleinstädten war eine ethnische Homogenität der Bevölkerung, und damit auch eine einheitliche Sprache, eher die Ausnahme als die Regel.

---

polnischer Nationalismus in Ost- und Westpreußen 1830-1871, Wiesbaden 2003, S. 63-79, 207-231, 359-386.
[31] Rogers Brubaker, Ethnicity without groups. Cambridge (MA), London 2004, S. 17.

Stadtgeschichte im 19. und 20. Jahrhundert

Dagegen ist der Aspekt der Akkulturation besser untersucht.[32] Wenn man darunter das Hineinwachsen einer Person in ihre kulturelle Umwelt versteht, so tritt dieses Phänomen selbstverständlich überall da auf, wo verschiedene Kulturen aufeinander treffen. Über diesen doch recht trivialen Befund hinaus zeigt sich jedoch rasch, dass die Anpassungsprozesse durchaus zweiseitig waren. Gerade wenn es um Nuancen und Unterschiede geht, die das Bild von „dem Deutschen" und „dem Polen" erschüttern, hat die Akkulturationsforschung ihre Berechtigung, worauf Rex Rexheuser schon vor einigen Jahren für unser Themenfeld hingewiesen hat.[33] Dass die Städte ein besonders spannendes Untersuchungsfeld sind, liegt auf der Hand, u.a. auch in der Verbindung von deutscher, polnischer und jüdischer Kultur.

Das Thema Religion ist nicht nur wegen des Zusammen- oder Nebeneinanderlebens in den Städten von Belang, sondern auch wegen der Frage ihres Einflusses auf das Alltagsleben. Die Kommission für die Geschichte der Deutschen in Polen ist diesem Aspekt bei ihrer letzten Tagung zur so genannten „zweiten Konfessionalisierung" im Jahre 2004 in Gersfeld nachgegangen, wie sie überhaupt seit ihrer Gründung, die aus einem Milieu heraus erfolgte, in dem Bürgertum und protestantischer Geist äußerst präsent waren, auf solche Fragestellungen immer wieder bevorzugt zurückgekommen ist.[34] Es bleibt jedoch neben anderem noch die Frage offen, wie jene

---

[32] Als Einführung in die Begrifflichkeit siehe J.W. Berry, Immigration, acculturation and adaptation, in: Applied Psychology: An International Review 46 (1990), S. 5-68. Ein deutsch-polnisches VW-Projekt des Deutschen Historischen Instituts Warschau zum Thema Akkulturations- und Assimilationsprozesse in deutsch-polnischen Beziehungen im 19. und 20. Jahrhundert wurde in der Zwischenzeit abgeschlossen. Siehe auch die Beiträge von Isabel Röskau-Rydel und Bernard Linek in diesem Band.
[33] Rex Rexheuser, Einleitung, in: Procesy akulturacji/asymilacji na pograniczu polsko-niemieckim x XIX i XX wieku, hrsg. v. Witold Molik/Robert Traba, Poznań 1999, S. 22-23.
[34] Wolfgang Kessler, Fünfzig Jahre Forschung zur Geschichte der Deutschen in Polen. Die Historisch-Landeskundliche Kommission für Posen und das Deutschtum in Polen und die Kommission für die Geschichte der Deutschen in Polen, in: Fünfzig

„Reaktivierung des religiösen Zugehörigkeitsgefühls" im 19. Jahrhundert, die u.a. Olaf Blaschke ausgemacht hat, im Detail funktionierte, wer ihre treibenden Kräfte etwa in den Städten gewesen sind und wie sich die Existenz oder Nicht-Existenz anderskonfessioneller Gruppen dort ausgewirkt hat.[35]

Und schließlich noch die „soziale Frage", unter der man letztlich beinahe alle anderen Themenstellungen fassen kann, die aber auch konkreter formuliert auf die ökonomischen Gegebenheiten eingehen kann. Nicht jede Stadt war gleichermaßen von den industriellen Modernisierungsprozessen betroffen, manche entstand erst durch sie wie jenes Konglomerat von Zechen, Hochöfen und Bergbausiedlungen, das wir als oberschlesisches Revier kennen, oder die Textilstadt Lodz, andere bewahrten ihren Kern, versanken zeitweise im zweifelhaften Charme einer Provinzstadt wie Krakau, das erst Ende des 19. Jahrhunderts eine Art Wiedergeburt als nationaler Erinnerungsort ersten Ranges erlebte[36], oder Danzig, dem diese Entwicklung nicht vergönnt war, obwohl es ebenfalls seine Rolle im Polnisch-Litauischen Commonwealth gespielt hatte, freilich mit einer anderen Zusammensetzung der Bevölkerung und einem anderen Rechtsstatus.[37] Wieder anders gestaltete sich die Lage im ebenfalls preußischen Posen, von vielen nationalbewussten Polen in den 1840er Jahren

---

Jahre Forschung zur Geschichte der Deutschen in Polen 1950-2000, hrsg. v. dems., Herne 2001, S. 15-56.

[35] Olaf Blaschke, Der „Dämon des Konfessionalismus": Einführende Überlegungen, in: Konfessionen im Konflikt. Deutschland zwischen 1800 und 1970: ein zweites konfessionelles Zeitalter, hrsg. v. dems., Göttingen 2002, S. 13-69; kritisch zu diesem Modell: Anthony J. Steinhoff, Ein zweites konfessionelles Zeitalter? Nachdenken über die Religion im langen 19. Jahrhundert, in: Geschichte und Gesellschaft 30 (2004), S. 549-570; Michael B. McDuffee, Small-Town Protestantism in Nineteenth-Century Germany: Living Lost Faith. Newy York (u.a.) 2003; Antonius Liedhegener, Großstadt ohne Gott? Neuere Forschungsergebnisse zu Religion, Kirchen und Urbanisierung in Deutschland im 19. und frühen 20. Jahrhundert, in: Das „Fromme Basel". Religion in einer Stadt des 19. Jahrhundert, hrsg. v. Thomas K. Kuhn/Martin Sallmann, Basel 2002, S. 13 -34.

[36] Patrice M. Dabrowski, Commemorations and the Shaping of Modern Poland, Bloomington (IN) 2004.

[37] Peter Oliver Loew, Danzig und seine Vergangenheit: 1793-1997. Die Geschichtskultur einer Stadt zwischen Deutschland und Polen, Osnabrück 2003.

Stadtgeschichte im 19. und 20. Jahrhundert

etwas voreilig zum Zentrum des Kampfes gegen die Germanisierung ausgerufen, das zwar nicht seine Rolle als revolutionäres Ferment erfüllte, immerhin aber zu einem erfolgreichen Testfeld für den spezifisch polnischen Marsch durch die Institutionen wurde, den man gemeinhin als „organische Arbeit" bezeichnet. Die Untersuchung der sozialen Differenzierung der Stadtbevölkerung, die Georg Simmel als ein typisches Kriterium für die Modernisierung bezeichnet hat, stellt ein probates Mittel dazu da, zu klären, wie die Stadtentwicklung im 19. Jahrhundert erfolgte und welches die Faktoren für schnellere oder langsamere Veränderungen waren. Nicht nur im boomenden Vereinswesen, sondern auch in der Kommunalpolitik zeigte sich, dass die ständischen Schranken allmählich durchlässiger wurden, wozu in Preußen und Österreich-Ungarn auch die Veränderungen des Wahlrechts maßgeblich beigetragen haben. In den Städten Russisch-Polens war die Entwicklung bedingt durch die immer stärkere Einschränkung der Rechte der Polen eine andere, hier wäre aber z.b. zu fragen, wie sich unter den Deutschen dort Entwicklungen abzeichneten, die denen in anderen Ländern oder Reichsteilen – z.B. in den russischen Ostseeprovinzen – ähnlich gewesen sind. Nichtsdestotrotz spielten Fragen der Inklusion und Exklusion nach wie vor eine wichtige Rolle, etwa in der Abgrenzung vom wie auch immer gearteten „Fremden", der häufig als Bedrohung, und nicht als Chance wahrgenommen wurde.[38]

Die Städte waren immer gesellschaftliche und künstlerische Kontaktzonen. Ihre diesbezüglichen Einrichtungen wie Theater und Museen, Zeitungen und Verlage, Schulen und Universitäten schufen entweder jene Urbanität, die in vielerlei Hinsicht stilbildend wirkte, oder imitierten sie im kleineren Rahmen zumindest ansatzweise. Aber auch die Ablehnung bestimmter großstädtischer Vorbilder ermöglicht Aussagen über den politisch-mentalen Zustand der je-

---

[38] Niklas Luhmann, Inklusion und Exklusion, in: Nationales Bewusstsein und kollektive Identität, hrsg. v. Helmut Berding, Frankfurt am Main 1994, S. 14-45; Elke M. Geenen, Die Soziologie des Fremden vor dem Hintergrund der Herausbildung unterschiedlicher Gesellschaftsformationen, Kiel 2000.

weiligen Stadt.[39] Die Vereinheitlichung von Architektur konnte ein gewisses Zusammengehörigkeitsgefühl schaffen, dass auf andere Weise in multinationalen Staaten wie Österreich-Ungarn, Preußen oder Russland nur schwer zu erreichen war. Als Beispiel seien hier nur die k.u.k. Hotel-, Theater- bzw. Bahnhofsarchitektur[40], preußische Gerichts- und Postgebäude, in gewissem Sinne aber auch die orthodoxen Kirchen in Kongresspolen genannt, wobei zumindest in den mehrheitlich polnisch besiedelten Städten diese Architektur häufig natürlich als Herrschaftsinstrument verstanden wurde. Besonders sichtbar wurde diese Vorgehensweise im Bereich der Denkmäler, aber auch national kodierter Straßen- und Platznamen.[41] Die Entwicklung einer stadtbürgerlichen Denkmalkultur in Abkehr von den staatlich verordneten Herrschergestalten stellte einen wesentlichen Entwicklungsschritt hin zu einer breiteren Beteiligung am Stadtregiment dar, was zugleich häufig jedoch eine Verstärkung des nationalistischen Elements bedeutete. Besonders augenfällig für die polnischen Gebiete war diese Veränderung im Galizien der Autonomieära, aber auch etwa für Großpolen ist ein derartiger Prozess feststellbar und ebenso manifestierten sich die großrussischen Ambitionen in ihrem Teil Polens in Denkmälern, z.B. in dem für Zar Alexander II. ausgerechnet in Tschenstochau im Jahre 1889 oder in dem für den „Henker von Wilna" Michail Nikolaevič Muravev von 1898.[42]

---

[39] Peter Stachel, Grundprobleme urbaner Kulturen in Zentraleuropa um 1900, in: Urbane Kulturen in Zentraleuropa um 1900, hrsg. v. dems./Cornelia Szabo-Knotik, Wien 2004, S. 15-36, hier S. 16; Städtische Intellektuelle. Urbane Milieus im 20. Jahrhundert, hrsg. v. Walter Prigge, Frankfurt am Main 1992.
[40] Formen bürgerlicher Selbstdarstellung. Städtebau, Architektur, Denkmäler, hrsg. v. Hannes Stekl/Hans Haass, Wien (u.a.) 1995 (=Bürgertum in der Habsburgermonarchie IV); Fellner & Helmer. Die Architekten der Illusion. Theaterbau und Bühnenbild in Europa, hrsg. v. Gerhard M. Dienes, Graz 1999.
[41] Für das Beispiel der Krain resp. Sloweniens siehe z. B. Heike Gritsch, Gassen- und Straßennamen des deutsch-slowenischen Grenzraumes als kulturhistorische Quelle im Vergleich, Wien 1992 (Diplomarbeit).
[42] Denkmäler in Kiel und Posen, hrsg. v. Rudolf Jaworski/Witold Molik, Kiel 2002; Jadwiga Januszkiewiczowa, Pomnik Mickiewicza, Warszawa 1975; Theodore R. Weeks, Monuments and Memory: Immortalizing Count M.N. Muraviev in Vilna, 1898, in: Nationalities Papers 27 (1999), S. 551-564. Zur Polonisierung der Straßen-

Stadtgeschichte im 19. und 20. Jahrhundert

Wenn der Takt beim Modernisierungsprozess auch von den zentralen Metropolen vorgegeben wurde, so spielten doch die kleineren Landstädte eine Schlüsselrolle bei der kulturellen Urbanisierung ihres eigenen Kleinbürgertums, mittelfristig aber auch der umliegenden Landbevölkerung in der peripheren Region.[43] Zudem bewahrten sie sich offenbar entgegen der herkömmlichen Meinung auch in den Phasen einer stärkeren politischen und wirtschaftlichen Durchdringung des Territoriums durch die Zentrale ein recht hohes Maß kommunaler Selbständigkeiten.[44]

Anders ist natürlich die Fragestellung bei den großen Zentren selbst. Wenn wir auch etwa im 19. und frühen 20. Jahrhundert keine nationale polnische Hauptstadt habe, so nahmen nicht nur bei kulturellen und sozialen, sondern auch bei politischen und ökonomischen Phänomenen Städte wie Krakau, Lemberg oder Lodz, mit Abstrichen auch Posen und Danzig durchaus eine regionale, um nicht zu sagen nationale Vorreiterrolle ein, ohne die Bedeutung der Eliten für die Gesamtbevölkerung übermäßig hoch zu bewerten.

Und dann bleibt noch die gesamtstaatliche Ebene, also die Frage, wie sich die konkrete Politik des Zentrums, der Hauptstadt, auf die Belange vor Ort auswirkte. Hierbei geht es weniger um die großen Städte, obwohl auch hier – etwa in Galizien – die Abstufung zwischen der Landeshauptstadt Lemberg und Krakau zu beachten wäre, als vielmehr um jene kleineren Einheiten in der Peripherie.[45] Was passiert in einer Stadt wie Brody, die durch die Teilungen Polens von einem Handelszentrum über einen staatlich subventionierten Wirtschaftsort quasi über Nacht zu einer randständigen Kommune wird? Wie versucht die Wiener Regierung, dem entgegenzuwirken,

---

namen im Lemberg des 19. Jahrhunderts siehe Jaroslav Hrytsak/Viktor Susak, Constructing a national city: the case of L'viv, in: Composing Urban History and the Constitution of Civic Identities, hrsg. v. John J. Czaplicka (u.a.), Washington 2003, S. 140-165.
[43] Kleinstadt in der Moderne. Arbeitstagung in Mühlacker vom 15. bis 17. November 2002, hrsg. v. Clemens Zimmermann, Ostfildern 2003, S. 21.
[44] Oliver Barghorn: Auf dem Wege zur modernen Kleinstadtverwaltung 1871-1914, in: ebd., S. 119-138, hier S. 122.
[45] Siehe auch den Beitrag von Heidi Hein-Kircher in diesem Band.

und wer war daran schuld, wenn am Ende des 19. Jahrhunderts in Galizien der Slogan „verfallen wie in Brody" herumgeistert?[46] Das Phänomen staatlicher Gemeindeförderung betrifft aber nicht nur wirtschaftliche Fragen, sondern es kann auch die Umsetzung von Gesetzen betreffen, Aspekte von Wahlkampf und Wahl, bzw. insgesamt den Transfer aktueller politischer Entwicklungen oder weiter gefasst kultureller Phänomene.

Zum Schluss noch eine historiographische Bemerkung. Es wäre falsch anzunehmen, dass die Stadtgeschichtsforschung gerade in dem hier betrachteten Raum lediglich von Faktoren der Wissenschaftlichkeit und Objektivität angetrieben worden wäre. Galt doch spätestens seit der Mitte des 19. Jahrhunderts ganzen Generationen deutscher Historiker die „Stadt im Osten" als Symbol des Deutschtums und der eigenen zivilisatorischen Überlegenheit gegenüber den slavischen Völkern.[47] Besonders massiv war diese Interpretation zwar vor allem in Bezug auf Mittelalter und Frühe Neuzeit, insbesondere verbunden mit der These, vor der „deutschen Ostsiedlung" habe es in diesem Raum gar keine Städte gegeben, doch auch für spätere Zeiten wurde die Rolle der deutschen „Gestalter und Ordner" immer wieder massiv betont.[48] Auch die Gesamtdarstellungen zur Geschichte einzelner Städte, etwa die im Auftrag der Historisch-Landeskundlichen Kommission für Posen und das Deutschtum in Polen 1953 herausgegebene Arbeit Gotthold Rhodes über Posen[49] oder die von Oskar Kossmann über Lodz[50], müssen vor diesem Hintergrund bei allem Faktenreichtum kritisch unter die Lupe genommen werden. Selbst die später erschienenen Bürgerbücher von Meseritz und Birnbaum

---

[46] Zu Brody ist eine Dissertation von Börries Kuzmany, Universität Wien, in Vorbereitung. Siehe dazu http://homepage.univie.ac.at/boerries.kuzmany/ (zuletzt gesehen: 22.6.2006).
[47] Als ein Beispiel von vielen: Martin Wehrmann, Geschichte von Pommern, Bd. 1, Gotha ²1919, S. 30.
[48] Erinnert sei hier nur an den Sammelband von Kurt Lück „Deutsche Gestalter und Ordner im Osten" aus dem Jahre 1942.
[49] Gotthold Rhode, Geschichte der Stadt Posen, Neuendettelsau 1953.
[50] Oskar Kossmann, Lodz. Eine historisch-geographische Analyse. Würzburg 1966.

Stadtgeschichte im 19. und 20. Jahrhundert

verharrten bei allen wichtigen Erkenntnisgewinnen für die Regionalgeschichte eher im Stil der traditionellen Ostforschung.[51] Umgekehrt gibt es auch in polnischen Stadtgeschichtsdarstellungen bis zum heutigen Tage die Tendenz, die Vergangenheit der Stadt nachträglich zu polonisieren und vor allem den deutschen Anteil zu reduzieren.[52] Hierbei handelt es sich natürlich um den Nachhall der Theorie, dass Besitzansprüche auf eine Region sich historisch legitimieren lassen, dass also der Erstsiedler für alle Zeiten Legitimität sichert. Es muss auf beiden Seiten aber gerade auch die Aufgabe der Regionalhistoriker zu sein, versteckte Überreste dieser nationalen Simplifizierungen auf beiden Seiten zu erkennen und in den eigenen Arbeiten zu beseitigen.

---

[51] Das Bürgerbuch von Meseritz 1731-1851, bearb. v. Hans Jockisch, Marburg 1981; Das Bürgerbuch von Birnbaum, bearb. v. dems., Marburg 1982.
[52] Ein interessantes Detail wäre hierbei die Untersuchung der offiziellen Internetpräsentationen polnischer Städte in Bezug auf die dortige Geschichtsdarstellung.

Stefan Dyroff

DAS KULTURELLE UND GESELLSCHAFTLICHE LEBEN DER DEUTSCHEN IN DER PROVINZ POSEN.

FORSCHUNGSSTAND UND FORSCHUNGSAUFGABE

Einleitung

Der nachfolgende Text beschäftigt sich mit dem kulturellen und gesellschaftlichen Leben der Deutschen im Posener Land zwischen 1815 und 1918 als Forschungsaufgabe. Er will gleichzeitig einen Überblick über den Forschungsstand geben. Gleich zu Beginn ist festzustellen, dass das kulturelle und gesellschaftliche Leben der Deutschen nicht behandelt werden kann, ohne dass jenes der Polen beachtet wird. Es ist aber auch die prinzipielle Aufteilung in ein deutsches und ein polnisches kulturelles und gesellschaftliches Leben zu hinterfragen. So nahmen Polen Anfang des 20. Jahrhunderts an so genannten Volksunterhaltungsabenden teil, die der Stärkung des Deutschtums in der Provinz dienen sollten.[1] Die Informationen darüber finden sich sowohl in der deutschen als auch in der polnischen Presse. Letztere sieht darin meist ein Mittel zur Germanisierung der polnischen Bevölkerung. Unter diesem Gesichtspunkt findet sich die gemeinsame Freizeitgestaltung auch in der polnischen Forschungsliteratur wieder. So stellt Lech Trzeciakowski in seinem Buch *Pod pruskim zaborem 1850-1918* das deutsche Vereinssystem als Mittel des Staates zur Germanisierung der Polen dar.[2]

Neben solchen Überblicksdarstellungen dominieren in der bisherigen kulturgeschichtlichen Forschung Studien über die Provinz-

---

[1] Siehe z.B. „Bromberger Tageblatt", Nr. 298, 20.12.1904, 1. Beilage, S. 1, oder „Dziennik Kujawski", Nr. 55, 8.3.1903.
[2] Lech Trzeciakowski, Pod pruskim zaborem 1850-1918 [Unter preußischer Herrschaft 1850-1918], Warszawa 1973, S. 283. So auch Bolesław Grześ/Aleksander Kramski, Lata Hakaty 1894-1917 [Hakata-Jahre 1894-1917], in: Niemcy w Poznańskiem wobec polityki germanizacyjnej 1815-1920, hrsg. v. Lech Trzeciakowski, Poznań 1976, S. 247-359, S. 325.

hauptstadt Posen (Poznań) sowie die Regierungsbezirkshauptstadt Bromberg (Bydgoszcz). Der Posener Germanistikprofessorin Edyta Połczyńska verdanken wir dabei die Bildung eines Forschungsschwerpunktes zum Thema Literatur, Theater und Presse der Deutschen in der Provinz Posen. Herauszuheben sind dabei neben ihrem eigenen Buch die Dissertationen von Maria Wojtczak und Elżbieta Nowikiewicz.[3] Diese Arbeiten sind jedoch durch einen germanozentrischen Blick geprägt, da es sich um Qualifikationsarbeiten im Fach Germanistik handelt. Im Bereich der Museen erschien 2004 ein Ausstellungskatalog, der sich zum 100jährigen Gründungsjubiläum mit dem Kaiser-Friedrich-Museum in Posen beschäftigt.[4] Die deutschen Sportvereine der Provinz wurden bereits in den 1970er Jahren in einer Monografie behandelt.[5] Daneben weckten besonders Posener Vereine das Interesse der Forschung. Hier sind an erster Stelle der Kunstverein und der Naturwissenschaftliche Verein zu nennen.[6]

---

[3] Edyta Połczyńska, Im polnischen Wind. Beiträge zum deutschen Zeitungswesen, Theaterleben und zur deutschen Literatur im Großherzogtum Posen 1815-1918, Poznań 1988. – Maria Wojtczak, Literatur der Ostmark. Posener Heimatliteratur (1890-1918), Poznań 1998. – Elżbieta Nowikiewicz, Literarische und kulturelle Öffentlichkeit in Bromberg 1815-1914, Dissertation Poznań 2002. Die letztgenannte Arbeit soll in Kürze in Buchform erscheinen.

[4] Stulecie otwarcia Muzeum im. Cesarza Fryderyka w Poznaniu [Hundert Jahre Eröffnung des Kaiser-Friedrich-Museums in Posen], hrsg. v. Wojciech Suchocki/ Tadeusz Żuchowski, Poznań 2004.

[5] Teresa Ziółkowska, Deutsche Turnvereine im Großherzogtum Posen 1815-1918, in: Stadion. Zeitschrift für Geschichte des Sports und der Körperkultur 4 (1978), S. 324-335. Der Beitrag ist eine Zusammenfassung ihrer unter dem Titel Niemieckie stowarzyszenia gimnastyczne i sportowe w Poznańskiem 1815-1918, Poznań 1973, veröffentlichten Dissertation.

[6] Witold Molik, Z dziejów polsko-niemieckich kontaktów naukowych. Niemieckie Towarzystwo Naukowe Przyrodników w Poznaniu i udział Polaków w jego działalności (1837-1902) [Zur Geschichte der polnisch-deutschen wissenschaftlichen Kontakte. Der Deutsche Naturwissenschaftliche Verein in Posen und die Beteiligung der Polen an seiner Tätigkeit (1837-1902)], in: Rola Wielkopolski w dziejach narodu polskiego, hrsg. v. Stanisław Kubiak, Poznań 1979, S. 161-171. – Magdalena Warkoczewska, Towarzystwo Sztuk Pięknych w Poznaniu w latach 1837-1848 [Die Gesellschaft Schöner Künste in Posen in den Jahren 1837-1848], in: Studia Muzealne 9 (1971), S. 7-20. – Dies., Wystawy Towarzystwa Sztuk Pięknych w Poznaniu (1837-1857) [Die Ausstellungen der Gesellschaft Schöner Künste in Posen (1837-1857)], Warszawa 1991.

Deutsche in der Provinz Posen

Auch die Posener Deutsche Gesellschaft für Kunst und Wissenschaft war bereits Gegenstand mehrerer Abhandlungen, ohne dass ihr Wirken dabei erschöpfend behandelt wurde. Krzysztof Malinowski hat zwei monographische Artikel auf der Basis der Unterlagen und Veröffentlichungen über die Historische Gesellschaft der Provinz Posen verfasst[7], die zu Beginn des 20. Jahrhunderts Teil der Deutschen Gesellschaft wurde. Auch der Franzose Thomas Serrier hat sich kritisch mit der Historischen Gesellschaft beschäftigt.[8] Derartige Darstellungen fehlen dagegen bisher für das Bromberger Pendant.[9] Ein erster Artikel über die dortige Abteilung für Literatur ignoriert jedoch die Aktenbestände, obwohl auf ihre Existenz ein bereits 1993 veröffentlichter Aufsatz aufmerksam machte.[10] Völlig am Rande des Interesses stehen die Vereine für jüdische Geschichte und Literatur, die in vielen Städten der Provinz bestanden. Diese werden lediglich in einigen Monographien genannt, ohne dass Näheres über sie gesagt wird.[11] Die Posener jüdischen Sportvereine wurden von Teresa

---

[7] Krzysztof Malinowski, Niemieckie Towarzystwo Historyczne w Poznaniu – działalność w latach 1885-1919 [Die Deutsche Historische Gesellschaft in Posen – die Tätigkeit in den Jahren 1885-1919], in: Przegląd Zachodni 46 (1990), Nr. 3, S. 1-18. Ders., Niemieckie badania historyczne w Polsce. Działalność Historische Gesellschaft in Polen (HG) w latach 1919-1939 [Deutsche historische Forschungen in Polen. Die Tätigkeit der Historischen Gesellschaft in Polen in den Jahren 1919-1939], in: ebd., Nr. 5-6, S. 143-168.
[8] Thomas Serrier, Die Posener Historische Schule. Zur Geschichte der Historischen Gesellschaft für die Provinz Posen im Kaiserreich (1885 bis 1918), in: Preußens Osten – Polens Westen. Das Zerbrechen einer Nachbarschaft, hrsg. v. Helga Schultz, Berlin 2001, S. 91-109.
[9] Die 2006 abgeschlossene Dissertation des Verfassers schließt diese Forschungslücke in Bezug auf die Bromberger Historische Gesellschaft für den Netzedistrikt.
[10] Aleksandra Chylewska, Działalność Oddziału Literatury w ramach Niemieckiego Towarzystwa Sztuki i Wiedzy w Bydgoszczy w latach 1903-1919 [Die Tätigkeit der Abteilung für Literatur im Rahmen der Deutschen Gesellschaft für Kunst und Wissenschaft in Bromberg in den Jahren 1903-1919], in: Kronika Bydgoska 25 (2003), S. 37-56. – Anna Perlińska, Akta Niemieckiego Towarzystwa Sztuki i Wiedzy w Bydgoszczy. Zawartość i problematyka badawcza [Die Akten der Deutschen Gesellschaft für Kunst und Wissenschaft in Bromberg. Inhalt und Forschungsproblematik], in: Kronika Bydgoska 15 (1993), S. 135-145.
[11] Hinweise darauf finden sich in Jan Kurzawa/Stanisław Nawrocki, Dzieje Kępna [Geschichte Kempens], Warszawa 1978, S. 97, sowie bei Stanisław Nawrocki, Pod

Ziółkowska behandelt.[12] Ein Chronist des jüdischen Kulturlebens fehlt jedoch bis heute. Die ansonsten hervorragende Arbeit von Sophia Kemlein hat sich nur mit Fragen der (Schul-)Bildung beschäftigt.[13]

Probleme der Forschung

Nationale Sichtweise und fehlende Quellenkenntnis

Nach diesem Überblick über den Forschungsstand werden nun einzelne Probleme der Forschung herausgegriffen, die sich vor allem in den zahlreich erschienenen Sammelbänden zur Geschichte der Städte im Posener Raum zeigen. Will der jeweilige Autor die Ortsgeschichte als Teil der polnischen Nationalgeschichte darstellen, stehen die Germanisierungspolitik und die polnischen Abwehrmaßnahmen im Mittelpunkt. Das deutsche Kulturleben wird damit oft auf seine germanisatorische Funktion reduziert, wenn es überhaupt erwähnt wird. Gerade viele zu kommunistischer Zeit erschienene Beiträge verbreiten ein solches Bild. Ein gutes Beispiel dafür ist die 1978 erschienene Geschichte von Wreschen (Września) und Umgebung.[14] Die Autoren sind dabei teilweise den Akten des Oberpräsidiums Posen gefolgt. Viele Vereine haben dort Zuschüsse aus dem Dispositionsfonds zur Stärkung des Deutschtums beantragt, nachdem dieser zu Beginn des 20. Jahrhunderts eingerichtet wurde. Um dies zu begründen, betonten sie in ihren Schreiben die Wichtigkeit ihres Vereins in dieser Frage. Ob sie allerdings wirklich in dieser Sache so aktiv waren, ist eine offene Forschungsfrage. Lech Trzeciakowski führt in seinem Beitrag zu Gnesen (Gniezno) an, dass das Unterstüt-

---

zaborem pruskim [Unter preußischer Herrschaft], in: Ostrów Wielkopolski. Dzieje miasta i regionu, hrsg. v. dems., Poznań 1990, S. 153-235, S. 225.
[12] Teresa Ziółkowska, Kultura fizyczna w Poznaniu w latach 1870-1918 [Die Körperkultur in Posen in den Jahren 1870-1918], Poznań 1992.
[13] Sophia Kemlein, Die Posener Juden 1815-1848. Entwicklungsprozesse einer polnischen Judenheit unter preußischer Herrschaft, Hamburg 1997.
[14] Stanisław Nawrocki, Po rozbiorach [Nach den Teilungen], in: Ziemia wrzesińska. Przeszłość i teraźniejszość, hrsg. v. Janusz Deresiewicz, Warszawa 1978, S. 127-218, S. 196.

zungsgesuch des „Vereins der Gnesener Handelsgehilfen Merkur" abgelehnt wurde, da dieser auch polnische Mitglieder hatte.[15] Im Umkehrschluss bestätigt dies, dass eine Darstellung des eigenen Vereinslebens als antipolnisch behördlich belohnt wurde. Aus den Mitteln des Dispositionsfonds wurden so zahlreiche deutsche Vereinshäuser gefördert.[16] Viele Autoren der Sammelbände schließen deshalb deutsch-polnische Gemeinsamkeit im gesellschaftlichen und sozialen Bereich kategorisch aus. Sie stellen sich vor, dass sich alle nationalbewussten Polen von den Deutschen ferngehalten und zu keiner Zeit an eine Zusammenarbeit mit ihnen gedacht haben. Auf dieses Forschungsproblem hat bereits Witold Molik aufmerksam gemacht.[17] Er sieht die preußische Germanisierungspolitik und Formen des polnischen Widerstands im Mittelpunkt des Interesses. Akkulturisierungsprozesse werden seiner Meinung nach meist ausgeblendet, da sie geeignet wären, den Erfolg der polnischen Nationalbewegung in Frage zu stellen. Die Folgen dieser jahrelang einseitigen Herangehensweise, die nach Molik auf die Forschungen bis in die 70er Jahre des 20. Jahrhunderts zutrifft, sind bis heute in vielen Stadtgeschichten spürbar. So gibt es in der 1994 erschienen „Geschichte Posens 1793-1918" ein eigenes Unterkapitel für das deutsche Kulturleben.[18] Getreu dieser nationalen Trennung widmen sich die Autoren in den Abschnitten Kunst, Musik und Sport erst aus-

---

[15] Lech Trzeciakowski, Rozwój kapitalystycznego miasta (1871-1918) [Die Entwicklung der kapitalistischen Stadt (1871-1918)], in: Dzieje Gniezna, hrsg. v. Jerzy Topolski, Warszawa 1965, S. 529-585, S. 559. Siehe auch ders., Walka o polskość miast Poznańskiego na przełomie XIX i XX wieku [Der Kampf um das Polentum der Städte der Provinz Posen um 1900], Poznań 1964, S. 51.
[16] Geheimes Staatsarchiv Preußischer Kulturbesitz (im Folgenden GStA PK), I HA Rep. 90A Staatsministerium Jüngere Registratur Nr. 3753, Bl. 193f.
[17] Witold Molik, Procesy asymilacyjne i akulturacyjne w stosunkach polsko-niemieckich w XIX i na początku XX wieku. Stan i postulaty badań [Die Assimilations- und Akkulturationsprozesse in den polnisch-deutschen Beziehungen im 19. und zu Beginn des 20. Jahrhunderts. Forschungsstand und –desiderata], in: Procesy akulturacji/asymilacji na pograniczu polsko-niemieckim w XIX i XX wieku, hrsg. v. dems./Robert Traba, Poznań 1999, S. 65-96.
[18] Edyta Połczyńska, Życie kulturalne Niemców w Poznaniu w XIX i na początku XX wieku [Das kulturelle Leben der Deutschen in Posen im 19. und zu Beginn des 20. Jahrhunderts], in: Dzieje Poznania Bd. 2, Teil 1, hrsg. v. Jerzy Topolski/Lech Trzeciakowski, Warszawa 1994, S. 619-630.

führlich den polnischen Aktivitäten, bevor sie die deutschen Vereine aufzählen. In anderen Stadtmonographien wird das deutsche Vereinswesen fast komplett ignoriert, wie ein Beitrag zum am Beginn des 20. Jahrhunderts fast zur Hälfte von Deutschen bewohnten Obornik (Oborniki) zeigt.[19]

Durch einen solch einseitigen Blick sind auch die meisten deutschen Heimatbücher gekennzeichnet, die sich kaum mit dem polnischen Kulturleben beschäftigen oder dieses nur als Teil der nationalen Agitation brandmarken.[20] Dem Heimatbuch für den Kreis Ostrowo (Ostrów Wlkp.) kann man so entnehmen, dass die polnische katholische Geistlichkeit es verstand „das geistige Leben des überwiegend katholischen Volkes in nationalpolnische Fahrwasser zu leiten."[21] Als Beispiel wird der örtliche Gewerbeverein angeführt. Die Heimatbücher beschäftigen sich meist schwerpunktmäßig mit der Zwischenkriegszeit, da die Autoren ihre Beiträge meist auf der Basis der eigenen Erfahrung bzw. unter Hinzunahme weniger gedruckter Quellen verfassten. An die preußische Zeit konnten sich aber die wenigsten Autoren erinnern. Dennoch kann man diesen Beiträgen diverse Fakten wie die Gründungsdaten von Vereinen[22] oder Abbildungen entnehmen.[23] Selbst die einzige mit wissenschaftlichem Anspruch geschriebene Stadtgeschichte, die nach 1945 entstand, die von Gotthold Rhode herausgegebene Geschichte der Stadt

---

[19] Anna Bitner-Nowak/Andrzej Dmitrzak, Pod panowaniem pruskim [Unter preußischer Herrschaft], in: Dzieje Obornik, hrsg. v. Czesław Łuczak, Poznań 1990, S. 113-142.

[20] Eine Ausnahme stellt Wilfried Gerke, Die polnische Antwort auf die Stärkung des Deutschtums, in: Heimatbuch für den Kreis Eichenbrück-Wongrowitz, hrsg. v. dems./Heinrich Gabbert, Wendisch-Evern 1988, S. 38-50, dar.

[21] Heimatbuch für den Kreis Ostrowo/Provinz Posen mit angrenzenden Kreisen Kalisch und Kempen, hrsg. v. Heimatkreisgemeinschaft Ostrowo, Hannover 1983, S. 32.

[22] Aus Brombergs Vergangenheit, hrsg. v. Günther Meinhardt, Wilhelmshaven 1973. Dem Thema Kunst und Wissenschaft sind etwa 70 von 550 Seiten gewidmet. – Wilfried Gerke, Deutsche im Gnesener Land (ehemalige Kreise Gnesen und Witkowo), Hannover 1981, S. 46f., zählt 33 deutsche Vereine auf.

[23] Heimatbuch für den Kreis Ostrowo (wie Anm. 21), S. 81. Dort findet sich je ein Bild der freiwilligen Feuerwehr, der Schützengilde und des Turnvereins aus der preußischen Zeit.

Posen, sticht hier nicht positiv heraus. Neben dem germanozentrischen Blick ist ein Desinteresse für kulturelle Fragen festzustellen, da nur dem Theater ein eigener Abschnitt gewidmet wird.[24] Die polnische Posener Monographie behandelt dagegen das Kulturleben sehr ausführlich. Die große Spezialisierung, die sich in der Beteiligung vieler Autoren zeigt, ermöglicht einen detaillierten Blick auf diesen Bereich der Stadtgeschichte. Im Fall der kleineren Städte schreiben dagegen meist Universalhistoriker über einen Zeitraum. Dies führt zu einer Dominanz der politischen Geschichtsschreibung und der Wirtschaftsgeschichte gegenüber kulturgeschichtlichen Fragestellungen. Bei vielen Autoren sowie Redakteuren ist auch die fehlende Erfahrung im Umgang mit dem entsprechenden Quellenmaterial sowie die fehlende Kenntnis über den Aufbewahrungsort eventueller Quellen zu bemerken. Ebenfalls wird in seltenen Fällen die einschlägige Sekundärliteratur zu kulturgeschichtlichen Fragen, z.B. zur Geschichte des Vereinswesens auf höheren Ebenen, benutzt. An dieser Stelle sollen kurz exemplarisch einige Beispiele dafür genannt werden.

Anna Bitner-Nowak geht in ihrem Beitrag zur Geschichte Tremessens (Trzemeszno) davon aus, dass die Kriegervereine ein aus „Berlin geschicktes Programm" realisierten.[25] Dies suggeriert, dass die preußische Regierung hinter der Gründung der Kriegervereine stand. Dieses Bild widerspricht der Forschungsliteratur zu den Kriegervereinen in Deutschland.[26] Wenn überhaupt, war der Vorstand des Preußischen Landes-Kriegerverbandes daran interessiert. Dies lässt sich den Akten der Königlichen Regierung Bromberg über die Krie-

---

[24] Hans Knudsen, Die Entwicklung des Theaters in Posen bis zum Jahre 1919, in: Geschichte der Stadt Posen, hrsg. v. Gotthold Rhode, Neuendettelsau 1953, S. 155-168.
[25] Anna Bitner-Nowak, Pod pruskim zaborem (1815-1919) [Unter preußischer Herrschaft (1815-1919)], in: Dzieje Trzemeszna, hrsg. v. Czesław Łuczak, Poznań 2002, S. 105-172, S. 156. Übersetzung durch den Verfasser.
[26] Siehe z.B. Thomas Rohkrämer, Der Militarismus der „kleinen Leute". Die Kriegervereine im Deutschen Kaiserreich 1971-1914, München 1990. Zur Provinz Posen zuletzt Jens Boysen, „Warthelager". Die Armee in den preußischen Ostprovinzen und das Verhältnis zur polnischen Minderheit 1815-1918, in: Inter Finitimos 2 N.F. (2004), S. 136-144. Boysens Beitrag ist eine Kurzzusammenfassung seiner noch nicht abgeschlossenen Dissertation.

gervereine im Regierungsbezirk entnehmen.[27] Bitner-Nowak zog diesen Aktenbestand jedoch nicht heran und konnte so nur anmerken, dass das Quellenmaterial es ihr nicht erlaubte herauszufinden, ob ein solcher Verein überhaupt bestand. Der Landwehr-Verein Tremessen wurde nach einem General-Rapport des Provinzial-Landwehrverbands Posen vom 31.März 1902 am 10.Oktober 1875 gegründet und hatte zum Berichtszeitpunkt 142 Mitglieder.

Stefan Kowal verweist in seinem Beitrag zur Geschichte Czarnikaus (Czarnków) auf die dort erschienene Zeitung „Czarnikauer Kreisblatt". Er merkt jedoch an, dass der letzte deutsche Stadtchronist Julius Klemm deren genauen Titel nicht angegeben habe.[28] Kowal konnte sich scheinbar nicht vorstellen, dass dies der wirkliche Name der Zeitung war. Dabei hießen diverse Lokalzeitungen der Provinz Posen Kreisblatt, da sie hauptsächlich die amtlichen Verkündigungen enthielten und erst nach und nach weitere Berichte aufnahmen, wie dies Czesław Łuczak in seiner Geschichte Mogilnos dargestellt hat.[29] Dem Bibliothekskatalog der Posener Adam-Mickiewicz-Universität, an der Kowal Professor ist, hätte er entnehmen können, dass einige Jahrgänge des Kreis- und Wochenblatts für den Kreis Czarnikau zu ihren Beständen gehören. Dann hätte er auch die Zeitung als weitere Quelle für seine Ausführungen heranziehen können. Eine Bibliographie der in der Provinz Posen erschienenen Zeitungen, wie sie für den Nordosten der Provinz seit 1960 vorliegt, hätte hier weiterhelfen können.[30]

Eine solche Zeitung hat mit großem Gewinn Krystyna Winowicz in ihrer Arbeit über das Musikleben in Kosten (Kościan) heran-

---

[27] GStA PK XVI. HA Rep. 30I Regierung zu Bromberg Nr. 846. Dort auch das Folgende. Die Akte ist nicht paginiert.

[28] Stefan Kowal, Czarnków w odrodzonej Polsce [Czarnikau im wieder erstandenen Polen], in: Dzieje Czarnkowa na przestrzeni wieków, hrsg. v. dems. (u.a.), Czarnków 1994, S. 117-149, S. 148.

[29] Czesław Łuczak, Dzieje Mogilna [Geschichte Mogilnos], Poznań 1998, S. 104.

[30] Henryk Baranowski, Bibliografia czasopism pomorskich. Województwo bydgoskie [Bibliographie pommerellischer Zeitschriften: die Woiwodschaft Bromberg], Toruń 1960. – Forschungen über die deutsche Presse sieht auch Jerzy Kozłowski, Niemcy w Poznańskiem do 1918 roku [Die Deutschen in der Provinz Posen bis 1918], in: Polska – Niemcy – Mniejszość niemiecka w Wielkopolsce, hrsg. v. Andrzej Sakson, Poznań 1994, S. 7-31, S. 30, als notwendig an.

gezogen.³¹ Sie entnimmt dem Kostener Kreisblatt Informationen über die von der Deutschen Gesellschaft für Kunst und Wissenschaft veranstalteten Konzerte. Die Tätigkeit der Gesellschaft wird meistens gar nicht beachtet, wobei Bitner-Nowaks Beitrag zu Tremessen in diesem Fall eine positive Ausnahme darstellt. Beide Autorinnen wussten jedoch nicht, dass sich die Unterlagen dieser Gesellschaft in der Handschriftenabteilung der Posener Universitätsbibliothek befinden und diese auch die Korrespondenz mit den in diversen Städten der Provinz bestehenden Abteilungen enthalten.

Ein weiteres Forschungsproblem scheint eher mentaler Art zu sein. Am Beispiel einer Untersuchung von Jerzy Gaj zum Sport in Lissa (Leszno) zeigt sich die fehlende Akzeptanz deutscher Vereine als Teil der Stadtgeschichte. Die Geschichte des Sports beginnt für ihn mit der Gründung des Sokółvereins im Jahr 1902[32], obwohl vorher bereits deutsche Vereine bestanden. Dass diese auch polnische Mitglieder in ihren Reihen hatten, führt Gaj jedoch an. Nach einem weiteren Beitrag von Mirosława Komółka war dies sogar noch nach 1920 der Fall.[33] Dennoch werden die deutschen Sportvereine nicht nur in Lissa auf ihre Rolle als Gegner der polnischen reduziert. Die Rezeption der Arbeiten von Teresa Ziółkowska zu den deutschen Sportvereinen in der Provinz lässt auf lokaler Ebene bis heute auf sich warten.[34]

---

[31] Krystyna Winowicz, Kultura muzyczna Kościana [Die Musikkultur Kostens], Kościan 1983.

[32] Jerzy Gaj, Początki i rozwój sportu w Lesznie w latach 1902-1939 [Anfänge und Entwicklung des Sports in Lissa in den Jahren 1902-1939], in: Leszno i Leszczyńscy. Sesja naukowa z okazji 450-lecia lokacji miasta Leszna, hrsg. v. Alojzy Konior, Leszno 1997, S. 108-115, S. 108.

[33] Mirosława Komółka, Od wybuchu I do końca II wojny światowej [Vom Ausbruch des Ersten bis zum Ende des Zweiten Weltkriegs], in: Leszno. Zarys dziejów, hrsg. v. ders./Stanisław Sierpowski, Poznań 1987, S. 133-215, S. 183.

[34] Dies liegt auch an ihrer mangelnden Verbreitung. Die 1973 in Posen erschienene Dissertation konnte so vom Verfasser nicht eingesehen werden, da sie weder in der Posener Universitätsbibliothek noch in der Bibliothek des Poznańskie Towarzystwo Przyjaciół Nauk vorhanden ist.

Stefan Dyroff

Deutsch-polnische Gemeinsamkeiten

Vereine mit deutschen und polnischen Mitgliedern haben allgemein bisher nur wenig Aufmerksamkeit erfahren. Magdalena Warkoczewska erwähnt eine von Deutschen und Polen gemeinsam organisierte Provinzial-Gemäldeausstellung im Jahr der Auflösung des übernational organisierten Kunstvereins für das Großherzogtum Posen 1862. Hier zeigt sich, dass das Ende der institutionellen Zusammenarbeit zwischen Deutschen und Polen auf dem Kunstsektor noch lange nicht den Beginn der nationalen Trennung bedeutete. Selbst 1897 beteiligten sich noch polnische Maler an einer Ausstellung eines neu gegründeten deutschen Kunstvereins.[35] Allgemein werden solche kulturellen Beziehungen der gebildeten Schichten beider Nationalitäten viel zu selten näher untersucht.[36] So standen zum Beispiel der führende polnische Buchhändler Posens Konstanty Żupański und der Herausgeber der Ostdeutschen Presse in Bromberg Paul Hoerner in Briefkontakt.[37] Gemäß dem bisherigen Forschungsstand wird so meist von einer totalen nationalen Trennung im gesellschaftlichen Leben ausgegangen. Kowal führt so für Czarnikau aus, dass alle örtlichen Vereine national organisiert gewesen seien. Dann nennt er mit dem Katholischen Lehrerverein und der Schützengilde jedoch zwei national gemischte Vereine.[38]

---

[35] Magdalena Warkoczewska, Kolekcjonerstwo, stowarzyszenia wspierające sztukę, wystawy [Sammlerwesen, Kunstvereine, Ausstellungen], in: Dzieje Poznania Bd. 2, Teil 1 (wie Anm. 18), S. 673-678, hier S. 676.
[36] Ansatzweise bei Wolfgang Engeldinger, Die Beziehungen der deutschen und polnischen Intelligenz und dem Bürgertum in Posen vor 1914, in: Preußens Osten – Polens Westen (wie Anm. 8), S. 73-90, sowie Witold Molik, Die polnisch-deutschen kulturellen Beziehungen im Gro ßherzogtum P osen in den Jahren 1831-1846, in: Zeitschrift für Geschichtswissenschaft 30 (1982), S. 524-528, und Barbara Janiszewska-Mincer, Polacy i Niemcy w stowarzyszeniach bydgoskich w latach 1772-1850 [Polen und Deutsche in den Bromberger Vereinen in den Jahren 1772-1850], in: Bydgoszcz. 650 lat P raw Miejskich, hrsg. v. Maksymilian Grzegorz/ Zdzisław Biegański, Bydgoszcz 1996, S. 115-125.
[37] „Ostdeutsche Presse", Nr. 1, 2.1.1884, Beilage.
[38] Stefan Kowal, Czarnkó w w okresie zaborów i Ksi ęstwa Warszawskiego [Czarnikau in der Zeit der Teilungen und des Herzogtums Warschau], in: Dzieje Czarnkowa na przestrzeni wieków, hrsg. v. dems. (u.a.), Czarnków 1994, S. 61-115, hier S. 96f. und 104.

Genau jene Schützengilden waren lange Zeit ein Ort der Überwindung konfessioneller und nationaler Gegensätze. Sie versammelten meist das städtische Bürgertum, wie dies Torsten Lorenz in seiner Studie zu den Gilden in Zirke (Sieraków) und Birnbaum (Międzychód) herausgearbeitet hat.[39] Durch den Abgleich seines Quellenmaterials mit der neuesten Forschungsliteratur gelang ihm die Darstellung der zunehmenden Germanisierung des Schützenwesens und seine Hintergründe. So verweist er darauf, dass Verbandstage den Nationalismus von außen in bislang insulare Vereinszellen hineintrugen. Andererseits forderten und förderten die Provinzialbehörden diese Tendenz seit dem 650jährigen Jubiläum der Posener Schützengilde. 1905 wies das Regierungspräsidium Posen die Landräte an, durch Satzungsänderungen die deutsche Mehrheit in deutsch dominierten Gilden zu sichern. So sollten Vorstandsmitglieder durch den Landrat bestätigt werden. Gleichzeitig sollten die Mitglieder auf König und Vaterland verpflichtet werden, wobei ihr Ausschluss bei Vorstoß gegen diese Vorschrift vorgesehen war. Ein zweiter Schritt waren Masseneintritte deutscher Mitglieder in polnisch dominierte Gilden, wobei die hohen Beitrittskosten aus dem Dispositionsfonds des Oberpräsidenten zur Stärkung des Deutschtums bezahlt wurden. So zählte die Gilde in Zirke Anfang 1906 5 deutsche und 23 polnische Mitglieder, Ende des Jahres dagegen 45 deutsche und 26 polnische. Eine ähnliche Entwicklung beschreibt Marek Rezler in Schrimm (Śrem), wo 1910 166 Deutsche den Aufnahmeantrag stellten. Der Verein wehrte sich gegen diese Germanisierungsmaßnahme, verlor jedoch den Kampf mit den Behörden und hatte so ab 1911 eine deutsche Mehrheit, obwohl es zwei Jahre zuvor keine deutschen Mitglieder gegeben hatte.[40] Die Gegenwirkung solcher Maßnahmen beschreibt Lorenz, da in Zirke nun ein polnischer

---

[39] Torsten Lorenz, Von Birnbaum nach Międzychód. Bürgergesellschaft und Nationalitätenkampf in Großpolen bis zum Zweiten Weltkrieg, Berlin 2005, S. 171-177. Dort auch das Folgende, sofern nicht anders gekennzeichnet.

[40] Marek Rezler, W okresie zaboru pruskiego i walk o niepodległość [In der Zeit der preußischen Herrschaft und der Kämpfe um die Unabhängigkeit], in: Dzieje Śremu, hrsg. v. dems., Poznań 2003, S. 141-222, hier S. 205. Als interessante Ergänzung zu Rezler empfiehlt sich die Lektüre von Sch., Wie die Schützengilde in Schrimm deutsch wurde, in: Die Ostmark 16 (1911), Nr. 10, S. 86-88.

Turnverein gegründet wurde, den es bis zur Germanisierung der Schützengilde nicht gegeben hatte. Dennoch betont er, dass auf dem Feld der Geselligkeit noch bis zu Beginn des 20. Jahrhunderts eine hohe Kontaktdichte zwischen Deutschen und Polen bestand.[41]

Neben Schützengilden und wissenschaftlichen Vereinen waren auch die Gesangvereine anfangs für polnische Mitglieder offen. Jerzy Wojciak führt in seiner Untersuchung zum Kulturleben Brombergs an, dass der Dirigent der Liedertafel in den 50er Jahren des 19. Jahrhunderts sogar polnische Lieder komponierte.[42] Auch die Feuerwehren waren lange Zeit als Inseln des nationalen und konfessionellen Miteinander prädestiniert. Dies bestätigt Marek Rezler in seinen Studien zu Schrimm. Er merkt an, dass alle Vereinsdokumente zweisprachig geführt wurden.[43] Eine den Interessen der Stadt dienende Einrichtung wie die Feuerwehr könnte somit eine Insel im Nationalitätenkampf gewesen sein. Diese Forschungshypothese gilt es mit weiterem Material zu be- oder zu widerlegen. In Schrimm hat Rezler solches gefunden. Ausgerechnet der Gründer der polnischen Genossenschaftsbewegung, der katholische Priester Wawrzyniak, löste den deutschen Bürgermeister als Vorsitzenden des örtlichen Verschönerungsvereins ab. Auch in Kruschwitz (Kruszwica) gehörten der Freiwilligen Feuerwehr und dem Verschönerungsverein sowohl Deutsche wie auch Polen an.[44]

Dennoch sollte man aber nicht vorschnell auf deutsch-polnische Zusammenarbeit schließen, wie dies Żuchowski in seinem Beitrag zur Entstehung des Posener Kaiser-Friedrich-Museums tut.[45] In Fol-

---

[41] Lorenz (wie Anm. 39), S. 196.

[42] Jerzy Wojciak, Oświata, kultura i sztuka w latach 1850-1914 [Bildungswesen, Kultur und Kunst in den Jahren 1850-1914], in: Historia Bydgoszczy [Geschichte Brombergs] Bd. 1 (do roku 1920) [bis 1920], hrsg. v. Marian Biskup, Warszawa 1991, S. 585-599, hier S. 595.

[43] Marek Rezler, W okresie (wie Anm. 40), S. 210.

[44] Tadeusz Kaliski/Barbara Kwiatkowska, Kruszwica w okresie 1772-1918 [Kruschwitz zwischen 1772 und 1918], in: Kruszwica. Zarys monograficzny, hrsg. v. Jan Greszkowiak, Toruń 1965, S. 215-236, hier S. 233.

[45] Tadeusz J. Żuchowski, Muzeum Prowincji w Poznaniu. Nowa koncepcja muzealna w świetle źródeł [Das Provinzialmuseum im Posen. Die museale Neukonzeption im Lichte der Quellen], in: Stulecie otwarcia Muzeum (wie Anm. 4), S. 31-45, hier S. 35f.

ge einer Verwechslung des deutschen Abgeordneten Stephan von Dziembowski mit dem gleichnamigen polnischen Abgeordneten Zygmunt von Dziembowski sieht er einen polnischen Anteil an der Museumsgründung. Er hat dabei nicht berücksichtigt, dass der Pole Dziembowski nur von 1904-1908 im Abgeordnetenhaus saß, also nicht an der Debatte 1896 teilgenommen haben kann, die Żuchowski als Grundlage seiner Ausführungen heranzieht. Dennoch wirft die Parlamentsdebatte ein interessantes Licht auf die Einstellung der polnischen Eliten gegenüber dem Museum. Der ansonsten national-polnisch argumentierende Abgeordnete Jażdzewski begrüßte die Einrichtung der Institution ausdrücklich. Wie der Deutsche Dziembowski sieht er darin eine Chance auf einem neutralen Gebiet einen Ausgleich zu finden, um die Trennung unter den Angehörigen beider Nationalitäten nicht weiter zu vertiefen. Er bedankt sich bei seinem Vorredner, dass dieser einen friedlichen Ton angeschlagen habe und betont, dass seine Seite diesen friedlichen Ton nicht stören werde.[46] Dem die Germanisierung der Provinz Posen unterstützenden Abgeordneten Erich Tiedemann aus Kranz im Kreis Meseritz blieb so nur anzumerken, dass er bisher noch nie einer Meinung mit Jażdzewski gewesen sei. Dies beweise, dass es sich um eine gute Sache handeln müsse. Bei dieser Debatte dürfte es sich um eine einmalige Unterstützung der preußischen Hebungspolitik durch die polnischen Abgeordneten handeln, was jedoch zu überprüfen wäre.

Ausblick

Abschließend ist anzumerken, dass die namentlich kritisierten Autoren beispielhaft für viele stehen. Sie haben sich auf ein Forschungsgebiet begeben, dass nicht in allen Facetten zu ihrem Themenschwerpunkt gehört. Andererseits fehlten ihnen oft Zeit und Geld, was die Nichtbenutzung mancher Archivbestände oder der in Polen nur partiell verfügbaren deutschsprachigen Sekundärliteratur erklärt. Auch die Erwartungshaltung der Stadtverwaltungen oder anderer

---

[46] Stenographische Berichte über die Verhandlungen der durch die Allerhöchste Verordnung vom 23. Dezember 1895 einberufenen beiden Häuser des Landtages. Haus der Abgeordneten, Zweiter Band, Berlin 1896, S. 1248f.

kommunaler Organe als Auftrag- oder Geldgeber der Stadtgeschichten ist zu berücksichtigen. Ein weiterer wichtiger Punkt ist die Frage der Autozensur der Beiträge in der Zeit bis 1989. Viele der Autoren haben sich sicherlich an den herrschenden Diskurs angepasst, um möglichen Problemen zu entgehen. Dabei ist zu berücksichtigen, dass der polnische Anteil an der Stadtgeschichte lange Zeit als historische Legitimation der aktuellen Staatszugehörigkeit galt. Die Tatsache, dass einige neuere Arbeiten Anzeichen zur Überwindung des nationalen Paradigmas bei der Erforschung der Regionalgeschichte zeigen, erscheint in diesem Licht als Bestätigung der im Vorzeitraum existierenden Schranken. Nichts desto trotz entstanden auch vor 1989 teilweise wertvolle Beiträge.

Allgemein kann gesagt werden, dass gerade Autoren, die Beiträge für mehrere Stadtgeschichten verfassten, den Wert detaillierter Studien als Beitrag zu einer überregionalen Synthese aufzeigten. An dieser Stelle seien Lech Trzeciakowski und Marek Rezler genannt, wobei beide noch weit von einer Überwindung alter Forschungsstereotypen entfernt sind. Rezlers Beiträge zu Pinne (Pniewy) und Jarotschin (Jarocin) aus dem Jahr 1998 sind in Bezug auf die Behandlung des deutschen Anteils an der Stadtgeschichte nicht mit dem Beitrag von 2003 über Schrimm zu vergleichen. Rezler scheint durch die langjährige Beschäftigung mit dem regionalgeschichtlichen Material den Eindruck gewonnen zu haben, dass es auch in der Zeit des Nationalitätenkampfs in bestimmten Bereichen noch ein Miteinander gab. Solche Ansätze zeigen auch andere neuere Arbeiten wie z.B. eine Stadtmonographie Schwerins an der Warthe (Skwierzyna) von Andrzej Kirmiel.[47] Hier sieht man, dass das Bekenntnis zum deutschen Erbe leichter ist, wenn der polnische Anteil an der Stadtgeschichte gering ist. Die Stadt Schwerin hatte 1,5% polnische Einwohner, der gesamte Landkreis 7,5%. Bei Torsten Lorenz wird deutlich, dass ein Autor eine Stadtgeschichte schreiben kann, wenn er die entsprechenden Quellen dazu heranzieht. Entsprechende finanzielle Mittel, wie sie Lorenz von der Deutschen Forschungsgemeinschaft

---

[47] Andrzej Kirmiel, Skwierzyna – miasto pogranicza. Historia miasta do 1945 roku [Schwerin an der Warthe – Geschichte einer Grenzstadt. Stadtgeschichte bis 1945], Bydgoszcz 2004.

erhielt, konnte bisher aber noch keiner der polnischen Kollegen einwerben. Für die Zukunft bleibt zu hoffen, dass auf Grundlage der bestehenden Vorarbeiten sowie unter Hinzunahme aller in Deutschland und Polen verfügbaren Archivmaterialien ein der Problematik des kulturellen und gesellschaftlichen Lebens gerecht werdender Sammelband entsteht, der beispielhaft die Herangehensweise an ein derartig schwieriges Forschungsthema behandelt. Es wäre wünschenswert, dass dann auch bisher völlig vernachlässigte Themen wie Frauenvereine[48] oder das jüdische Kulturleben Berücksichtigung finden.

---

[48] Elizabeth A. Drummond, „Durch Liebe stark, deutsch bis ins Mark", Weiblicher Kulturimperialismus und der deutsche Frauenverein für die Ostmarken, in: Nation, Politik und Geschlecht. Frauenbewegung und Nationalismus in der Moderne, hrsg. v. Ute Planert, Frankfurt am Main 2000, S. 147-164.

Peter Oliver Loew

STÜCKWERK. WAS WISSEN WIR ÜBER DIE GESCHICHTE DANZIGS IM 19. UND 20. JAHRHUNDERT?

EIN PLÄDOYER FÜR EINE SYSTEMATISCHE AUSWERTUNG DER TAGESPRESSE

Es schien so, als sei das Wichtigste gesagt: 1998 und 1999 erschienen die beiden Teilbände IV/1 und IV/2 der von Edmund Cieślak herausgegebenen „Historia Gdańska", in denen das 19. Jahrhundert und die erste Hälfte des 20. Jahrhunderts bis 1945 dargestellt wurden.[1] Nach den in vielerlei Hinsicht guten, in einer ganzen Reihe von Kapiteln sogar hervorragenden vorausgegangenen drei Bänden konnte dieser narrative Abschluss des seit Jahrzehnten vorbereiteten stadthistorischen Überblickswerks[2] aber die großen Hoffnungen nicht im mindesten erfüllen. Vor allem konnte er die Informationslücke nicht schließen, die sowohl in der Wissenschaft als auch in weiten Kreisen der Danziger Bevölkerung für die Zeit zwischen 1793 und 1945 klafft. Wie gefährlich das ist, zeigt der lokale Identitätsdiskurs der vergangenen Jahre: Als nach der politischen Wende von 1989 Danziger Geschichte nach einer anderen Erzählung verlangte als zur kommunistischen Zeit, griffen die antikommunisti-

---

[1] Historia Gdańska [Geschichte Danzigs], Bd. IV/1, hrsg. v. Edmund Cieślak, Sopot 1998; Bd. IV/2, hrsg. v. dems., Sopot o. J. [1999].
[2] Historia Gdańska, Bd. I, hrsg. v. Edmund Cieślak, Gdańsk 1978; Bd. II, hrsg. v. dems., Gdańsk 1982; Bd. III/1 und III/2, Gdańsk 1993. Als Band V war bereits 1997 eine Bibliographie zur Stadtgeschichte erschienen: Bibliografia Gdańska, hrsg. v. Jan Kucharski/Przemysław Szafran. Zur Konzeption vgl. Edmund Cieślak, Główne momenty dziejów Gdańska [Hauptmomente der Geschichte Danzigs], in: Historia Gdańska, Bd. I, S. 5–13. Zur Vorgeschichte und zur Rezeption ausführlicher: Peter Oliver Loew, Danzig und seine Vergangenheit 1793–1997. Die Geschichtskultur einer Stadt zwischen Deutschland und Polen, Osnabrück 2003 [= Einzelveröffentlichungen des Deutschen Historischen Instituts Warschau, Bd. 9], v. a. S. 379–381, 499 f.

schen, liberalen „Identitätsunternehmer"[3] in die unmittelbare Vor-Zeit des polnischen Danzig und stilisierten das vermeintlich bürgerliche, vermeintlich liberale, vermeintlich weltoffene Danzig des 19. und beginnenden 20. Jahrhunderts zum großen Vorbild für die Gegenwart: Die vielerorts noch erhaltenen Verwaltungs- und Wohngebäude aus diesem Zeitraum schienen mit ihrer Solidität für eine derartige Interpretation der Geschichte zu sprechen. Andere Erkenntnisse gab es kaum, da über die Zeit zwischen der preußischen Einverleibung Danzigs und dem Ende des Zweiten Weltkriegs sowohl auf deutscher wie auch auf polnischer Seite nur sehr wenige wertvolle, zumeist aber politisch motivierte, einseitige und ohne Quellenbezug geschriebene Werke existierten. Somit konnte das Konstrukt der *gdańskość*, der „Danzigertum" genannten Neudefinition lokaler Identität jenseits nationalstaatlicher Bezugsrahmen, unter Rückgriff auf polonitätsgeschichtliche Narrative aus älterer Zeit, ein wenig Günter Grass und die in großer Zahl erhaltenen Fotodokumente von vor 1945 zu einem in hohem Maße realitätsenthobenen Bild mutieren, zu einer historischen Fiktion, die das Handeln und Denken der lokalen Eliten bis heute maßgeblich beeinflusst, und dies durchaus nicht nur positiv. Die Fortschreibung der Grass'schen Literaturlandschaft durch Paweł Huelle und Stefan Chwin trug dann dazu bei, dass neben dem Danzig, wie es sich aus den Quellen erheben würde, eine wirkmächtige literarisch-triviale Fiktion der Danziger Vergangenheit entstand, die – kaum in Frage gestellt – zu einem wesentlichen Element neuer Danziger Identitäten geworden ist.[4]

---

[3] Bernhard Giesen, Kollektive Identität. Die Intellektuellen und die Nation 2, Frankfurt am Main 1999, S. 212.
[4] Vgl. Peter Oliver Loew, Niemieckość – polskość – wielokulturowość? Gdańsk i jego mity [Deutschtum – Polonität – Multikulturalität? Danzig und seine Mythen], in: Tożsamość miejsca i ludzi. Gdańszczanie i ich miasto w perspektywie historyczno-socjologicznej, hrsg. v. Małgorzata Dymnicka/Zbigniew Opacki, Warszawa 2003, S. 107-118; ders.: Zniszczenie, trwanie, zmyślenie. Koniec wojny i nowy początek starego miasta [Vernichtung, Überdauern, Erfinden. Kriegsende und neuer Anfang einer alten Stadt], in: Przegląd Polityczny 2005, Nr. 70, S. 73-77; ders.: Gdańsk. Między mitami [Danzig. Zwischen den Mythen], Olsztyn 2006 (im Druck).

Danzig im 19. und 20. Jahrhundert

Aber der Reihe nach: Um die Frage beantworten zu können, was wir heute über die Geschichte Danzigs im 19. und 20. Jahrhundert wissen, sollen zunächst kurz die zur Verfügung stehenden Quellen diskutiert werden. Der Historiker greift hier traditionell zunächst nach dem, was die Archive bieten. Der Bestand des Danziger Staatsarchivs ist allerdings am Ende des letzten Krieges stark dezimiert worden; während der mittelalterliche und frühneuzeitliche Fundus trotz mancher schmerzlicher Verluste in einem verhältnismäßig guten Zustand erhalten blieb, wurden die Magistratsakten des 19. und 20. Jahrhunderts ein Raub der Flammen. Nur die Zeit der napoleonischen Freien Stadt von 1807 bis 1814 ist besser dokumentiert. Auch die Bestände der preußischen Oberbehörden sind stark in Mitleidenschaft gezogen. Private Nachlässe gibt es so gut wie nicht, und ebenso schlecht ist der Erhaltungszustand bei Vereinsakten und den Akten von Wirtschaftsunternehmen.[5] Aus der Freien Stadt der Zwischenkriegszeit sind nur einige Abteilungen des Senats sowie die Tätigkeit des polnischen Generalkommissariats archivalisch besser dokumentiert; ein großer Teil der Senatsakten ist verloren.[6] Über ergänzende Archivbestände verfügen vor allem das Geheime Staatsarchiv Preußischer Kulturbesitz Berlin, das Politische Archiv des Auswärtigen Amtes, das Bundesarchiv sowie das Archiv der Neuen Akten Warschau. Aufgrund der Archivquellen lassen sich beschränkt Aussagen zur politischen Geschichte der beiden Freien Städte machen, und sie liefern fragmentarische Informationen für einige wirtschafts- und kulturgeschichtliche Fragestellungen. Die Geschichte von Institutionen, von Wirtschaft, Gesellschaft und Kultur, von Lokalpolitik und städtebaulicher Entwicklung ist aus diesen Materialien

---

[5] Siehe hierzu den Bestandsführer: Staatsarchiv Danzig – Wegweiser durch die Bestände bis zum Jahr 1945, bearb. v. Czesław Biernat, München 2000 [= Schriften des Bundesinstituts für ostdeutsche Kultur und Geschichte, Bd. 16]. Zum Schicksal der Danziger Bestände während des Zweiten Weltkriegs siehe hier v. a. S. 37 f., 41-49.
[6] Ebd., S. 117; Stanisław Flis, Akta do dziejów Wolnego Miasta Gdańska w zbiorach Archiwum Państwowego w Gdańsku [Akten zur Geschichte der Freien Stadt Danzig in den Sammlungen des Staatsarchivs Danzig], in: Gdańsk i Pomorze w XX wieku. Księga ofiarowana Profesorowi Stanisławowi Mikosowi z okazji 70. rocznicy Jego urodzin, hrsg. v. Marek Andrzejewski, Gdańsk 1997, S. 18-39.

nur sehr unvollständig zu rekonstruieren. Am intensivsten dargestellt werden kann das Leben der polnischen Minderheit in der Freien Stadt der Zwischenkriegszeit.

Der Erhaltungszustand der Archivalien und ihr Aufbewahrungsort jenseits des Eisernen Vorhangs hat dazu geführt, dass nach 1945 bis in die 1990er Jahre in Deutschland keine sich auf neu recherchierte Archivquellen stützende Arbeiten zur Geschichte Danzigs im 19. und 20. Jahrhundert erschienen; in Polen beschränkte sich die Forschung auf einige Aspekte (vor allem auf die polnische Minderheit sowie auf die politische, vor allem außenpolitische Geschichte der Freien Stadt, siehe hierzu unten mehr). Vor 1945 war das Interesse an einer wissenschaftlichen Aufarbeitung der lokalen Geschichte nach 1793 bei Deutschen wie Polen nur gering gewesen, so dass nur wenige archivalische Informationen über die Sekundärliteratur einen indirekten Weg in die Gegenwart nehmen konnten.[7] Wer sich deshalb nach dem Zweiten Weltkrieg mit der modernen Geschichte Danzigs beschäftigte, musste ergänzende Materialien heranziehen. Es handelte sich hier insbesondere um zeitgenössische Druckschriften, dank derer insbesondere die 1969 erstmals erschienene Überblicksdarstellung von Edmund Cieślak und Czesław Biernat insbesondere die Zeit nach 1815 skizzenhaft zwar, doch relativ umfangreich darstellen konnte.[8]

---

[7] Sehr fragmentarisch griff Paul Simson in seiner populärwissenschaftlichen Gesamtdarstellung der Lokalgeschichte auf Archivmaterial zurück (Geschichte der Stadt Danzig, Danzig 1903 [= Gedanensia, 8]). Siehe vor allem: Erich Hoffmann, Danzig und die Städteordnung des Freiherrn vom Stein, Leipzig 1934; Friedrich Richter, Preußische Wirtschaftspolitik in den Ostprovinzen. Der Industrialisierungsversuch des Oberpräsidenten v. Goßler in Danzig, Königsberg; Berlin 1938; Elly Schaumann, Die Danziger Presse im 19. Jahrhundert bis zur Gründung der „Danziger Zeitung", in: Zeitschrift des Westpreußischen Geschichtsvereins 72 (1935), S. 7–96; Max Foltz, Geschichte des Danziger Stadthaushalts, Danzig 1912. Auf vor 1945 zusammengetragene Materialien stützte sich Erich Keyser, Die Baugeschichte der Stadt Danzig, Köln 1972. Vor allem auf den Archivalien des Geheimen Staatsarchivs beruhte Günter Stavorinus, Die Geschichte der Königlichen/Kaiserlichen Werft Danzig 1844–1918, Köln; Wien 1990.

[8] Edmund Cieślak/Tadeusz Biernat, Dzieje Gdańska, Gdańsk 1969 (Neuauflagen 1975, 1980; erschienen ist auch eine englische Übersetzung). Im Anspruch nationalistisch und ideologisch verbrämt, im Inhalt nachlässig sind die entsprechenden

Danzig im 19. und 20. Jahrhundert

Umso größere Erwartungen verbanden sich mit den beiden erwähnten Teilbänden der *Historia Gdańska*.[9] Doch hatten deren Autoren dasselbe Problem – der Gegenstand, den sie zu behandeln hatten, war erst in geringem Maße aufgearbeitet worden. Der Wissensstand beschränkte sich auf die lückenhaften Darstellungen der Gesamtgeschichten sowie auf eine Handvoll von Detailuntersuchungen.[10] Von den beiden Möglichkeiten, die sich boten, nämlich der intensiven Suche nach neuen Quellen und der Beschränkung auf die in Danzig, Warschau und Berlin erhaltenen Archivalien und zeitgenössischen Druckschriften, wählten die Autoren der *Historia Gdańska* weitgehend die zweite.[11] Sie griffen also neben den Archivbeständen auf die gedruckten Quellen insbesondere statistischer und behördlicher Natur zurück. Damit waren einige Bereiche der städtischen Geschichte relativ gut zu ergründen, so Aspekte des Wirtschaftslebens, dem entsprechend auch knapp die Hälfte des ersten Teilbandes (1815-1918) gewidmet ist, andere aber nicht. Ein eklatantes Beispiel ist die lokale Kultur- und Alltagsgeschichte; so griff Edward Włodarczyk bei seiner seitenlangen Darstellung von „Lebensbedingungen. Ernährung" (1815-1870) im wesentlichen auf zwei gedruckte Lebenserinnerungen zurück, die er über mehrere Seiten paraphrasierte.[12]

Kapitel in: Gdańsk. Jego dzieje i kultura [Danzig. Seine Geschichte und Kultur], hrsg. v. Franciszek Mamuszka, Warszawa 1969.
[9] Zu Band IV/1 siehe meine ausführlichen Kommentare: Zur Danziger Kulturgeschichte des 19. Jahrhunderts, in: Studia Germanica Gedanensia 7 (1999), S. 207–214; hierzu die Erwiderung von Bohdan Czyżak, Randbemerkungen zur Rezension von P.O. Loew in „Studia Germanica Gedanensia", H.7, in: Studia Germanica Gedanensia 8 (2000), S. 209–219, sowie meine Entgegnung hierzu: Entgegnung, in: ebd., S. 220–223.
[10] Zum Forschungsstand aus polnischer Sicht siehe Maria Babnis, Stan badań nad historią Gdańska XIX wieku [Der Forschungsstand zur Geschichte Danzigs des 19. Jahrhunderts], in: Rocznik Gdański 50 (1990), Nr. 2, S. 69–84; siehe auch Omówienie źródeł i stan badań [Besprechung der Quellen und Forschungsstand], in: Historia Gdańska, Bd. IV/2, S. 379–393.
[11] Hierzu ausführlich Omówienie źródeł i stan badań, in: Historia Gdańska, Bd. IV/2, S. 379–393.
[12] Historia Gdańska, Bd. IV/1, S. 177–181.

Zahlreiche weitere Quellengattungen sind aber von der lokalen Geschichtsschreibung bis heute kaum systematisch ausgewertet worden: Die schöne Literatur (die zum Beispiel die Mentalitätsgeschichte erhellen kann), nichtschriftliche Quellen (als eine „Archäologie des Alltags") oder die Oral History. Niemand hat sich bislang die Mühe gemacht, die autobiographischen Schriften mit einem Danziger Bezug einmal zusammenzustellen, und die bei weitem wertvollste Quelle, die es für den Zeitraum zwischen der ersten Hälfte des 19. Jahrhunderts und 1945 gibt, nämlich die Tages- und Wochenzeitungen, wurde zumindest für die Zeit bis zum Ersten Weltkrieg nur stichprobenartig verwendet.[13]

Danzig war ein Pressestandort mit langer Tradition, und selbst wenn die lokalen Medien bis in die 1830er Jahre nur relativ wenige journalistische Informationen über das städtische Leben enthielten, so waren doch zumindest die Anzeigen sehr aufschlussreich.[14] Spätestens seit 1848 verfügen wir in den Lokalzeitungen über eine lückenlose Dokumentation des städtischen Geschehens. Der Erhal-

---

[13] Nur die beiden am Historischen Museum der Stadt Danzig arbeitenden Historiker Mirosław Gliński und Jerzy Kukliński haben sich bislang – neben dem Autor dieser Zeilen – die Mühe gemacht, systematisch die Danziger Presse auszuwerten. Ihnen ging es allerdings vor allem um zentrale Fragen der Ereignisgeschichte sowie um Biographien. Das Ergebnis ihrer Sammeltätigkeit sind eine große Zettelkartei sowie die beiden folgenden Publikationen: Mirosław Gliński, Ludzie dziewiętnastowiecznego Gdańska [Menschen Danzigs im 19. Jahrhundert], Gdańsk 1994; Mirosław Gliński, Jerzy Kukliński, Kronika Gdańska 997–1997 [Danzig-Chronik 997-1997], Bd.1, Gdańsk 1998 (mehr nicht erschienen). Sehr intensiv ausgewertet worden ist die Presse zudem von dem Musikhistoriker Jerzy Michalak. Für die Zeit der Freien Stadt der Zwischenkriegszeit ist die Presse insbesondere zu politischen Fragen intensiver ausgewertet worden, unter anderem von Marek Andrzejewski.
[14] Als Überblick Peter Oliver Loew, Die Danziger Presse im 19. und 20. Jahrhundert, in: Beiträge zur Geschichte Westpreußens 18 (2002), S. 97–115; außerdem die Beiträge in Prasa gdańska na przestrzeni wieków [Die Danziger Presse durch die Jahrhunderte], hrsg. v. Marek Andrzejewski, Gdańsk 1999, sowie: Małgorzata Chojnacka, Die Danziger Presse in der ersten Hälfte des 19. Jahrhunderts. Ein Forschungsbericht, in: Studia Niemcoznawcze 15 (1998), S. 211-223. Zum Danziger Intelligenzblatt siehe neuerdings Ansgar Heller, Die Ausformung von Öffentlichkeit in Danzig im 18. Jahrhundert bis zur zweiten Teilung Polens im Jahre 1793, Hamburg 2005 [= Studien zur Geschichtsforschung der Neuzeit, Bd. 42].

Danzig im 19. und 20. Jahrhundert

tungszustand der Zeitungen ist gut bis sehr gut; die meisten Blätter befinden sich in der ehemaligen Danziger Stadtbibliothek, der Danziger Bibliothek der Polnischen Akademie der Wissenschaften, und sind mittlerweile größtenteils auch mikroverfilmt. Ergänzende Bestände liegen unter anderem in Thorn, Lemberg, Berlin und anderen deutschsprachigen Bibliotheken. Wertvolle Informationen über die städtischen Geschehnisse finden sich überdies in den anderen Zeitungen der Umgebung, also in den Elbinger, Thorner, auch in den Königsberger Blättern, außerdem natürlich in den Berliner Zeitungen.

Die Auswertung der Presse ist ein mühsames Geschäft; ich habe dies bei der Vorbereitung meines Buches über die Geschichtskultur in Danzig selbst erfahren. Für die thematisch fokussierte Durchsicht eines Jahrgangs einer großen Danziger Tageszeitung von der Wende zum 20. Jahrhundert hatte ich als Muttersprachler einen Arbeitstag einkalkuliert. Und ich hatte weitgehend noch Zugriff auf die Papierexemplare; heute werden die Zeitungen nur noch auf Mikrofilm zur Verfügung gestellt, was die Bearbeitungsgeschwindigkeit mindestens halbiert. Aber angesichts des Materialmangels gibt es zur Presselektüre keine Alternative – wesentliche Bereiche der modernen Danziger Geschichte lassen sich ausschließlich so erschließen. Die wesentlichen Informationsträger sind hier Nachrichten, Feuilletons, künstlerische Beiträge sowie die Anzeigen.

Die Zahl der über eine Zeitungsauswertung zu ergründenden Bereiche des städtischen Lebens ist enorm. Am meisten Informationen liefert sie für die Geschichte der Lokalpolitik, der Verwaltung, des kulturellen Lebens und für die Alltagsgeschichte, natürlich auch für die Wirtschaftsgeschichte. Es muss wohl kaum eigens betont werden, dass die Ergebnisse einer Zeitungsrecherche stets mit anderen Quellen abgeglichen werden müssen. Von der Art und Weise einer systematischen Auswertung der Zeitungsinhalte kann hier nicht eingehend die Rede sein; sie sollte jedenfalls idealiter so erfolgen, dass die Inhalte für die künftige Forschung erschlossen werden. Eine Digitalisierung wichtiger Artikel, ihre Erfassung und Verschlagwortung in Datenbanken erscheint hier als eine zwar aufwändige, aber wahr-

scheinlich unumgängliche Arbeit, die nur im Rahmen eines drittmittelfinanzierten Grundlagenprojektes denkbar sein dürfte.
Was also wissen wir über die Geschichte Danzigs im 19. und 20. Jahrhundert, ohne dass die lokale Presse von der Historiographie bislang systematisch ausgewertet worden wäre? Halten wir uns an die Gliederung der „Historia Gdańska", die zwar keineswegs optimal ist, aber eine Leitlinie vorgibt. Es kann hier nicht darum gehen, einen erschöpfenden Literaturbericht vorzulegen, sondern lediglich um einen Versuch, Forschungsfelder abzustecken, die einer Neuauflage der „Historia Gdańska" vorauszugehen hätten. Auf den Forschungsstand zur Zeit nach 1945 werde ich abschließend noch kurz eingehen.

19. Jahrhundert (bis 1920)

Städtisch-urbane Entwicklung, Bevölkerung
Das Wissen über die räumliche und demographische Entwicklung der Stadt ist dank erhaltener Baudokumentationen und zahlreicher Druckschriften verhältnismäßig gut.[15] Die urbane Entwicklung Danzigs hat in den letzten Jahren vor dem Hintergrund aktueller architektonischer Vorhaben auch in der breiten Öffentlichkeit einige Beachtung gefunden. Dabei entstehende Mythen von einem typisch Danziger Baustil der Neorenaissance konnten jedoch aufgrund fehlender Grundlagenforschung nur schwer aus der Welt geräumt werden. Forschungsbedarf besteht auch bei Aspekten der demographischen Entwicklung, insbesondere bei Herkunft und sozialer Schichtung der Danziger Bevölkerung im 19. Jahrhundert, die stark durch die Zuwanderung aus dem Umland geprägt war.[16] Hier könnten vor allem Kirchenbücher und Standesamtsakten quantitativ ausgewertet werden.

---

[15] Die wertvollste historiographische Vorarbeit bietet Max Bär, Die Entwickelung des Territoriums der Stadt Danzig und ihres kommunalen Verwaltungsgebietes, in: Zeitschrift des Westpreußischen Geschichtsvereins 49 (1907), S. 253-271; vgl. auch Keyser, Baugeschichte (wie Anm. 7).
[16] Als Grundlage bis in die erste Hälfte des 19. Jahrhunderts siehe Jan Baszanowski, Przemiany demograficzne w Gdańsku w latach 1601-1846 [Die demographischen Veränderungen in Danzig in den Jahren 1601-1846], Gdańsk 1995.

Danzig im 19. und 20. Jahrhundert

Stellung Danzigs im preußischen bzw. deutschen Staat
Die Interpretation der Danziger Standortnachteile ist bislang meist unter politischen Vorzeichen geschehen; der Bedeutungsrückgang der Stadt im 19. Jahrhundert wurde oft als Folge der preußischen Benachteiligung Danzigs interpretiert. Ein Vergleich mit anderen peripheren Großstädten in Preußen bzw. Deutschland wäre hier überaus sinnvoll und würde, verbunden mit einer Analyse lokaler politischer und wirtschaftlicher Mentalitäten, neue Einblicke in das Staatsgefüge aus der Perspektive der Provinz erlauben. Für die wirtschaftspolitische Stellung Danzigs hat Edward Włodarczyk in der „Historia Gdańska" zumindest gute Interpretationsansätze geliefert.[17] Außerdem wäre die wachsende politische Bedeutung Danzigs neu zu untersuchen, insbesondere sein Anteil an der Neugründung der Provinz Westpreußen und sein dadurch wachsender Einfluss in Berlin.

Lokalpolitik
Dieser Abschnitt taucht im ersten Band der „Historia Gdańska" nicht auf, und das ist bezeichnend: Die Lokalpolitik bis zum Ende des Ersten Weltkriegs ist nach wie vor so gut wie unbekannt. Das betrifft die Funktion der städtischen Gremien ebenso wie die Parteienlandschaft und die führenden Politiker, auch in ihrem Bezug zur Provinzial- und Landespolitik.[18] Hier liefert insbesondere die Presse unersetzliche Informationen, deren Sinn sich allerdings nicht punktuell, sondern nur in einem längeren Untersuchungszeitraum erschließt. Ergänzend sind die erhaltenen Druckschriften des Magistrats heranzuziehen.

Handwerk und Industrie
Auch für diesen Bereich gilt – abgesehen von relativ dürren und nicht selten zufälligen Informationen fehlt es an wissenschaftlicher

---

[17] Historia Gdańska, Bd. IV/1, S. 311 f.
[18] Sehr informativ nach wie vor Hoffmann, Danzig und die Städteordnung (wie Anm. 7); Richter, Preußische Wirtschaftspolitik (wie Anm. 7); für die Geschichte des Liberalismus hervorragende Ansätze geliefert hat Christian Pletzing, Vom Völkerfrühling zum nationalen Konflikt. Deutscher und polnischer Nationalismus in Ost- und Westpreußen 1830-1871, Wiesbaden 2003 (= Deutsches Historisches Institut Warschau. Quellen und Studien, Bd. 12).

Bearbeitung. Dies betrifft – mit Ausnahme der Kaiserlichen Werft[19] – alle Industriebetriebe, aber auch die Gewerke. Ein gewisses Interesse haben lediglich die Versuche zur forcierten Industrialisierung um die Wende zum 20. Jahrhundert gefunden.[20] Da keinerlei Firmenarchive der Zeit erhalten sind, ist auch hier – neben Akten behördlicher Provenienz, den Branchen- und Verbandsorganen sowie Gelegenheitsschriften – die Lokalpresse eine höchst wertvolle, wenn auch noch kaum genutzte Lieferantin von Informationen. Interessante Einblicke gewähren einige Autobiographien.[21]

Handel
Der Handel konnte aufgrund der amtlichen Daten zumindest in statistischer Hinsicht besser aufgearbeitet werden. Die lokale Funktion des Handels, Einzel- und Großhandel, aber auch das Kreditwesen sind jedoch in vielen Aspekten noch unbearbeitet. Dies betrifft zum Beispiel auch die sich verändernde Rolle Danzigs als Zwischenhandelsplatz. Auch hier ist eine Darstellung in hohem Maße auf die Indizienkette von aus der Lokalpresse gewonnenen Daten angewiesen. Ähnliches gilt für das Bank- und Kreditwesen.

Gesellschaft
Die soziale Schichtung Danzigs im langen 19. Jahrhundert ist nach wie vor wenig bekannt; die entsprechenden Kapitel der „Historia Gdańska" stützen sich weitgehend auf Druckschriften, vereinzelte Statistiken, fragmentarische Archivalien und zweifelhafte Berechnungen anhand der Adressbücher. Moderne sozialhistorische Arbeiten, so wie sie zum Beispiel Manfred Hettling für Breslau unternommen hat,[22] fehlen für Danzig vollständig. Aufgrund des Quellenmangels müssen hier allerdings andere Zugänge gewählt werden;

---

[19] Stavorinus, Die Geschichte der Königlichen/Kaiserlichen Werft (wie Anm. 7).
[20] Richter, Preußische Wirtschaftspolitik (wie Anm. 7).
[21] Den Aufbau eines mittelständischen Unternehmens beschreibt Friedrich Heyking, Mein Leben und Wirken, Danzig 1933.
[22] Manfred Hettling, Politische Bürgerlichkeit. Der Bürger zwischen Individualität und Vergesellschaftung in Deutschland und der Schweiz von 1860 bis 1918, Göttingen 1999 (= Bürgertum. Beiträge zu einer europäischen Gesellschaftsgeschichte, Bd. 13).

Danzig im 19. und 20. Jahrhundert

eine quantitative Analyse ist sehr stark zu ergänzen durch die „weichen" Informationen aus der Lokalpresse und anderen Sekundärquellen. Auch ist eine über trockene statistische Angaben und die Geschichte von Streiks und Arbeiterunruhen hinausgehende Geschichte des proletarischen Danzig noch nicht geschrieben worden.[23]

Materielle Kultur und Lebensbedingungen
Sehr wenig wissen wir bislang über das Alltagsleben der Danziger im 19. Jahrhundert. Die Passagen der „Historia Gdańska" beschränken sich auf wenige lakonische Absätze. Während die materielle Kultur anhand erhaltener Gegenstände (die allerdings bislang von Danziger Museen nur unzulänglich gesammelt werden; größere Sammlungen befinden sich in Privatbesitz) leidlich dargestellt werden könnte, ist die Erhellung zahlreicher alltagsgeschichtlicher Fragestellungen nur über autobiographische Schriften, die Lokalpresse und andere Zeitzeugnisse möglich. Nicht zu verachten ist hier als Quelle auch die schöne Literatur.[24]

Kultur
Das kulturelle Leben Danzigs im 19. Jahrhundert ist so gut wie unbekannt; die polnische Sekundärliteratur verbreitet hierüber bislang meist nur Mythen und Halbwahrheiten.[25] Selbst aufgearbeitet habe ich Aspekte des literarischen Lebens und der Danziger Literaturgeschichte wie auch der lokalen Musikgeschichte;[26] letztens gab es auch Ansätze für eine Beschäftigung mit der lokalen Denkmal-

---

[23] Sehr kursorisch und stark autobiographisch geprägt: Ernst Loops, Geschichte der Danziger Arbeiterbewegung, Danzig 1929.
[24] Siehe auch Peter Oliver Loew, Konstruktion und Rekonstruktion des Danziger Alltags vergangener Zeiten im 19. und 20. Jahrhundert, in: Beiträge zum Alltagsleben. Danzig, Bremen und die Antike, hrsg. v. Marek Andrzejewski, Gdańsk 2000, S. 90–103.
[25] Vgl. meine Polemik mit Bohdan Czyżak (wie Anm. 9).
[26] Peter Oliver Loew, Lexikon Danziger Komponisten (Mitte 19. bis Mitte 20. Jahrhundert). Ein Beitrag zur lokalen Musikkultur, in: Musikalische Beziehungen zwischen Mitteldeutschland und Danzig im 18. Jahrhundert. Konferenzbericht Gdańsk 20.–22. November 2000, hrsg. v. Danuta Popinigis/Klaus-Peter Koch, Sinzig 2002, S. 227–312; ders.: Gdańsk literacki, 1793–1945 [Das literarische Danzig 1793-1945], Gdańsk (in Vorbereitung).

schutzbewegung.[27] Verhältnismäßig viel wissen wir auch über die Schul- und Hochschullandschaft.[28] Wichtigste Quelle für die Kultur ist ebenfalls die Lokalpresse mit Vorankündigungen, Berichten, Kritiken, Rezensionen und Anzeigen. Einziges besser erforschtes Gebiet sind kulturelle Fragen der polnischen Minderheit in Danzig[29] sowie des polnischen Blicks auf Danzig.[30]

1920 bis 1945 (Freie Stadt und Zweiter Weltkrieg)

Die Geschichte der Freien Stadt Danzig ist auf den ersten Blick sehr viel besser aufgearbeitet als jene des 19. Jahrhunderts. Bei einem genaueren Blick zeigen sich aber große Ungleichgewichte: Während die Politikgeschichte große Aufmerksamkeit erfahren hat, liegen weite Bereiche von Sozial-, Kultur- und auch Wirtschaftsgeschichte noch brach. Die vorliegenden Überblicksarbeiten zur Geschichte der Freien Stadt richten sich überwiegend an ein größeres Publikum; sie

---

[27] Ewa Barylewska-Szymańska, Gdańskie i lubeckie stowarzyszenia na rzecz ochrony zabytków w XIX i początkach XX wieku [Danziger und Lübecker Denkmalschutzvereine im 19. und zu Beginn des 20. Jahrhunderts], in: Studia z historii i kultury Gdańska i Europy Północnej, hrsg. v. Jacek Friedrich/Edmund Kizik, Gdańsk 2003, S. 395-416.

[28] Erich Keyser, Die Begründung der Technischen Hochschule Danzig, in: Zeitschrift des Westpreußischen Geschichtsvereins 69 (1929), S. 231-243; von den verschiedenen Schulgeschichten vgl. beispielsweise Edwin Bidder, 150 Jahre Schulgeschichte Neufahrwassers 1785-1935, Danzig 1935; Eduard Schumann, Zur Geschichte des Realgymnasiums St. Johann von 1824-1848, 1849-1900, Danzig 1899, 1901; Paul Simson, Geschichte der Schule zu St. Petri und Pauli in Danzig, 2 Bde., Danzig 1904-1905; Theodor Hirsch, Geschichte des Danziger Gymnasiums seit 1814, Danzig 1858.

[29] Maria Babnis, Książka polska w Gdańsku w okresie zaboru pruskiego (1793-1919) [Das polnische Buch in Danzig in der Zeit der preußischen Herrschaft (1793-1919)], Gdańsk 1989; Andrzej Romanow, Gdańska prasa polska 1891-1920 [Die Danziger polnische Presse 1891-1920], Warszawa 1994.

[30] Irena Fabiani-Madeyska, Odwiedziny Gdańska w XIX wieku. Z relacji polskich zebrała [Danzig-Besuche im 19. Jahrhundert. Aus Berichten zusammengestellt], Gdańsk 1957.

Danzig im 19. und 20. Jahrhundert

referieren in hohem Maße Ergebnisse der Forschung und bieten empirisch nicht belegte Interpretationen.[31]

Räumliche und demographische Entwicklung
Hier gelten die Bemerkungen des vorigen Abschnitts zum 19. Jahrhundert.

Politikgeschichte
Besonders große Aufmerksamkeit galt seit jeher der internationalen Stellung der Freien Stadt Danzig. Schon die Zeitgenossen widmeten sich dieser Frage sehr intensiv, und zwar nicht nur in Polen, Deutschland und Danzig, sondern auch in anderen europäischen Staaten sowie in den USA.[32] Die Historiographie nach 1945 hat sich insbesondere für die Entwicklung Danzigs im Spannungsverhältnis zwischen Deutschland und Polen interessiert. Dabei standen Fragen des Versailler Vertrags und seiner unmittelbaren Folgen ebenso im Mittelpunkt[33] wie die Danzig-polnischen Beziehungen,[34] das Verhältnis Danzigs zum Deutschen Reich[35] und zum Völkerbund.[36]

---

[31] Józef Wójcicki, Wolne Miasto Gdańsk 1920-1939 [Die Freie Stadt Danzig 1920-1939], Warszawa 1976; Rüdiger Ruhnau, Die Freie Stadt Danzig 1919-1939, Berg am See 1979.

[32] Etwa Henri Strasburger (u.a.), Dantzig et quelques aspects du problème germano-polonais, Paris 1932 (= Centre Européen de la Dotation Carnegie, Bulletins 1-5/1932).

[33] Zum Beispiel John Brown Mason, The Danzig Dilemma. A Study in Peacemaking by Compromise, London 1946.

[34] Bogdan Dopierała, Gdańska polityka Józefa Becka [Die Danzig-Politik J. Becks], Poznań 1967; Henryk Stępniak, Polska i Wolne Miasto Gdańsk (1920-1939). Stosunki polityczne [Polen und die Freie Stadt Danzig (1920-1939). Die politischen Beziehungen], Gdańsk 2004; Piotr Mickiewicz, Wolne Miasto Gdańsk w koncepcjach wojskowych i polityce II Rzeczypospolitej [Die Freie Stadt Danzig in den militärischen Konzepten und der Politik der Zweiten Republik], Toruń 2000 (ohne Berücksichtung wichtiger Sekundärliteratur).

[35] Christof M. Kimmich, The Free City. Danzig and German Foreign Policy 1919–1934, New Haven 1968; Marek Andrzejewski, Wolne Miasto Gdańsk w rewizjonistycznej propagandzie niemieckiej 1920-1939 [Die Freie Stadt Danzig in der revisionistischen deutschen Propaganda 1920-1939], Gdańsk 1987.

[36] Stanisław Mikos, Wolne Miasto Gdańsk a Liga Narodów 1920-1939 [Die Freie Stadt Danzig und der Völkerbund 1920-1939], Gdańsk 1979.

Innenpolitische Fragen sind ebenfalls mehrfach Gegenstand ausführlicher Untersuchungen gewesen. Von den politischen Parteien hat neben den Nationalsozialisten[37] und der Hitlerjugend[38] auch die Sozialdemokratie eine monographische Darstellung erfahren.[39] Besonders intensiv hat sich mit der Innenpolitik Danzigs vor allem der NS-Zeit Marek Andrzejewski auseinandergesetzt.[40] Viel Interesse fanden Probleme der polnischen Bevölkerungsgruppe in Danzig; diese Werke enthalten auch viele über die polnische Minderheit hinausgehende Informationen.[41]

Industrie und Handwerk
Zur Danziger Wirtschaft der Zwischenkriegszeit hat vor einigen Jahren Bolesław Hajduk eine wertvolle Monographie vorgelegt, die

---

[37] Herbert S. Levine, Hitler's Free City. A History of the Nazi Party in Danzig, 1925-1939, Chicago; London 1973; Edward Cichy, Faszyzm w Gdańsku (1930-1945) [Faschismus in Danzig 1925-1939], Toruń 1993; Dieter Schenk, Hitlers Mann in Danzig. Gauleiter Forster und die NS-Verbrechen in Danzig-Westpreußen, Bonn 2000; Hermann Rauschning. Materialien und Beiträge zu einer politischen Biographie, hrsg. v. Jürgen Hensel/Pia Nordblom, Warschau 2002.
[38] Christoph Pallaske, Die Hitlerjugend der Freien Stadt Danzig, 1926–1939, München; Berlin 1999.
[39] Marek Andrzejewski, Socjaldemokratyczna partia Wolnego Miasta Gdańska 1920-1936 [Die Sozialdemokratische Partei der Freien Stadt Danzig 1920-1936], Gdańsk 1980.
[40] Zusammenfassend: Marek Andrzejewski, Opposition und Widerstand in Danzig 1933 bis 1939, Bonn 1994.
[41] So: Andrzej Drzycimski, Polacy w Wolnym Mieście Gdańsku (1920-1933). Polityka senatu gdańskiego wobec ludności polskiej [Die Polen in der Freien Stadt Danzig (1920-1933). Die Politik des Danziger Senats gegenüber der polnischen Bevölkerung], Wrocław (u.a.) 1978; Stanisław Mikos, Polacy na politechnice w Gdańsku w latach 1904-1939 [Die Polen an der Technischen Hochschule Danzig in den Jahren 1904-1939], Warszawa 1987. – Bezeichnend für den Zustand der polnischen Forschungen über Danzig ist die Dissertation von Katarzyna Weiß: „Swoi" i „obcy" w Wolnym Mieście Gdańsku 1920-1939 [Die „Eigenen" und die „Fremden" in der Freien Stadt Danzig 1920-1939], Toruń 2001. Der Autorin wurde nach der Veröffentlichung der Arbeit nachgewiesen, aus anderen Arbeiten abgeschrieben und Angaben benutzter Archivalien gefälscht zu haben; der Doktortitel wurde ihr daraufhin aberkannt und sie verlor ihre Stellung am Historischen Institut der Universität Danzig. Die Tatsache, dass die wissenschaftlichen Betreuer an der Universität diesem Plagiat aufsaßen, ist nicht zuletzt dem schlechten Forschungs- und Wissensstand zum Thema geschuldet.

Danzig im 19. und 20. Jahrhundert

zahlreiche Aspekte berücksichtigt, allerdings mit einem relativ großen Abstraktionsgrad; die Tätigkeit einzelner Wirtschaftsbetriebe ist im Großen und Ganzen weiterhin nicht bekannt.[42]

Handel (und Kreditwesen)
Während die außenwirtschaftlichen Beziehungen Danzigs relativ gut bekannt sind,[43] fehlt es an Einzeluntersuchungen ganzer Handelszweige, insbesondere des Einzelhandels, auch des Kreditwesens.[44] Danzig entwickelte sich in den ersten Jahren nach dem Ersten Weltkrieg zu einem Haupthandels- und Finanzplatz Ostmitteleuropas; insbesondere diese Zeit, die zu einer explodierenden Zahl von Banken und Handelsunternehmen in Danzig führte, hätte eine eigene Darstellung verdient.[45]

Gesellschaft
Die soziale Entwicklung Danzigs in der Zwischenkriegszeit ist in Teilbereichen bekannt. So haben wir eine gute Darstellung der jüdischen Bevölkerung,[46] und auch die Sozialgeschichte der polnischen

---

[42] Bolesław Hajduk, Gospodarka Gdańska w latach 1920–1945 [Danzigs Wirtschaft in den Jahren 1920-1945], Gdańsk 1998; in reduzierter Form siehe auch Hajduks Kapitel für Band IV/2 der Historia Gdańska.
[43] Ders., Wolne Miasto Gdańsk w polityce celnej Polski (1922-1934) [Die Freie Stadt Danzig in der Zollpolitik Polens (1922-1934)], Wrocław (u.a.) 1981.
[44] Hierzu als Fallstudie: Stefan Samerski, Die Krise der Hansa-Bank AG in Danzig, in: Zeitschrift für Geschichte und Altertumskunde des Ermlands 46 (1991), S. 99-115.
[45] Besonders aufschlussreich hierzu ist ein Roman von Felix Scherret, Der Dollar steigt. Inflationsroman aus einer alten Stadt, Berlin 1930. Hierzu ausführlich Peter Oliver Loew, Kritischer Beobachter in der „toten Stadt". Felix Scherret und sein Danziger Inflationsroman, in: Grenzüberschreitungen. Deutsche, Polen und Juden zwischen den Kulturen (1918-1939), hrsg. v. Marion Brandt, München 2006 (=Colloquia Baltica, Bd. 5).
[46] Grzegorz Berendt, Żydzi na terenie Wolnego Miasta Gdańska w latach 1920-1945. Działalność kulturalna, polityczna i socjalna [Die Juden auf dem Gebiet der Freien Stadt Danzig in den Jahren 1920-1945. Kulturelle, politische und soziale Tätigkeit], Gdańsk 1997; Simon Echt, Die Geschichte der Juden in Danzig, Leer/Ostfriesland 1972.

Minderheit ist in Teilbereichen bearbeitet worden.[47] Mit modernen sozialhistorischen Methoden aber ist die Danziger Gesellschaft der Zwischenkriegszeit noch nicht beobachtet worden, was sehr schade ist, da sie aufgrund ihrer Komplexität und der durch die wirtschaftliche Stagnation der Zeit verursachten Verwerfungen ein sehr interessantes Untersuchungsobjekt darstellen dürfte.

Alltagsgeschichte und materielle Kultur
Die vorliegenden Überblicksartikel über die Danziger Alltagsgeschichte sind lückenhaft und methodisch fragwürdig.[48] Einzelaspekte der Alltagsgeschichte finden sich in zahlreichen Arbeiten; wünschenswert wären hier eine intensive Auswertung der vorhandenen Lebenserinnerungen sowie die komparatistische Absicherung der Ergebnisse.

Kultur und Bildungswesen
An Versuchen einer Gesamtdarstellung von Kultur, Bildungswesen und Wissenschaft in Danzig hat es nicht gefehlt – neben den einschlägigen, in vielerlei Hinsicht unbefriedigenden und sehr kursorischen Kapiteln in der „Historia Gdańska"[49] ist vor wenigen Jahren auch eine Monographie zu diesen Themen erschienen, deren Autor sich allerdings auf wenige, oft einseitige Quellen stützt und diese in einer polonitätsgeschichtlichen Sicht interpretiert.[50]
Einzelne Fragen der Kultur sind besser aufgearbeitet worden, so die Sprachgeschichte;[51] recht gut ist auch der Kenntnisstand über einzel-

---

[47] Henryk Stępniak, Ludność polska w Wolnym Mieście Gdańsku 1920–1939 [Die polnische Bevölkerung in der Freien Stadt Danzig 1920-1939], Gdańsk 1991; Jerzy Gaj, Zarys historii polskiej kultury fizycznej w Wolnym Mieście Gdańsku 1920-1939 [Abriss der Geschichte der polnischen Körperkultur in der Freien Stadt Danzig 1920-1939], Warszawa; Poznań 1976.
[48] Marek Andrzejewski, Alltagsleben in der Freien Stadt Danzig, in: Beiträge zum Alltagsleben (wie Anm. 24), S. 104-117.
[49] Marek Andrzejewski, Kultura, oświata (1920-1945) [Kultur, Bildungswesen (1920-1945)], in: Historia Gdańska, Bd. IV/1 (wie Anm. 1), S. 267-308.
[50] Andrzej Chodubski, Nauka, kultura i sztuka w Wolnym Mieście Gdańsku [Wissenschaft, Kultur und Kunst in der Freien Stadt Danzig], Toruń 2000.
[51] Jürgen Pinnow, Tausend Worte Danzigerisch (...), Lübeck 1997; Peter Oliver Loew, „Jibb dem Labs hier oppen Kopp!" Danziger Dialektliteratur und lokale

Danzig im 19. und 20. Jahrhundert

ne Fragen der Technischen Hochschule.[52] Dennoch blieben zentrale Fragen der lokalen Kulturgeschichte unberücksichtigt – das literarische Leben, die Musikgeschichte, auch die bildende Kunst.[53] Mehr Interesse hat die Geschichte von Architektur und Denkmalschutz gefunden,[54] auch das religiöse Leben zumindest der Katholiken ist gut aufgearbeitet.[55]

Es ist kaum verwunderlich, dass in den Jahrzehnten nach dem Krieg zunächst Aspekte der polnischen Kultur der Freien Stadt aufgearbeitet wurden. So besitzen wir relativ aufschlussreiche Untersuchungen über das polnische Theater in Danzig,[56] über die polnische Presse,[57] das polnische Bildungswesen,[58] ja sogar über die polnische Körperkultur.[59] Insgesamt aber hat es noch keinen Versuch gegeben, das lokale Kulturleben der Freien Stadt im Kontext der kulturellen, sozialen und politischen Großwetterlage zu interpretieren.

Identität. Ein Überblick, in: Berichte und Forschungen. Jahrbuch des Bundesinstituts für Kultur und Geschichte der Deutschen im östlichen Europa 10 (2002), S. 99–115.

[52] Beiträge und Dokumente zur Geschichte der Technischen Hochschule Danzig 1904-1945, Hannover 1979; Michał Cieśla, Działalność naukowa i rola polityczna katedr filologicznych Politechniki Gdańskiej w latach 1925–1944 [Die wissenschaftliche Tätigkeit und die politische Rolle der philologischen Lehrstühle an der Technischen Hochschule Danzigs in den Jahren 1925-1944], Gdańsk 1969.

[53] Siehe hierzu meine eigenen Arbeiten: Lexikon (wie Anm. 26); Gdańsk literacki (wie Anm. 26).

[54] Vor allem Keyser, Baugeschichte (wie Anm. 7), vgl. auch Ewa Barylewska-Szymańska, Wojciech Szymański, Die moderne Architektur in der Freien Stadt Danzig der 20-er und 30-er Jahre des 20. Jahrhunderts, in: Ungeliebtes Erbe. Die verschiedenen Gesichter der Architektur des Modernismus in Gdańsk und Sopot (Ausstellungskatalog), Gdańsk 2005, S. 10-31.

[55] Stefan Samerski, Die katholische Kirche in der Freien Stadt Danzig 1920–1933: Katholizismus zwischen Libertas und Irredenta, Köln 1991.

[56] Zenon Ciesielski, Teatr polski w Wolnym Mieście Gdańsku 1920-1939 [Das polnische Theater in der Freien Stadt Danzig 1920-1939], Gdańsk 1969.

[57] Andrzej Romanow, Prasa polska w Wolnym Mieście Gdańsku 1920-1939 [Die polnische Presse in der Freien Stadt Danzig], Gdańsk 1979.

[58] Henryk Polak, Szkolnictwo i oświata polska w Wolnym Mieście Gdańsku 1920–1939 [Das polnische Schul- und Bildungswesen in der Freien Stadt Danzig 1920-1939], Gdańsk 1978.

[59] Gaj (wie Anm. 47)

Peter Oliver Loew

Die Zeit nach 1945

Man könnte meinen, dass aufgrund der wieder einsetzenden lückenlosen Überlieferung die Geschichte Danzigs nach 1945 in einem sehr viel besseren Maße aufgearbeitet und dargestellt worden ist als die Zeiträume zuvor. Nichts liegt jedoch ferner als dies. Lediglich in der Überblicksdarstellung von Cieślak und Biernat gibt es den Versuch einer ausführlichen Gesamtschau, und auch diese endet in den 1980er Jahren.[60] Analytische Arbeiten fehlen ansonsten; zurückgreifen kann man – neben dem behördlichen Material – lediglich auf populäre Darstellungen.[61]
Der einzige Abschnitt der Danziger Nachkriegsgeschichte, der wissenschaftlich befriedigend aufgearbeitet worden ist, ist die unmittelbare Nachkriegszeit.[62] Alles andere liegt, abgesehen von Einzelaspekten, brach, und zwar sowohl in der wissenschaftlichen Bearbeitung wie auch auf der populärwissenschaftlichen Ebene. So gibt es keine modernen historiographischen Kriterien standhaltende Arbeiten über die Lokalpolitik, über das lokale Wirtschaftsleben, über die Sozialgeschichte Danzigs nach 1945. Zu den wenigen tatsächlich innovativen Studien über das Nachkriegsdanzig zählt ein Buch über den sozialen Raum Danzigs im Bewusstsein seiner Einwohner;[63] ähnliche Innovativität ist von einer seit längerem zum Druck vorbe-

---

[60] Cieślak, Biernat, Dzieje Gdańska (wie Anm. 8). Vgl. auch Tadeusz Bolduan, Gdańsk 1945–1965, Gdańsk 1967.
[61] Vor allem: Grzegorz Fortuna, Donald Tusk (u.a.), Wydarzyło się w Gdańsku 1901–2000. Jeden wiek w jednym mieście [Es geschah in Danzig 1901-2000. Ein Jahrhundert in einer Stadt], Gdańsk 1999.
[62] Michał Stryczyński, Gdańsk w latach 1945–1948. Odbudowa organizmu miejskiego [Danzig in den Jahren 1945-1948. Der Wiederaufbau des städtischen Organismus], Gdańsk 1981; Gdańsk 1945, hrsg. v. Marian Mroczko, Gdańsk 1996.Vgl. auch Zdzisław Skrago, Osadnictwo w Gdańsku w latach 1945–1947 [Das Ansiedlungswesen in Danzig in den Jahren 1945-1947], Toruń 2002; Jacek Friedrich, Gdańsk 1945–1949. Oswajanie miejsca [Danzig 1945-1949. Das Sich-Gewöhnen an einen Ort], in: Gdańsk pomnik historii, Teil 2, Gdańsk 2001, S. 27–42.
[63] Jarosław Załęcki, P rzestrzeń społeczna Gdańska w świadomości jego mieszkańców [Der soziale Raum Danzigs im Bewusstsein seiner Einwohner], Gdańsk 2003.

Danzig im 19. und 20. Jahrhundert

reiteten Dissertation über die ersten Jahre des Danziger Wiederaufbaus zu erwarten.[64] Erstaunlicherweise hat selbst die Erforschung der Gewerkschaftsbewegung Solidarność die lokale Historiographie kaum belebt, wobei sich hier mit der verkündeten Gründung eines Forschungszentrums zur Solidarność in Danzig womöglich künftig einiges ändern wird.[65]

Fazit

Eine intensive geschichtswissenschaftliche Auseinandersetzung mit der Geschichte Danzigs im 19. und 20. Jahrhundert unter Berücksichtigung moderner Methoden ist unumgänglich. Was bisher getan wurde, ist Stückwerk. In ganz besonderem Maße trifft dies auf das für die Entwicklung der heutigen Stadt entscheidende 19. Jahrhundert zu. Angesichts der Bedeutung Danzigs als einer der europäischen Symbolstädte des 20. Jahrhunderts ist dieses mangelhafte Wissen um seine Vergangenheit sehr bedenklich. Die Geschichte einer Stadt, die als Verkörperung deutscher Tugenden im Osten stand, die Symbol für die Folgen des Versailler Vertrags und „Sollbruchstelle" des politischen Zwischenkriegssystem war, in der der Zweite Weltkrieg ausbrach, die mit Polnischer Post und Westerplatte zwei Symbole des polnischen Widerstands im September 1939 beherbergt, deren Zerstörung 1945 zu einem beispiellosen Wiederaufbau führte, die zum Symbol für die Polonität der polnischen Westgebiete wurde,

---

[64] Von Jacek Friedrich (Danzig).

[65] Die vorhandenen Arbeiten halten den methodischen Ansprüchen an eine moderne Geschichtsschreibung meist nicht stand; insbesondere fehlen sozial- und kulturgeschichtliche Aspekte. Vgl. u.a. Portowców gdańskich drogi do wolności [Die Wege der Danziger Hafenarbeiter zur Freiheit], hrsg. v. Jan Jakubowski, Gdańsk 2000; „Solidarność" i opozycja antykomunistyczna w Gdańsku (1980-1989) [„Solidarität" und antikommunistische Opposition in Danzig (1980-1989)], hrsg. v. Lech Mażewski, Wojciech Turek, Gdańsk 1995; Grudzień przed Sierpniem. W XXV rocznicę wydarzeń grudniowych [Der Dezember vor dem August. Zum 25. Jahrestag der Dezember-Ereignisse], hrsg. v. Lecz Mażewski/Wojciech Turek, Gdańsk 1996; Opozycja antykomunistyczna w Gdańsku (1976-1980). O pomorskim modelu obrony czynnej [Die antikommunistische Opposition in Danzig (1976-1980). Über das pommersche Modell der aktiven Verteidigung], hrsg. v. Lech Mażewski/Wojciech Turek, Gdańsk 1995.

in der es 1970 zu blutig unterdrückten Streiks und 1980 zur Entstehung der Gewerkschaft Solidarność kam, die schließlich durch Günter Grass zu einem Ort der Weltliteratur erhoben wurde, darf nicht so viele Wissenslücken enthalten, die die örtlichen „Identitätsunternehmer" dazu verleiten, jene Symbole zu einer waghalsigen Mythologisierung der lokalen Zeitläufte zu verbinden. Im Gegenteil – die ungemein verdichtete symbolpolitische Aufladung Danzigs sollte Ansporn sein, die sozial-, kultur-, politik- und wirtschaftsgeschichtlichen Aspekte der Stadtgeschichte besonders akribisch aufzuarbeiten, um die einzigartige Rolle Danzigs im 20. Jahrhundert wissenschaftlich erklären zu können. Die Herausforderung für die lokale Historiographie ist gewaltig.

Isabel Röskau-Rydel

INTEGRATION ODER ABGRENZUNG?

DEUTSCHÖSTERREICHISCHE BEAMTENFAMILIEN
IN DEN STÄDTEN GALIZIENS 1772 BIS 1918

Die spezifischen Erhebungen der Bevölkerungszahl in der Habsburgermonarchie, aufgrund derer in der ersten Hälfte des 19. Jahrhunderts die multinationale Bevölkerung zunächst gemäß ihrer Konfession, später dann in den alle zehn Jahre stattfindenden Volkszählungen gemäß ihrer Umgangssprache erfasst wurde, lassen keinen eindeutigen Rückschluss auf die Anzahl der Deutschen in Galizien zu. Die einzigen genaueren Untersuchungen über die annähernde Zahl der Deutschen stammen von Walter Kuhn, der sich in den zwanziger und dreißiger Jahren des 20. Jahrhunderts der Statistik der Deutschen in Galizien gewidmet hat. Daher berufe ich mich hier auf seine Zahlenangaben.

In der Zeit zwischen 1776 und 1848 stieg die Bevölkerungszahl Galiziens von etwa 2,6 Millionen (2.628.483) um fast das Doppelte auf etwa 5,2 Millionen (5.181.799) Einwohner. Bis 1910 nahm die Gesamtbevölkerung Galiziens weiter um etwa 2,8 Millionen (2.843.876) Personen zu und betrug schließlich etwas über 8 Millionen (8.025.675) Einwohner, was einem Anstieg von 54,88 Prozent entsprach. Angesichts dieser Zahlen machten die Deutschen in Galizien nur einen ganz kleinen Teil der Bevölkerung aus. Nach Berechnungen und Schätzungen von Walter Kuhn aus dem Jahre 1938 lebten im Jahre 1786 insgesamt 18.000 Deutsche in Galizien, was lediglich 0,61 Prozent der Gesamtbevölkerung entsprach. Rund 75 Prozent der Deutschen waren evangelische und katholische Kolonisten. Diese Aufteilung blieb mit kleineren und größeren Schwankungen bis 1910 erhalten. 25 Prozent der Deutschen bzw. Deutschösterreicher, 1786 also etwa 4.500 Personen, waren Verwaltungsbeamte, Professoren, Lehrer, Offiziere, Kaufleute, Unternehmer etc. Bis 1812 stieg die Zahl der Deutschen auf 26.000 Personen an und entsprach 0,7 Prozent der Gesamtbevölkerung. Erst im Jahre 1846 überschritten die Deutschen die Hürde von etwas über einem Prozent, nämlich 1,04 Prozent, mit 49.300 Personen; 1880 lag ihr Anteil an der Gesamtbevölkerung bei 1,19 Prozent mit 71.000 Personen, 1890 bei 1,14 Prozent mit 75.500 Personen, 1900 bei 1,06 Prozent mit 77.500 und 1910 bei 0,87 Prozent mit 69.500 Personen. Hinsichtlich der Konfession überwog bei den Deutschen in Galizien die evangelische Religion, der 52,5 bis 57,4 Prozent der Deutschen in diesem Zeitraum angehörten.[1]

Seit Beginn der Annektierung der südpolnischen Gebiete durch Österreich im Jahre 1772 lebten neben den deutschösterreichischen Verwaltungsbeamten in Galizien ebenso deutschösterreichische Soldaten und Offiziere in den Garnisonsstädten. Die höheren Beamten und Offiziere ließen bald nach ihrer Ankunft ihre Familien nachkommen. Mit Errichtung der deutschsprachigen Schulen und der Gründung der Universität in Lemberg kamen dann auch seit den achtziger Jahren des 18. Jahrhunderts vermehrt Professoren und Lehrer aus den deutschsprachigen Ländern nach Galizien. Leichter als den aus den rein deutschsprachigen Ländern zugereisten Beamten fiel den aus einem multikulturellem Gebiet, wie beispielsweise aus Schlesien, aus dem Ermland oder aus Böhmen und Mähren, stammenden Beamten die kulturelle und soziale Integration in der neuen Umgebung.

Um Stellen in den von der österreichischen Regierung zwischen 1772 und 1785 neu errichteten Magistrate, Behörden und Gerichte in Galizien konnten sich nur Personen bewerben, die der deutschen und lateinischen Sprache mächtig waren sowie Kenntnisse der polnischen oder einer „anderen slawischen Sprache" nachweisen konnten. Dadurch war die Möglichkeit einer Bewerbung für die Einheimischen recht beschränkt, die selten über ausreichende Deutschkenntnisse verfügten und sich daher mit niederen Stellen, wie beispielsweise

---

[1] Walter Kuhn, Galizien. Politische Entwicklung und Bevölkerung, in: Handwörterbuch des Grenz- und Auslanddeutschtums, hrsg. v. Carl Petersen/Paul Hermann Ruth/Hans Schwalm, Bd. 3, Breslau 1938, S. 13, Tabelle: Entwicklung des Deutschtums in Galizien nach Stammes- und Religionsgruppen 1786-1921. Vgl. auch die von demselben Autoren hrsg. umfassende Arbeit zur Statistik unter dem Titel: Bevölkerungsstatistik des Deutschtums in Galizien, Wien 1930 (= Schriften des Institutes für Statistik der Minderheitsvölker an der Universität Wien, Bd. 7).

Beamtenfamilien in den Städten Galiziens

denen eines Amtsdieners begnügen mussten. Ganz verzichten konnte aber auch die österreichische Verwaltung nicht auf einheimisches Personal, da dieses bei der sprachlichen Vermittlung unersetzlich war. Den Juden blieb der Karriereweg eines Beamten dagegen verschlossen; für sie waren lediglich Stellen bei der Polizeidirektion als so genannte „jüdische Polizeirevisoren" oder als Dolmetscher am Gericht vorgesehen.

Bis 1848 waren die leitenden und gehobenen Positionen in den Behörden fast immer mit deutschösterreichischen Beamten besetzt. Allerdings erklommen im Laufe der Jahrzehnte neben den deutschösterreichischen, gleichfalls polnische und ukrainische Juraabsolventen (letztere waren allerdings im Hinblick auf ihren hohen Anteil an der Gesamtbevölkerung stark unterrepräsentiert) die übliche Karriereleiter in den Behörden und nahmen bis Mitte des 19. Jahrhunderts ebenfalls höhere Stellen in den Kreisämtern ein. Das beste Beispiel dafür ist der spätere Statthalter Galiziens und Ministerpräsident der österreichischen Regierung Agenor Graf Gołuchowski. Bis Mitte des 19. Jahrhunderts war daher schon eine recht große Zahl einheimischer Beamter – vornehmlich polnischer Nationalität – ausgebildet worden, die dann in der zweiten Hälfte des 19. Jahrhunderts das Heft der galizischen Verwaltung in die Hand nahmen. Das überwiegend negative Bild des deutschösterreichischen Beamten in der galizischen Gesellschaft hatte die polnischen Beamten nicht davon abhalten können, selbst eine Karriere bei den galizischen Verwaltungsbehörden anzustreben.

Im Gegensatz zu den Beamten, Professoren, Unternehmern und Kaufleuten kamen den seit 1782 im Rahmen des von Kaiser Joseph II. am 17. September 1781 ausgestellten Ansiedlungspatentes nach Galizien gelangenden Handwerkern, Gewerbetreibenden und Kolonisten[2] aus den deutschsprachigen Ländern trotz ihrer zahlenmäßigen Überlegenheit gegenüber den deutschösterreichischen Beamten praktisch keine größere Bedeutung beim Aufbau eines deutschsprachigen kulturellen Lebens zu. Insbesondere die höheren, meist adeligen Beamten sowie die Universitätsprofessoren verfügten aufgrund ihrer

---

[2] Vor 200 Jahren aus der Pfalz nach Galizien und in die Bukowina, hrsg. v. Ernst Hobler/Rudolf Mohr, Stuttgart-Bad Cannstatt 1982, S. 2-4.

beruflichen und gesellschaftlichen Stellung über bedeutende Einflussmöglichkeiten auf das kulturelle und soziale Leben des neuen Kronlandes Galizien.

Unter der Aufsicht der höheren deutschösterreichischen Beamtenkreise entwickelten sich verschiedene deutschsprachige Einrichtungen, wie die Schulen, denen man in der Hauptstadt Lemberg und in den größeren Städten mehr Aufmerksamkeit zollte, als auf dem Lande. Gleich nach der Annexion Galiziens war in Lemberg mit der Gründung deutschsprachiger Schulen begonnen worden, die sowohl den Kindern der zugezogenen deutschösterreichischen Beamten als auch den Kindern der einheimischen Bevölkerung offen stehen sollten. Auch wenn das Unterrichtsniveau anfangs in den Schulen noch relativ niedrig gewesen sein mag, entstand doch mit der Herausgabe der „Allgemeinen Schulordnung für die deutschen Normal-, Haupt- und Trivialschulen in sämtlichen k.k. Erbländern" im Jahre 1774 auch in Galizien die Grundlage für ein einheitliches staatliches Schulwesen, das sich zuvor in polnischer Zeit unter kirchlicher Obhut befunden hatte.

Eine gesellschaftliche Integration der zugereisten Beamtenfamilien fand vor allem auf kultureller Ebene statt. Eine wichtige Rolle spielte hierbei insbesondere die Tradition der zugereisten adeligen Beamtenfamilien, regelmäßig Kammerkonzerte mit anschließenden geselligen Abenden zu veranstalten, zu denen sowohl Deutsche als auch Polen, aber auch Ukrainer eingeladen wurden. Die *lingua franca* bei diesen Abenden war traditionell das Französische. Auch die deutschen und polnischen Theater- und Opernaufführungen in Lemberg waren für viele Einwohner eine willkommene Abwechslung und dienten ebenfalls der Intensivierung der gesellschaftlichen Kontakte zwischen den unterschiedlichen nationalen Gruppen.

Sicherlich waren Anfang des 19. Jahrhunderts die Beziehungen der deutschsprachigen Beamten schon aufgrund der gemeinsamen Sprache untereinander viel enger als mit polnischen Kollegen. Hinzu kam natürlich auch, dass in dieser Zeit die höheren Stellen von deutschsprachigen Beamten eingenommen wurden. Darüber hinaus spielten aber auch die Standesunterschiede eine große Rolle, so dass

Beamtenfamilien in den Städten Galiziens

die Landesgouverneure häufiger mit dem polnischen Adel und adeligen deutschösterreichischen Beamten und Offizieren gesellschaftlich verkehrten, als mit den nichtadeligen höheren Beamten. Nicht jeder höhere Beamte verfügte über die finanziellen Mittel, um Einladungen zu Abendgesellschaften oder Konzerten geben zu können. Dies blieb vornehmlich jenen adeligen Beamten vorbehalten, die selbst oder deren Frauen über ein privates Vermögen verfügten.

In dem 1838 von den Beamten des Landesguberniums gegründeten Musikverein in Lemberg wurden deutsche, polnische und ukrainische Kinder unterrichtet. In den Städten gab es im allgemeinen mehr Gelegenheiten, mit Personen unterschiedlicher Nationalität und Konfession gesellschaftlich zu verkehren, was schon allein wegen der Geschäftsbeziehungen notwendig war. So bildete beispielsweise die Buchhandlung des allseits geschätzten evangelischen Buchhändlers Carl Gottlob Pfaff in Lemberg ebenso ein wichtiges kulturelles Zentrum, wie die seit 1782 bestehende Buchhandlung der katholischen Buchhändler Thomas und Johann Joseph Piller und deren Familien. Auch das Buchantiquariat von David Igel, einem aufgeklärten Lemberger Juden, war bei den gebildeten Kreisen sehr geschätzt.

Eine persönliche Begegnung zwischen den deutschösterreichischen Beamten und der einheimischen polnischen, ukrainischen und jüdischen Bevölkerung fand vornehmlich in den Behörden der Städte und Gemeinden statt. Zu intensiveren Kontakten zwischen den verschiedenen ethnischen Gruppen, insbesondere zwischen den deutschösterreichischen Beamtensöhnen und polnischen Schülern und Studenten, kam es insbesondere in den Gymnasien und den beiden Universitäten (Krakau und Lemberg). Diese Beziehungen förderten das rege Interesse an der Kultur und der Geschichte Galiziens bei den Kommilitonen deutscher Herkunft, was von den Polizeibehörden seit den zwanziger Jahren des 19. Jahrhunderts mit zunehmendem Misstrauen beobachtet wurde. Da in den Schulen Deutsch Unterrichtssprache war, lernten beispielsweise die Söhne eines deutschösterreichischen Beamten und einer polnischen Mutter zuhause von der Mutter Polnisch, oder wenn die Mutter deutscher, böhmischer oder ukrainischer Herkunft war, meist von den polnischen Dienstmädchen oder auch durch die zunehmend engeren Kontakte mit den polnischen Freunden die polnische Sprache. Für die heranwachsende Generation der deutschösterreichischen Beamtensöhne und auch -töchter gab es vielfältige Möglichkeiten, die in Westgalizien und teilweise auch in den Städten Ostgaliziens vorherrschenden polnischen Traditionen sowie insbesondere in Ostgalizien auf dem Lande verbreiteten ukrainischen Traditionen, kennen zu lernen und sich mit diesen Traditionen und Werten auseinander zu setzen. Einen besonders großen Einfluss auf diese Generation hatten die politisch engagierten und an ihren nationalen Traditionen festhaltenden polnischen Gymnasiasten und Studenten, die meist aus adeligen Familien stammten und die enge Verbindungen mit ihren patriotisch gesinnten Landsleuten außerhalb Galiziens hielten. Kontakte mit der jüdischen Bevölkerung blieben dagegen meist auf den Handel beschränkt. Es gab wenige Ausnahmen engerer Kontakte, die nur die geringe Anzahl der so genannten fortschrittlichen Juden in Galizien betraf, die Deutsch sprachen und den deutschen Kultur- und Bildungskreisen nahe standen und sich von den streng orthodoxen jüdischen Kreisen abgrenzten.

Ein wichtiges Kommunikationsmittel waren für die deutschsprachigen Kreise in Galizien die verschiedenen deutschsprachigen Zeitungen, die seit 1786 zunächst in Lemberg, aber auch in Krakau herausgegeben wurden. Der Wirkungskreis der ersten, nicht sehr anspruchsvollen Lemberger Zeitungen, wie die „Lemberger wöchentliche Anzeigen" (1786-1796) und das „Lemberger k.k. Privilegirte Intelligenz-Blatt" (1786-1811, zweimal wöchentlich) reichte jedoch anfangs kaum über die Grenzen Lembergs hinaus. Erst als sich der Gubernialkonzipist Franz Kratter für die Gründung einer anspruchsvolleren Zeitung in Lemberg einsetzte, die seinen Plänen gemäß in deutscher und polnischer Sprache erscheinen sollte, erhielt dieser schließlich in einem Dekret vom 2. Februar 1811 die Genehmigung zur Gründung einer neuen politischen Zeitung in Lemberg. Allerdings sollte auf Anordnung der Wiener Behörden nur eine polnische Ausgabe der „Gazeta Lwowska" erscheinen und keine deutsche. Trotz mehrmaliger Bitten und trotz der Unterstützung des damaligen

Landesgouverneurs Peter Graf von Goeß erhielt Kratter seitens der Regierung keine größere Unterstützung bei der Herausgabe der „Gazeta Lwowska", da man in Wien die Meinung vertrat, dass eine polnische Zeitung genügend Abnehmer unter den polnischen Lesern in Galizien finden würde. Es wurde daher Kratter überlassen, die polnische Zeitung weiterzuführen oder nicht. Erst Anfang Januar 1812 erschien daher die erste deutsche Nummer der „Lemberger Zeitung". Bei der „Lemberger Zeitung" handelte es sich im Übrigen nicht um eine Übersetzung der „Gazeta Lwowska", sondern um eine von einer eigenständigen Redaktion getroffenen Auswahl von Nachrichten und Texten, die vor allem für die deutschsprachigen Leser von Interesse sein sollten. Dabei kam es natürlich auch vor, dass die beiden Redaktionen Texte untereinander austauschten. Erst Anfang 1848 wurden dann beide Zeitungen unter ein und dieselbe Redaktion gestellt und nur noch die polnische Ausgabe beibehalten.[3]

Beiträge für die deutschsprachigen Zeitungen verfassten sowohl Beamte des Landesguberniums als auch Professoren der Lemberger Universität. Neben der „Lemberger Zeitung" gab es noch den gemeinsam von den Lemberger Professoren Karl Joseph von Hüttner und Joseph Mauss 1822 und 1823 herausgegebenen zweisprachigen Kalender „Lemberger Pilger" (Pielgrzym Lwowski), der unter anderem das Interesse an der Geschichte und den Liedern der verschiedenen Nationalitäten Galiziens wecken sollte und literarische Beiträge enthielt. 1824 erschien dann eine von Alexander Zawadzki konzipierte literarische Zeitung unter dem Titel „Mnemosyne. Galizisches Abendblatt für gebildete Leser", die bis 1840 bestand. Die von dem Gubernialbeamten Josef von Mehoffer 1840 herausgegebene Zeitschrift „Galicia. Zeitschrift zur Unterhaltung, zur Kunde des Vaterlandes, der Kunst, der Industrie und des Lebens" musste aufgrund der ungenügenden Zahl an Abonnements 1841 schon wieder eingestellt werden. Ein großes Problem stellte für die deutschsprachigen Zeitungen allgemein die geringe Zahl derjenigen Personen dar, die

---

[3] Isabel Röskau-Rydel, Kultur an der Peripherie des Habsburger Reiches. Die Geschichte des Bildungswesens und der kulturellen Einrichtungen in Lemberg von 1772 bis 1848, Wiesbaden 1993 (=Studien der Forschungsstelle Ostmitteleuropa an der Universität Dortmund, Bd. 15), S. 307-322.

sich regelmäßig für eine Mitarbeit engagierten. Noch im selben Jahr erfolgte die Gründung der „Leseblätter für Stadt und Land zur Beförderung der Kultur in Kunst, Wissenschaft und Leben", die bis 1847 bestanden. In dieser drei Mal wöchentlich erschienenen Zeitung veröffentlichte übrigens der spätere Herausgeber des „Biographischen Lexikons des Kaiserthums Österreich", Constant von Wurzbach, seine Dichtungen, der in den vierziger Jahren in Lemberg als Leutnant im 30. Infanterieregiment Graf Nugent Dienst geleistet hatte.[4] Wie der Literaturwissenschaftler Marian Tyrowicz in seiner Studie über die Presse in Galizien betont, erreichten die deutschen Zeitungen und Zeitschriften in jener Zeit in Lemberg trotz bestehender Mängel ein höheres Niveau als die polnischen.[5]

In der ersten Hälfte des 19. Jahrhunderts gab es in Galizien nur noch in Krakau eine deutsche Zeitung, die „Krakauer Zeitung", die von 1799-1808 erschien, also in jener Zeit, als Krakau zu Galizien gehörte. Die deutsche Presse konnte sich jedoch nur in der Hauptstadt Lemberg entwickeln, da hier die meisten deutschsprachigen Literaten oder Intellektuellen wirkten. So war beispielsweise der 1801 geborene Bruder des bekannten polnischen Schriftstellers Wincenty Pol, Franz Anton Poll von Pollenburg, als Dichter sowie Übersetzer zahlreicher polnischer Werke für die deutschsprachige Lemberger Presse in Lemberg sowie für das dortige deutsche Theater tätig. Mit seinen Geschwistern war er in einer deutsch- und polnischsprachigen Umgebung aufgewachsen. Sein Vater war der aus dem Ermland stammende Beamte Franz Xaver Poll von Pollenburg, seine Mutter die aus einer Lemberger Familie französischer Herkunft stammende Eleonora Longchamps de Bérier. Der 1807 geborene Bruder Wincenty Pol war aufgrund des frühen Todes des Vaters enger als sein Bruder mit der polnischen Sprache und Kultur verbunden.[6]

---

[4] Ebenda, S. 320.
[5] Marian Tyrowicz, Prasa Galicji i Rzeczypospolitej Krakowskiej 1772-1850. Studia porównawcze [Die Presse Galiziens und der Krakauer Republik 1772-1850. Eine vergleichende Studie], Kraków 1979, S. 151.
[6] Karol Estreicher, Wincenty Pol, jego młodość i otoczenie. 1807-1832 [W. Pol, seine Jugend und Umgebung. 1807-1832], Lwów 1882, S. 33-35.

Beamtenfamilien in den Städten Galiziens

Das Jahr 1830 stellte hinsichtlich der politischen Aktivitäten in ganz Galizien eine einschneidende Zäsur dar, von der alle Bevölkerungsgruppen betroffen waren. Seit dem Frühjahr verfolgte man aufmerksam die Presseberichte über die Revolutionen und Unruhen in Frankreich, Belgien und Deutschland. Gerade unter den Gymnasiasten und Studenten lösten diese Berichte über den Kampf für die Freiheitsideale in anderen europäischen Ländern euphorischen Beifall aus. Sie bereiteten sich insgeheim darauf vor, am Kampf für die Unabhängigkeit Polens teilzunehmen. Nach Ausbruch des Novemberaufstandes in Warschau eilten daher auch zahlreiche junge Galizier – Polen, Ukrainer und Deutsche – den Aufständischen zur Hilfe und kämpften an ihrer Seite. Für einen Teil der deutschösterreichischen Beamten und Beamtensöhne hatte der Ausbruch des Aufstandes und die bis 1831 andauernden Kämpfe in Kongresspolen noch eine ganz andere Bedeutung, da sie sich nun in aller Öffentlichkeit mit der eigenen nationalen Identität auseinandersetzen und diese hinterfragen mussten. Zeitungsberichte und mündliche Berichte über den Aufstand gegen die zaristische Herrschaft im russischen Teilungsgebiet sowie Berichte über die herzliche Aufnahme von polnischen Emigranten in Deutschland und Frankreich und die große Anteilnahme der Bevölkerung an dem Freiheitskampf hatte sicherlich auch einen nicht zu unterschätzenden Einfluss auf den Entscheidungsprozess.

Allerdings wurde die Entscheidung für eine Teilnahme am Novemberaufstand und an der anschließenden politischen Agitation stets individuell getroffen. Dieser Bewusstseinsprozess betraf übrigens nicht nur Gymnasiasten und Studenten, sondern auch Handwerksgesellen und Offiziere deutscher Herkunft. Aber gerade der Identitätswandel der deutschösterreichischen Beamtensöhne rief großes Erstaunen hervor, da den deutschösterreichischen Beamten das Stereotyp loyaler und diensteifriger Staatsdiener anhaftete. Die Tatsache, dass ihre Söhne an dem Aufstand teilnahmen, verstanden Beobachter als persönliches Versagen der Beamten.

Die Teilnahme an dem Novemberaufstand weist deutlich darauf hin, dass trotz des deutschsprachigen Unterrichtswesens und trotz der der deutschen Kultur näher stehenden Eltern die Söhne der Beamtenfamilien im Kreise ihrer Schulkameraden und Universitätskommilitonen eine immer stärkere Affinität zur polnischen Kultur fanden. Das Interesse an der polnischen Geschichte, Sprache und Literatur wurde vornehmlich bei den privaten Treffen der Gymnasiasten und Studenten außerhalb des Schulunterrichtes geweckt und zum Teil auch von ihren Lehrern gefördert. Dieser Akkulturationsprozess fand meist schon in der zweiten Generation der zugereisten Beamtenfamilien statt. Aber nicht immer entwickelte sich daraus eine Assimilation an die polnische Gesellschaft. Häufig kam es in den Familien vor, dass sich einer der Söhne dem polnischen Freiheitsgedanken verpflichtet fühlte und am Novemberaufstand teilnahm, der andere jedoch den österreichischen Staatsinteressen den Vorzug gab und sich demzufolge nicht an den revolutionären Ereignissen beteiligte, wie das Beispiel der Söhne des Sanoker Kreishauptmanns Johann Georg von Ostermann zeigt. Ostermann war seit Anfang des 19. Jahrhunderts in den galizischen Behörden tätig, wo er die übliche Beamtenlaufbahn absolvierte und schließlich im Dezember 1825 mit der Ernennung zum Kreishauptmann in Sanok die höchste Karrierestufe erreichte. Er bekleidete dieses Amt bis zu seiner Versetzung in den Ruhestand am 20. Mai 1846, um den er nach vierzigjährigem Dienst gebeten hatte. Er übersiedelte noch im selben Jahr mit seiner Frau Johanna, geborene von Godeffroy, nach Lemberg, wo er am 16. März 1866 starb. In die polnische zeitgenössische Literatur ist Kreishauptmann Johann Georg von Ostermann als ein bei den Polen besonders unbeliebter Vertreter der österreichischen Regierung eingegangen. Lobend dagegen wird immer wieder die Teilnahme seines zweitältesten Sohnes Moritz Hugo von Ostermann an den Kämpfen im Jahre 1831 erwähnt. Dieser trat mit 21 Jahren dem Korps von Girolamo Ramorino bei und fiel schon Ende August 1831 bei einem Gefecht mit Kosaken bei Międzyrzecz in der Nähe von Brest-Litowsk. Sein zwei Jahre älterer Bruder Georg Benjamin verfolgte als Juraabsolvent dagegen zielstrebig seine Karriere in den Verwaltungsbehörden verschiedener galizischer Städte. Er beherrschte fließend Deutsch und Polnisch und war mit beiden Kulturen vertraut, dennoch spielte er im Oktober 1848 – wie andere seiner Kollegen – ebenfalls mit dem Gedanken, Galizien zu verlassen und sich in Wien oder Prag um eine andere Stelle zu bemühen. Sein Antrag auf Versetzung in ein anderes Kronland wurde jedoch von dem damaligen Gubernialrat Agenor Graf Gołuchowski abgelehnt. Im Jahre 1854 wurde er schließlich nach Stanislau (Stanisławów) versetzt, wo er bis zu seiner Pensionierung tätig war. Er selbst heiratete die Tochter eines deutschstämmigen Beamten und einer Ruthenin in Stanislau. Zwei seiner Schwestern waren mit polnischen Beamten, die jüngste Schwester war mit dem Sohn einer ebenfalls seit Jahrzehnten in Galizien ansässigen deutschösterreichischen Beamtenfamilie verheiratet. Schon während seiner Amtszeit und auch nach seiner Pensionierung im Jahre 1867 bis zu seinem Tod im Jahre 1884 widmete er sich intensiv der Geschichte der Huzulen, die er während seiner zahlreichen Dienstreisen durch Galizien kennen gelernt hatte.[7] Sein 1856 in Stanislau geborener Sohn Georg Johann Wilhelm von Ostermann heiratete übrigens eine Ruthenin – Johanna –, die sich aktiv für die ukrainische Frauenbewegung im Kreis Stanislau einsetzte und Mitbegründerin des ersten ukrainischen Frauenvereins in Stanislau im Jahre 1884 war.[8]

In den Wiener Regierungskreisen war man davon überzeugt, sich der Loyalität der deutschösterreichischen Beamtenfamilien gegenüber dem Staat sicher sein zu können. Häufig zeigten sich die der Verwaltung angehörenden Väter im Jahre 1830/1831 jedoch selbst am meisten von den revolutionären Neigungen ihrer Söhne überrascht, wie im Falle des deutschösterreichischen Beamten des Lemberger Gubernialguberniums Wilhelm von Reitzenheim. Die Teilnahme seines Sohnes Joseph an dem Aufstand hatte für ihn selbst jedoch in dienstlicher Hinsicht keinerlei Folgen. Der später in der Emigration in Paris unter dem Namen Józef Reitzenheim wirkende Jurist und Historiker war eng mit Juliusz Słowacki befreundet und

---

[7] Biblioteka Naukovoho Tovaristva im. Stefanyka (Bibliothek der Wissenschaftlichen Stefanyk-Gesellschaft), Lviv (Lemberg), Handschriftenabteilung, Fond I, Opis 1, Nr. 19, Bd. 1, Zapysky Ostermanna [Erinnerungen Ostermanns], S. 14-16, 85-95, 219-250.
[8] Nikolaus Andrusjak, Georg Benjamin Ostermann und seine Materialiensammlung zur Geschichte Galiziens im 19. Jahrhundert, in: Deutsche Wissenschaftliche Zeitschrift für Polen 29 (1935), S. 161-168 (=Sonderheft zur 50-Jahrfeier der Historischen Gesellschaft für Posen), hier S. 162-163.

widmete sich in Frankreich in zahlreichen Aufsätzen und Publikationen der polnischen Geschichte sowie der Geschichte der Polen in Paris.

Die Teilnahme an dem Novemberaufstand war jedoch nicht alleine ausschlaggebend für eine zunehmende Integration der zweiten Generation der deutschösterreichischen Beamtenfamilien in der polnischen Gesellschaft. Der Integrationsprozess konnte über mehrere Jahrzehnte dauern und war abhängig von der Nationalität der Mutter und deren patriotischen Erziehung. Einen besonders großen Einfluss auf den positiven oder zum Teil auch negativ verlaufenden Integrationsprozess hatten aber auch die wechselseitigen Beziehungen zwischen den gemischtnationalen Mitschülern an den Gymnasien und den Kommilitonen an der Universität.

Die Identifizierung mit der polnischen Kultur nahm meist auch nicht aufgrund eines längeren Studienaufenthaltes oder einer Berufstätigkeit in Wien oder in einer anderen österreichischen Stadt ab. Dies zeigen die Lebensläufe des Arztes und späteren Stadtpräsidenten von Krakau, Joseph (Józef) Dietl, der fast drei Jahrzehnte zunächst als Medizinstudent, dann als Arzt in Wien gelebt hatte und Galizien in dieser Zeit nur selten besuchte, oder des Krakauer Juristen Fryderyk Zoll, der in den achtziger Jahren des 19. Jahrhunderts mehrere Jahre im Finanzministerium in Wien tätig war und dann eine Professur an der Jagiellonischen Universität in Krakau annahm.

Das Jahr 1848 brachte eine nachhaltige Zäsur für die deutschsprachigen Kreise in Galizien mit sich. Polen, Ruthenen und Juden trugen nun offen ihre politischen Forderungen vor. Die neue instabile politische Lage verunsicherte einen Teil der deutschösterreichischen Beamtenschaft sehr, insbesondere denjenigen Teil, der nicht über ausreichende Polnischkenntnisse verfügte, um auch in einer absehbar polnisch dominierten Verwaltung oder in den Bildungseinrichtungen ein weiteres Betätigungsfeld zu finden. Das betraf auch jene Beamte oder Professoren, die schon seit mehreren Jahrzehnten in Galizien lebten und sich auch auf polnischer Seite der Anerkennung erfreuten. So zeigte sich beispielsweise auch der an der Lemberger Realschule

Geschichte und Geographie unterrichtende Professor Paul Strasser im Jahre 1848 und 1849 in Briefen an seine Söhne sehr verunsichert über seine zukünftige Situation als Lehrer ohne umfassende Polnischkenntnisse. Obwohl er sich eigentlich in Lemberg wohl fühlte, spielte er doch mit dem Gedanken, sich an die Realschule in Brünn versetzen zu lassen, was jedoch dann aufgrund seiner fehlenden tschechischen Sprachkenntnisse scheiterte. Er unterrichtete daher weiterhin in Lemberg und wurde nach vierzigjähriger Dienstzeit im Jahre 1857 schließlich in den Ruhestand versetzt.[9]

Für Galizien bedeuteten die verschiedenen Maßnahmen, die nach der Auflösung des Reichstages in Wien im März 1849 getroffen wurden, zunächst eine Rückkehr zu den politischen Verhältnissen von vor 1848. Die zuvor gemachten politischen Zugeständnisse und Versprechungen wurden wieder zurückgenommen. Auch die den Nationalitäten zugesicherte Gleichberechtigung fand schon bald keine Berücksichtigung mehr. Nach wie vor wurde an der deutschsprachigen Verwaltung und dem deutschsprachigen Schulwesen festgehalten und der deutschen Sprache damit deutlich der Vorzug gegeben. 1849 kamen im Rahmen der Verwaltungsreform sogar wieder vermehrt deutschösterreichische Beamte nach Galizien, insbesondere nach Krakau, das seit 1846 wieder zum österreichischen Teilungsgebiet gehörte. Im Rahmen der Verwaltungsreform entstanden nun zwei Statthaltereien in Lemberg und Krakau, später noch – bis zur endgültigen Unterteilung in neunzehn Bezirkshauptmannschaften – eine dritte in Stanislau. Die Kreisämter mit dem Kreishauptmann an der Spitze gewannen nun an Bedeutung, da sie direkt den Wiener Ministerien unterstanden. Darüber hinaus wurde der Polizeiapparat ausgebaut und 1849 die Gendamerie als militärische Hilfstruppe eingerichtet, der große Vollmachten eingeräumt wurden.[10]

---

[9] Österreichisches Staatsarchiv, Wien, Kriegsarchiv: Nachlass Professor Paul Strasser, Sign. B/687: Briefe von Paul Strasser an seine Söhne vom 17. Juli, 20. September und 13. Dezember 1848.
[10] Rudolf A. Mark, Galizien unter österreichischer Herrschaft. Verwaltung – Kirche – Bevölkerung, Marburg 1994, (= Historische und landeskundliche Ostmitteleuropa-Studien, Bd. 13), S. 9-11, 85-91.

Gerade in Krakau zeigte man sich den deutschösterreichischen Beamtenfamilien gegenüber sehr misstrauisch. Das Misstrauen der Polen gegenüber den deutschösterreichischen Beamten übertrug sich auch auf deren Kinder. Die Bereitschaft der polnischen Gymnasiasten, ihre deutschösterreichischen Mitschüler zu akzeptieren, fiel hier aufgrund der drei Jahrzehnte währenden Unabhängigkeit von Österreich besonders schwer. Das Misstrauen bezog sich auch auf diejenigen Beamtenfamilien, die schon seit mehreren Generationen in Galizien lebten. Wie sich Stanisław Graf Tarnowski, der spätere bekannte Polonist, erinnerte, der in den fünfziger Jahren das damals deutschsprachige St. Anna-Gymnasium in Krakau besuchte, wurde den Söhnen der deutschösterreichischen Beamten häufig anfangs seitens ihrer polnischen Klassenkameraden mit Misstrauen begegnet. Als im Schuljahr 1851/1852 in der sechsten Gymnasialklasse Ferdinand Ettmayer, der Sohn des damaligen Landespräsidenten Andreas Ettmayer Ritter von Adelsburg, neu in die Klasse kam, gingen die Schüler ihm aus dem Weg, da er „nicht nur Deutscher, sondern auch noch Sohn des »Landespräsidenten«" war, wie Stanisław Tarnowski in seinen Erinnerungen hervorhob. Obwohl sie gewusst hätten, dass der Vater als vertrauenswürdige Person galt, hätten sie keine Lust gehabt, sich „dem Sohn eines Deutschen und Beamten" zu nähern. Allerdings habe Ferdinand Ettmayer seine Mitschüler schnell „besänftigen" und durch sein Taktgefühl für sich einnehmen können, da er niemals die „polnischen Gefühle" der Schüler verletzt habe. Eher habe er von Seiten der polnischen Mitschüler etwas Unangenehmes dieser Art hören müssen. Ettmayer dagegen habe nie etwas gesagt, was er später hätte bedauern müssen. Überhaupt habe er sich durch eine besondere Solidarität gegenüber seinen Mitschülern, durch große Liebenswürdigkeit und einen ausgefallenen Humor ausgezeichnet. Polnisch habe er fast so gut wie die polnischen Schüler gesprochen.[11] Dieses Beispiel zeigt,

---

[11] Stanisław Tarnowski, Dwa lata na ławie szkolnej z Józefem Szujskim 1852-1853 [Zwei Jahre auf der Schulbank mit J. Szujski 1852-1853], in: Galicyjskie wspomnienia szkolne, hrsg. v. Antoni Knot, Kraków 1955, S. 221. Ferdinand Ettmayer von Adelsburg war in den neunziger Jahren Sekretär des Obersten Gerichtshofes in Wien.

dass sich die Angehörigen der dritten Generation der Beamtenfamilie Ettmayer, die seit 1789 im Landesgubernium in Lemberg vertreten war, so weit akkulturiert hatten, dass sie fließend Polnisch sprachen. Ferdinand Ettmayer wurde jedoch nicht nur aufgrund seiner guten Polnischkenntnisse in der Klasse integriert, sondern vor allem deshalb, weil er seinen polnischen Mitschülern gegenüber Respekt zeigte.[12] Einem anderen Mitschüler, ebenfalls deutscher Herkunft, dem Sohn des evangelischen Pastors in Krakau und Deutschlehrers an der Jagiellonischen Universität, Adolf Otremba, schienen die polnischen Schüler dagegen weniger zu misstrauen. Tarnowski bezeichnet seinen Klassenkameraden zwar als kleinen Raufbold, der jedoch ein ganz schlauer Junge mit gutem Herzen gewesen sei. Obwohl Protestant, wie Tarnowski hervorhebt, sei es für seinen Mitschüler Adolf Otremba selbstverständlich gewesen, in den katholischen Gottesdienst zu Beginn des Schuljahres zu gehen.[13]

Erst die politische Liberalisierung Ende der fünfziger, Anfang der sechziger Jahre veranlasste die Wiener Regierung, sich erneut mit der Zukunft Galiziens zu befassen und aufgrund der innenpolitischen Lage den polnischen Politikern Zugeständnisse zu machen, wie im Jahre 1861 mit der Eröffnung des Landtages in Lemberg, der nun größere Kompetenzen im Gesetzgebungsbereich erhielt. Weitere Zugeständnisse hinsichtlich einer Selbstverwaltung Galiziens waren die Verabschiedung eines Landesschulgesetzes am 22. Juni 1867 über die Unterrichtssprache in den Volks- und Mittelschulen, das nunmehr ausschließlich Schulen mit polnischer und ruthenischer Unterrichtssprache berücksichtigte, sowie die Einführung des Polnischen als Amtssprache im Jahre 1869. Die nur deutschsprachigen Beamten, die nicht innerhalb einer bestimmten Frist Polnisch lernten, wurden in andere deutschsprachige Kronländer oder je nach Alter in den Ruhestand versetzt. Die frei gewordenen Stellen erhielten vornehmlich polnische, in Ostgalizien

---

[12] Hofrat Andreas Ettmayer von Adelsburg hatte mehrere Söhne, die 1854 im Landesgubernium tätig waren: Friedrich, Rechnungsrat in der Provinzialstaatsbuchhaltung in Lemberg; Joseph, Gubernialkonzeptspraktikant beim Krakauer Kreisamt; Carl, Auskultant bei den Landrechten in Lemberg. Provinzialhandbuch der Königreiche Galizien und Lodomerien für das Jahr 1854, S. 9, 83, 252.
[13] Tarnowski (wie Anm. 11), S. 212, 219.

zuweilen auch ruthenische Beamte. Das Deutsche wurde als Amtssprache nur noch beim Verkehr mit den Zentralstellen und den Militärbehörden beibehalten.[14]

Abschließend ist hervorzuheben, dass seitens der zugereisten deutschösterreichischen Beamtenfamilien durchaus das Bemühen überwog, sich in der multikulturellen Gesellschaft Galiziens zu integrieren und nicht abzugrenzen. Gelingen konnte eine Integration jedoch nur dann, wenn ein offenes Interesse an der polnischen oder ukrainischen Kultur bestand und wenn man ebenfalls bereit war, die Sprachen der Mehrheitsgruppen zu lernen. Eine zwangsläufige Assimilierung an die polnische Gesellschaft war jedoch damit nicht verbunden, da es immer eine individuell getroffene Wahl der einzelnen Personen war, die deutsche Identität beizubehalten oder nicht.

---

[14] Alexander von Guttry, Galizien. Land und Leute, München; Leipzig 1916, S. 36-37.

Heidi Hein-Kircher

DIE ENTWICKLUNG DER LEMBERGER SELBSTVERWALTUNG IM
RAHMEN DER HABSBURGISCHEN GEMEINDEORDNUNG
VON DER REVOLUTION 1848 BIS ZUR VERABSCHIEDUNG
DES STATUTS 1870[1]

Spricht man von Lemberg, dem heutigen westukrainischen L'viv, so stellt man sich vor allem die prächtigen, heute noch erhaltenen Bauwerke aus der habsburgischen Zeit vor, die trotz eines Jahrhunderts mangelnder Pflege immer noch schön anzusehen sind. Man hat auch Joseph Roths „Stadt der verwischten Grenzen", aber auch das Bild von Lemberg als Bollwerk gen Osten[2] und als polnisches und ukrainisches Piemont vor Augen. In Lemberg konzentrierten sich die jeweiligen Nationalbewegungen, zumal für die geteilte polnische Nation in Galizien eine vergleichsweise freie kulturelle und politische Entwicklung möglich war. In ihrer Bewertung spielt die galizische (1867) wie auch die städtische (1870) Autonomie eine bedeutende Rolle, letztere wird jedoch in polnischen Werken meist als Konsequenz der ersteren und nicht im Kontext der habsburgischen kommunalen Verwaltungsgeschichte dargestellt. Ist die städtische Autonomie[3] Lembergs für Polen in der Teilungszeit – abgesehen von der Krakauer (1866) – eine besondere Ausprägung städtischer Selbstverwaltung, so ist sie im Rahmen der habsburgischen Geschichte keineswegs ein Sonderfall. Das Erreichen der Lemberger städtischen Autonomie stellte die Grundlage für die Polonisierung der Selbstverwaltung und für eine nationalisierende Kommunalpolitik dar, wie

---

[1] Das hier behandelte rechtshistorische Thema befasst sich mit einem Aspekt des Habilitationsprojektes: Kommunale Verwaltung und nationale Bewegung in einer Vielvölkerstadt. Lemberg im 19. Jahrhundert.
[2] The Idea of Lviv as a Bulwark against the East, in: Imaging the city, Bd. 2, hrsg. v. Dave Migdeley (u.a.), Cambridge (u.a.) (in Vorbereitung, Ende 2006).
[3] Zum damaligen Verständnis des Begriffs der Gemeindeautonomie siehe das Österreichische Staatswörterbuch, Bd. 2, S. 328f., das diese definiert als das Recht, „abstrakte Normen auf Grund und innerhalb der Gesetze festzusetzen, steht der Gemeinde sowohl in Richtung auf die wirtschaftliche Angelegenheiten des selbständigen Wirkungskreises als auch im Gebiete der Ortspolizei zu".

auch für das Entstehen einer modernen städtischen Leistungsverwaltung, die sich der Modernisierung nicht nur in sozioökonomischer und politischer, sondern auch in nationaler Hinsicht stellen musste.

Die moderne historische Stadtforschung hat sich seit den 1970er Jahren zunehmend weiter entwickelt, und zwar nicht nur als sozialhistorische Bürgertumsforschung. Nach wie vor sind mittelalterliche und frühneuzeitliche Themen Schwerpunkte bei der Städteforschung; erst allmählich, und unter dem Einfluss anderer Disziplinen, beschäftigt sich die historische Forschung mit Städten im 19. und 20. Jahrhundert. Forschungen zur Frage der Entstehung einer modernen Leistungsverwaltung und dem damit verbundenen Strukturwandel im Beziehungsfeld von Industrialisierung und Urbanisierung gelangen seitdem zunehmend in das Interessenfeld von Historikern, wie die Studien von Charlotte Bühl-Gramer[4] über Nürnberg zwischen 1850 und 1892 und die Studie von Annett Müller[5] über Leipzig zeigen. Diese Arbeiten berücksichtigen vor allem die aus Urbanisierung und Industrialisierung resultierenden Modernisierungsprozesse auf der Mikroebene Stadt. Hier fällt auf, dass die Stadtgeschichtsforschung sich vor allem mit westeuropäischen Städten beschäftigt, wenn man von wenigen Ausnahmen absieht.[6] Insgesamt lässt sich festhalten, dass es ein Gefälle in der historischen Stadtgeschichtsforschung gibt: Im Vergleich zu Deutschland gibt es weniger ausführliche Studien zu Aspekten der Stadtgeschichte in der Habsburgermonarchie, und hier werden vor allem die Metropolen Wien, Prag und Budapest behandelt. Auffällig ist hier, wie auch bei den vorhandenen Arbeiten zu Lemberg, dass nur in einer meist recht oberflächlichen Perspektive das Zusammenleben der verschiedenen Ethnien und Konfessionen thematisiert wird.

---

[4] Charlotte Bühl-Gramer, Nürnberg 1850 bis 1890. Stadtentwicklung, Kommunalpolitik und Selbstverwaltung im Zeichen von Industrialisierung und Urbanisierung, Nürnberg 2003.
[5] Annett Müller, Modernisierung in der Stadtverwaltung. Das Beispiel Leipzig im späten 19. Jahrhundert, Köln (u.a.) 2006.
[6] So etwa die laufende Studie von Andreas Kossert, in der Łódź und Manchester verglichen werden, und der von Guido Hausmann herausgegebene Band über: Gesellschaft als lokale Veranstaltung. Selbstverwaltung, Assoziierung und Geselligkeit in den Städten des ausgehenden Zarenreichs, Göttingen 2002.

Lemberger Selbstverwaltung 1848-1870

Die Literatur über Lemberg selbst ist sehr disparat und besteht vor allem aus zahlreichen Erinnerungen. Dagegen gibt es nur wenige, meist popularisierende Darstellungen der Stadtgeschichte vor allem aus polnischer Sicht, die ihren Bollwerk-Charakter betonen und die Ergebnis einer *kresy*-Nostalgie sind. Die Schriften, die sich mit der Lemberger Geschichte befassen, stellen die Vergangenheit Lembergs jeweils aus der Perspektive ihrer Bevölkerungsgruppe dar; die Lemberger polnische Geschichte steht sozusagen als Block neben der jüdischen und ukrainischen Geschichte. Moderne wissenschaftliche Werke über Lemberg im 19. Jahrhundert fehlen jedoch, so dass das aktuelle Interesse in der polnischen Öffentlichkeit an der Metropole der südlichen *kresy* nicht mit einem wissenschaftlichen Interesse korrespondierte.

Die lesenswerteste Synthese der Lemberger Geschichte, die Fryderyk Papée[7] verfasste, entstand am Ende des 19. Jahrhundert und wurde 1933 wiederaufgelegt; die positivistische Arbeit Podhoreckis[8] zählt einzelne Ereignisse ohne wirklichen Kommentar auf. Der von Fässler herausgegebene Band über die „Stadt am Schnittpunkt der Kulturen"[9] lässt sich als Kompendium bisheriger Arbeiten über Lemberg verstehen, da die einzelnen Beiträge kaum auf intensiveren Forschungen der Autoren beruhen. Die laufenden bzw. vor kurzem abgeschlossenen Arbeiten von Anna Veronika Wendland[10] und Christoph Mick[11] beschäftigen sich schwerpunktmäßig mit dem „kurzen" 20. Jahrhundert, lediglich die Arbeit Markian Prokopovychs widmet sich der Architektur Lembergs in Bezug auf die natio-

---

[7] Fryderyk Papée, Historja miasta Lwowa w zarysie [Geschichte der Stadt Lemberg im Abriss], Lwów; Warszawa ²1924 (Erstauflage, Lwów 1894).
[8] Leszek Podhorodecki, Dzieje Lwowa [Geschichte Lembergs], Warszawa 1993.
[9] Lemberg – Lwów – Lviv. Eine Stadt im Schnittpunkt europäischer Kulturen, hrsg. v. Peter Fässler/Thomas Held/Dirk Sawatzki, Köln (u.a.) 1993.
[10] Anna Veronika Wendland, Neighbors as Betrayers, Nationalization, Remembrance Policy and the Urban Public Sphere in L'viv, in, Galicia. A Multicultured Land, hrsg. v. Christopher Hann/Paul R. Magosci, Toronto (u.a.) 2005, S. 139-159.
[11] Christoph Mick, Kriegserfahrungen in einer multiethnischen Stadt. Lemberg 1914-1950. Universität Tübingen 2003 (Habilitationsschrift, unveröffentlichtes Manuskript).

nale Identitätsbildung.[12] Es fehlt, wenn man von Isabel Röskau-Rydels Studie über das Lemberger kulturelle Leben[13] absieht, eine moderne Synthese der Lemberger Geschichte des 19. Jahrhunderts, die nicht nur die Geschichte der Stadt und ihrer Bevölkerungsgruppen, sondern auch im galizischen und habsburgischen Kontext insgesamt betrachtet, aber auch eine Arbeit, die sich mit der Entwicklung der städtischen Institutionen beschäftigt.

Im Folgenden soll daher zunächst die Geschichte Lembergs seit dessen Inkorporation in die Habsburger Monarchie im Zuge der ersten Teilung Polens 1772 skizziert werden, um so die rund zweiundzwanzigjährige Diskussion um das Statut im Rahmen der Habsburgischen Gemeindegesetzgebung zu skizzieren. Hierbei wird zunächst die Entwicklung seit der Revolution von 1848/1849 bis zum neuen Reichsgemeindegesetz von 1862 nachvollzogen, um dann auf dessen Grundlage das Ringen um das Lemberger Statut zu erörtern. Da innerhalb dessen die „jüdische Frage", der Anteil der jüdischen Ratsmitglieder und der Umgang mit dem Gemeindebesitz, eine zentrale Rolle spielte, wird dieser Komplex in einem eigenen Abschnitt berücksichtigt, bevor das Statut in seinen Grundzügen vorgestellt wird. Als Quellen für die kommunale Verwaltungsgeschichte werden daher nicht nur einschlägige Gesetzestexte und -interpretationen, sondern auch die Akten des Magistrats, sofern sie aufgrund der schwierigen Lemberger Archivsituation zugänglich sind, und der entsprechenden übergeordneten Behörden herangezogen.

Grundzüge der Lemberger Stadtentwicklung seit der Inbesitznahme durch die Habsburgermonarchie[14]

Bei der Ersten Teilung Polens besetzten österreichische Truppen am 15. September 1772 Lemberg; am 4. Oktober 1772 wurde es von der

---

[12] Markian Prokopovych, History; Architecture, Cultural Politics and National Identity: Lemberg 1772-1918, Manuskript Budapest 2003.
[13] Isabel Röskau-Rydel, Kultur an der Peripherie des Habsburger Reiches. Die Geschichte des Bildungswesen und der kulturellen Einrichtungen in Lemberg 1772 bis 1848, Wiesbaden 1993.
[14] Zum Folgenden: Podhorodecki (wie Anm. 8), S. 99-117, und Papée, Historja (wie Anm. 7), S. 169-219.

Monarchie formell in Besitz genommen. Jedoch erst drei Monate später, am 7. Januar 1773 leisteten die Stadtbehörden, Geistlichkeit und der Adel den Eid auf das Kaiserhaus. Lemberg erhielt 1787 ein neues Statut, durch das die Verwaltung organisiert wurde. Der nach dem Vorbild der anderen Hauptstädte des Reiches neu geordnete Magistrat wurde durch ein kaiserliches Privileg am 6. November 1789 bestätigt: An der Spitze des Magistrats standen der Präsident und Vizepräsident sowie je ein Senat für politische (vier Räte) sowie für zivil- und strafrechtliche Angelegenheiten (sechs Räte), die vom hundertköpfigen, von allen wahlberechtigten Bürgern gewählten vierundzwanzigköpfigen Bürgerlichen Wahlausschuss gewählt wurden. Franz II. hob das Recht auf Wahl der Beamten auf; der nun sechzigköpfige Bürgerliche Wahlausschuss verlor seine Bedeutung, so dass bis in die 1830er Jahre die Bürger von einer Partizipation ausgeschlossen blieben. Als Hauptstadt des neuen Kronlandes Galizien und Lodomerien und Sitz des Landesguberniums seit 1803 wurde Lemberg schrittweise zu einem administrativen, kulturellen und Dienstleistungszentrum und zur Militärgarnison ausgebaut, obwohl es im Zuge der napoleonischen Kriege 1809 kurzzeitig durch polnisches und dann russisches Militär besetzt worden war. Es veränderte sich unter der österreichischen Herrschaft gewaltig und aus Mangel an qualifizierten Kräften vor Ort wurden zahlreiche Beamte aus der Monarchie in Lemberg angesiedelt.[15] Wichtige Einschränkungen in der städtischen Autonomie fanden jedoch erst 1820 statt, als ein Strafgericht für die bisher im Zivilgericht dem Magistrat unterstehenden Bürger eingerichtet und das Schulwesen unter staatliche Aufsicht gestellt wurde: Die Stadtverwaltung war letztlich nicht mehr als eine untergeordnete Behörde ohne größere selbständige Kompetenzen. Lemberg nahm nun eine Vermittlerfunktion im Handel für Galizien ein; fehlende Rohstoffe und die habsburgische Wirtschaftspolitik erlaubten keine Industrieentwicklung. Von Bedeutung für die Wirtschaftsentwicklung waren die Gründung der Landeskreditanstalt (1843) und der Galizischen Sparkasse (1844). Nach dem Scheitern des Novemberaufstandes 1831 wurde Lemberg Zufluchtsort für

---

[15] Zur Rolle der „zugereisten" deutschen Beamten siehe den Beitrag von Isabel Röskau-Rydel in diesem Band.

Flüchtlinge aus Kongresspolen und Ausgangspunkt verschiedener gegen Russland gerichteter Verschwörungen, seit den 1830er Jahren war Lemberg Zentrum der ruthenischen kulturellen Bewegung, schließlich auch der ruthenischen Nationalbewegung. Es spielte jedoch keine Rolle bei den Vorbereitungen zu einer Revolution im Jahre 1846 in Westgalizien, wurde aber 1848 zum Zentrum der polnischen National- und Freiheitsbewegung. Die polnische und ruthenische Bewegung gingen zunächst gemeinsam vor, um sich dann zu trennen und gegeneinander zu wirken: Sie forderten grundlegende Reformen, insbesondere eine erweiterte Autonomie und verfasste Rechte. Der Kampf um die soziale und ökonomische Befreiung nahm damit immer mehr Züge einer emanzipierenden Nationalbewegung an. Der Konflikt zwischen österreichischen Soldaten und der neu gegründeten polnischen Nationalgarde eskalierte im Herbst 1848 und führte zur Bombardierung der Stadt im November 1848 mit 55 toten Zivilisten.[16]

Vom Bürgerausschuss zum Stadtrat 1849-1862

Die moderne Gemeindeselbstverwaltung resultierte in der Habsburgermonarchie nicht aus einer jahrhundertelangen autonomen Entwicklung der Städte, sondern entstand in Folge der politischen und konstitutionellen Anforderungen, die in den revolutionären Ereignissen 1848/1849 und der staatlichen Reaktion auf diese virulent geworden waren. Die Gemeindeordnungen der Jahre 1849, 1859 und 1862 sind „ruckweise dem Kopfe des Gesetzgebers entsprungen, als tendenziöse Schöpfungen der jeweils herrschenden Zeitströmungen".[17] Das Schlagwort der „Selbstverwaltung" basierte auf den bürgerlichen liberalen Forderungen und hatte antizentralistische und

---

[16] Zu den Ereignissen 1848/1849 in Galizien vgl. Antoni Polonsky, The Revolutionary Crisis and Its Place in the Development of Nineteenth-Century Galicia, in: Culture and Nations of Central and Eastern Europe. Essays in Honor of Roman Szporluk, hrsg. v. Zvi Gitelman, Cambridge 2000 (= Harvard Ukrainian Studies, Vol. 22), S. 443-469.

[17] Carl Brockhausen, Die österreichische Gemeindeordnung (Grundgedanken und Reformideen), Wien 1905, S. 1.

Lemberger Selbstverwaltung 1848-1870

-staatliche Tendenzen aufgegriffen.[18] Die während der Revolution artikulierten Forderungen nach einer Gemeindeselbstverwaltung waren mehr oder minder konzeptionslos, wie auch die Schaffung entsprechender Verwaltungsorgane. Diese Entwicklung wurde aufgrund der Differenzen zwischen Bürgertum und Adel nicht abgeschlossen, obwohl sich die Prinzipien der Öffentlichkeit der Gemeinderatssitzungen und dessen Wahl im allgemeinen politischen Bewusstsein festsetzten.[19] Dies nutzte die Reichsregierung zur Durchsetzung eigener Vorstellungen, die jedoch nur teilweise in Kraft traten. Jedoch wurden in dem Dekret des Innenministers Stadion vom 17. März 1849 wichtige, bis zum Ende der Monarchie geltende Grundsätze der Gemeindegesetzgebung vorgegeben. Die Festlegung der Leitlinien der lokalen Verwaltung in dem später als Cisleithanien bezeichneten Reichsteil brachte eine Vereinheitlichung mit sich und definierte den Rahmen, in dem die Gesetzgebung der einzelnen Länder abweichen konnte. Das Kurienwahlrecht ermöglichte es den städtischen Honoratioren, aufgrund der Festlegung von drei Wirtschaftskategorien, ihren Einfluss zu festigen. Sonderstatute für diejenigen Städte, in denen die Regierung eine besondere Kontrolle aufrecht erhalten wollte, waren vorgesehen.[20]

In Folge der Revolution entstand in Lemberg eine Kommission aus Mitgliedern des Bürgerausschusses (*wydział miejski*) und des Magistrats, die den Entwurf einer städtischen Verfassung in deutscher und polnischer Sprache ausarbeiteten und als Provisorisches Gesetz zur Reorganisation des Bürgerausschusses der Königlichen Hauptstadt Lemberg (*Ustawa prowizoryczna do reorganizacyi Wydziału miejskiego dla król. stoł. Miasta Lwowa*) am 20. Juli 1848 verabschiedeten. Das im Geiste der Revolution erarbeitete Gesetz sollte bis zum Statut von 1870 die Grundlage für die Lemberger Forderungen nach Selbstverwaltung und Diskussionen um das Statut bleiben. Dieses Gesetz ist bislang noch wenig beachtet worden, ob-

---

[18] William H. Hubbard, Auf dem Weg zur Großstadt. Eine Sozialgeschichte der Stadt Graz 1850-1914, Wien 1984, S. 139f. Zur Geschichte der Gemeindeselbstverwaltung vgl. Jiří Klabouch, Die Gemeindeselbstverwaltung in Österreich 1848-1918, München, Wien 1968, S. 21-53.
[19] Hubbard (wie Anm. 18), S. 141.
[20] Ebd. S. 141f.

wohl ihm Kazimierz Ostaszewski-Barański eine zentrale Bedeutung für die Entwicklung der städtischen Institutionen beimaß.[21] Dieses Provisorische Gesetz[22] bestand vor allem aus einer Wahlordnung (§§ 1-24) für den Bürgerausschuss, der sich nach Paragraph 1 aus insgesamt hundert Personen, davon 85 Christen, zusammensetzte. Wahlberechtigt sollten die in fünf Wahlbezirke (§ 12) untergliederten Staatsbürger ab 24 Jahren ohne Unterschied in der Religion sein, die entweder Bürger oder Immobilienbesitzer in Lemberg waren, ohne dass sie von der Wohlfahrt unterstützt wurden, Doktoren aller Fakultäten, die seit zwei Jahren fest in Lemberg leben, Vorgesetzte, Professoren und Lehrer aller wissenschaftlichen Einrichtungen, die höhere Geistlichkeit, Pfarrer aller Konfessionen, die Prediger der protestantischen Konfessionen und auch die Rabbiner, Prediger und Religionsweiser jüdischen Glaubens sowie all diejenigen, die im Vorjahr eine direkte Steuer gezahlt hatten (§ 2). Das passive Wahlrecht erhielten alle seit zwei Jahren in Lemberg wohnenden Bürger ab 30 Jahren, die über ein eigenes Einkommen verfügten, aber nicht in Diensten der Stadt standen oder mit ihr zusammenarbeiteten (§§ 5-7).

Die Paragraphen 25 bis 27 definieren dagegen die Aufgaben des Bürgerausschusses; die Formulierung dieser Paragraphen weist deutlich auf die mit der Revolutionszeit verbundenen Hoffnungen auf eine Erlangung der städtischen Selbstverwaltung hin: Der Bürgerausschuss sollte, so das Provisorische Gesetz, mit Hilfe seiner Ausschüsse, mit den legalen (Staats-)Organen zusammenarbeiten und entsprechende Mittel einsetzen, dass Ruhe und Ordnung in der Stadt erhalten bleiben. Er sollte auch die Reorganisation der gesamten Stadtverwaltung (Munizipalität) vorbereiten und dafür eine städtische Verfassung ausarbeiten. Hierbei sollte er die Interessen der Gemeinde verfolgen und insbesondere über deren Vermögen wachen (§ 26). Darüber hinaus schrieb der Paragraph 27 dem Bürgerausschuss

---

[21] Kazimierz Ostaszewski-Barański, Rozwój król. stoł. Miasta Lwowa (1848-1895) [Die Entwicklung der königlichen Hauptstadt Lemberg], Lwów 1895, S. 9. Er betonte 1895, dass dieses Dokument wenig bekannt sei und es sich nicht in den Akten des Magistrats befände. Die in seiner Abhandlung zitierte Abschrift (ebd., S. 9-12), habe er aus dem Archiv des Vizestadtpräsidenten Romanowski erhalten.
[22] Zit. in ebd., S. 9-12.

Vollmachten in Bezug auf die Rechnungsführung vor. Dass das Provisorische Gesetz tatsächlich als Übergangslösung verstanden wurde, wird daran deutlich, dass der Paragraph 28 die Selbstauflösung des Bürgerausschusses nach Verabschiedung einer Gemeindeordnung verfügte. Das Provisorische Gesetz erweiterte damit die Aufgaben des vorrevolutionären Bürgerausschusses und war im Vergleich zu den vorrevolutionären Verhältnissen fortschrittlicher, blieb aber hinter den revolutionären Erwartungen zurück, indem es die Zahl seiner Angehörigen erhöhte, das aktive und passive Wahlrecht erweiterte, den „Grundsatz der Toleranz berücksichtigte"[23] und die Beziehung des Bürgerausschusses zum Magistrat genau definierte, ohne aber die 1848 geweckten Hoffnungen zu erfüllen.[24] Allein an dem restriktiven Wahlzensus zeigte sich, dass das Provisorische Gesetz wenig progressiv war und die demokratischen Forderungen nicht wirklich berücksichtigte bzw. realisierte: Bei den Wahlen vom März 1949 waren nur 1.378 Personen wahlberechtigt (ca. 3 Prozent der Bevölkerung); davon gingen schließlich 1.034 Personen zur Wahl.

Nach dem Provisorischen Gesetz wurden schließlich im September die Wahlen zum Bürgerausschuss abgehalten, dessen Amtszeit jedoch nur wenige Wochen währte, da er schon am 23. November durch das k.k. Generalkommando aufgelöst wurde, angeblich weil es den Willen der Bevölkerung nicht genügend vertreten habe, tatsächlich wohl aber, weil er der revolutionären Bewegung entsprungen war. Daher wurde Anfang März ein neuer Bürgerausschuss unter Aufsicht des Magistrats gewählt, der bis 1861 im Amt blieb. Durch Dekrete des Innenministers vom 17. März 1849 wurden die Beziehungen des Bürgerausschusses insofern normiert und die im Provisorischen Gesetz vorgesehenen Rechte des Bürgerausschusses

---

[23] Ebd., S. 12. Dass dies keinesfalls eine Toleranz oder gar Gleichberechtigung aller Bürger war, zeigt sich daran, dass von insgesamt 28.159 männlichen Einwohnern (von insgesamt 68.835) im Jahre 1850/1851 10.147 jüdische Männer waren, die also etwas mehr als ein Drittel der männlichen Einwohnerschaft ausmachten, aber nur 15 Prozent der Ratsherren stellen durften. Vgl. Kurzgefasste Zusammenstellung statistischer Daten über die Königl. Hauptstadt Lemberg im Kronlande Galizien, Lemberg 1851, S. 11.
[24] So kritisierten schon Zeitgenossen die Vorschriften über das aktive und passive Wahlrecht, da es nicht allgemein war. Ebd., S. 13.

erheblich reduziert, als der Bürgermeister nicht mehr gewählt, sondern ernannt wurde, die polizeilichen Aufgaben bis zur Verabschiedung eines Stadtgesetzes vom Magistrat zusammen mit dem Stadthauptmann übernommen und die Beamten des Magistrates von der Regierung ernannt wurden, während der Bürgerausschuss nur beratende und kontrollierende Funktionen wahrnehmen durfte. Über diese Aufgabenbeschränkung sollte der Bürgermeister streng wachen.[25]

Der sog. Belagerungszustand führte dazu, dass das 1850 verabschiedete Gemeindegesetz, das einigen Großstädten der Monarchie schon ein Statut brachte, in Galizien nicht angewendet wurde. Die Aufgaben der Stadtverwaltung blieben die gleichen wie vor der Revolution: Verwaltung des städtischen Vermögens und Exekutive der Staatsverwaltung. Daher war letztlich der Magistrat ein von der Regierung abhängiges, aber von der Stadt bezahltes Verwaltungsorgan. Die kommunale Handlungsfreiheit wurde im Weiteren erheblich eingeschränkt: 1852 wurde die öffentliche Beratung abgeschafft und die Bestätigung der gewählten Gemeindevertreter durch die Regierung eingeführt, im Januar 1854 wurden die Gemeinderatswahlen sogar ausgesetzt und die Kadenz der sich im Amt befindlichen Gemeinderäte auf unbestimmte Zeit ausgedehnt, so dass die Entwicklung des Städtewesens in rechtlicher Hinsicht für rund ein Jahrzehnt gestoppt wurde.

Das Reichsgemeindegesetz als Grundlage für das Lemberger Statut

Die konstitutionelle Ära mit ihren Reformen auf Reichsebene, die den Neoabsolutismus beendeten, brachte einen Dualismus von bürokratischer Zentralverwaltung und territorialer Selbstverwaltung hervor. Seit Frühjahr 1861 wurde das Gemeindewesen auf Grundlage des Februarpatents neu organisiert und das Reichsgemeindegesetz

---

[25] Ebd. 19. Zu den Aufgaben: Prowizoryczny porządek czynności dla wydziału król. stoł. Miasta Lwowa [Provisorische Tätigkeitsordnung für den Ausschuss der Königlichen Hauptstadt Lemberg], o.O. o.J.; Wydział król. stołnego miasta Lwowa pogląd na jego działanie od roku 1849 aż do wyboru nowego Wydziału miejskiego w Październiku 1861 roku [Ausschuss der Königlichen Hauptstadt Lemberg, Ansicht zu seiner Tätigkeit vom Jahre 1849 bis zur Wahl des neuen Stadtausschusses im Oktober 1861], o.O. o.J. [1895?]

von 1862 definiert. Dieses war nicht nur der erste gewichtige Gesetzesakt nach dem Oktoberdiplom und im neuen politischen System, denn Ministerpräsident Gołuchowski hatte auch erkannt, dass die Reform des Gemeindewesens ein erster Schritt und eine Voraussetzung für die weitere (zentral-)staatliche Organisation wie auch für die österreichische Entwicklung des Gemeinderechtes war. Das neue Gemeindegesetz beeinflusste daher das weitere konstitutionelle und politische Leben Cisleithaniens in erheblichem Maße.[26] Letztlich sanktionierte es damit nachträglich das zentralistische System der 1849 oktroyierten Staatsverwaltung und hatte zum Zweck, den Staat weiter zu vereinheitlichen.[27]

Erst das Reichsgemeindegesetz von 1862, das als Rahmengesetz[28] fungierte, brachte also den entscheidenden Schritt für die weitere Entwicklung der Lemberger Selbstverwaltung. Es teilte erstmals die Ausübung der öffentlichen Verwaltung zwischen politischen Behörden und den autonomen Korporationen auf und brachte letztlich eine „bürokratisch gedämpfte Autonomie"[29] mit sich: Die territoriale Selbstverwaltung stellte kein einheitliches Zentralorgan dar, sondern wurde von den gewählten Gemeindevertretungen der Ortsgemeinden getragen. Sie standen unter Aufsicht der Landesausschüsse, die die autonomen Landesverwaltungen vertraten. Die Ortsgemeinde war aber nicht Hauptträger der territorialen Selbstverwaltung, sondern existierte als selbständiges Subjekt mit spezifischen Interessen und einem selbständigen Wirkungskreis. Die Gemeindeverwaltung hörte somit auf, das verlängerte Glied der politischen

---

[26] Hubbard (wie Anm. 18), S. 144. Auf diese Weise wurde eine rechtliche Gleichheit zwischen Dorf- und Stadtgemeinde geschaffen.
[27] Vgl. Klabouch (wie Anm. 18), S. 54-89.
[28] Die einzelnen Kronländer erließen daraufhin eigene Landesgemeindegesetze. Nach 1867 stand es den Landtagen frei, das Wesen der Gemeinde zu ändern. Lediglich der galizische Landtag änderte die 1866 erlassene Gemeindeordnung in den Jahren 1887 und 1896, indem er das Prinzip der Einheitlichkeit der Gemeindeordnung für alle Gemeinden außer den Statuarstädten aufgab und besondere Ordnungen für einige größere und kleinere Städte erließ. Vgl. Josef Redlich, Das Wesen der österreichischen Kommunalverfassung, Leipzig 1910, S. 22f.
[29] Karl Weiß zitiert in: Maren Seliger/Karl Ucakar, Wien. Politische Geschichte 1740-1934. Entwicklung und Bestimmungskräfte großstädtischer Politik, Teil 1: 1740-1895, Wien; München 1985, S. 362.

Behörden zu sein, und wurde als Gemeindeselbstverwaltung zur zweiten Säule der öffentlichen Verwaltung. In diesen Dualismus waren die dreiunddreißig Städte (1907) mit eigener Gemeindeordnung, die so genannten Statuarstädte, eingebunden, die sich in Größe und in Bezug auf die nationale bzw. soziale Zusammensetzung der Bevölkerung erheblich unterschieden.[30] Das Österreichische Staatswörterbuch von 1895 bezeichnete daher die Statuarstädte als „autonom" und charakterisierte sie als „reichsunmittelbar"[31]; so dass sie aus dem System der inneren Verwaltung des jeweiligen Kronlandes herausgehoben waren. Die habsburgische Gesetzgebung definierte als Statuarstadt solche Gemeinden, die nicht unter die Bestimmung der allgemeinen, für das betreffende Kronland gültige Gemeindeordnung fielen, sondern bezüglich ihrer Organisation und Verwaltung durch ein Sondergesetz, durch ein „Statut", geregelt waren. Hierbei genügte nicht allein die Eigenschaft, „Stadt" zu sein (wichtige Kurorte hatten auch die Möglichkeit, ein Statut zu beantragen), sondern war es notwendig, dass die Stadt zentrale politische und auch ökonomische Bedeutung hatte, während alle minderrangigen Städte mit den kleineren Gemeinden rechtlich gleichgesetzt wurden.[32] Statuarstädte wurden unmittelbar der politischen Landesstelle untergeordnet, unter Ausschluss jeder Unterordnung unter staatliche politische Behörden erster Instanz wie auch der Kreis- und Bezirksvertretungen. Sie unterstanden damit dem jeweiligen Landesausschuss, mit Ausnahme von Wien sowie von Triest, das einem Kronland gleichgesetzt wurde. Die Bürgermeister der Statuarstädte mussten vom Herrscher bestätigt werden, da sie die Kompetenzen eines Bezirkshauptmannes wahrnahmen. Letztlich bedeutete dies, dass aufgrund

---

[30] Ebd., S. 367f. Vgl. zum Folgenden insbesondere, Josef Redlich, Grundzüge des geltenden österreichischen Gemeinderechts, in: Verfassung und Verwaltungsorganisation der Städte, Bd. 6: Österreich, Leipzig 1907 (Schriften des Vereins für Socialpolitik, Bd. 122), S. 89*-142*, hier, S. 134*-142*. Vgl. auch ders., Wesen (wie Anm. 28), S. 42ff.

[31] Österreichisches Staatswörterbuch. Handbuch des gesamten österreichischen öffentlichen Rechtes, hrsg. v. Ernst Mischler/Josef Ulbrich, Bd. 4, Wien 1906, S. 452.

[32] So gab es neben Orts- und Gutsgemeinden, Kreis- und Bezirksgemeinden den vierten Typus.

der umfangreicheren Kompetenzen, d.h. des im Vergleich zu den Ortsgemeinden größeren „übertragenen" Wirkungskreis, der Verwaltungsapparat der Statuarstädte auf eigene Kosten, also aus dem Gemeindebudget, finanziert werden musste. Die Gemeindefinanzen jedoch waren nicht anders geregelt als bei den übrigen Gemeinden: Die städtischen Einnahmen wurden durch Aufschläge auf die direkten Steuern erreicht.

Jedoch waren die Befugnisse von Statuarstädten insofern eingeschränkt, als die Polizeibehörden weiterhin unter staatlicher Aufsicht standen, wodurch den politischen Behörden eine gewisse Kontrolle vorbehalten blieb, so dass man, wenn überhaupt, nur von einer wirtschaftlichen, sozialen und kulturellen Autonomie sprechen kann, letztlich aber nicht von einer wirklich politischen.[33] Die Statuten besaßen einige Gemeinsamkeiten, Spezifika basierten auf den jeweiligen Landesgesetzen, die auf der Rahmengesetzgebung des Reichgesetzes von 1862 aufbauten, und darauf, dass sie zu verschiedener Zeit verabschiedet wurden. Die Landesgemeindegesetze setzten die Vorschriften in eine technisch brauchbare Form um und berücksichtigten einige landesspezifische Besonderheiten, so das 1866 verabschiedete galizische Gemeinderecht, das die Verhältnisse der jüdischen und christlichen Bevölkerung in den Gemeinden regelte.[34] Lemberg erhielt erst 1870 das Statut, also acht Jahre nach dem österreichischen Gemeindegesetz und sechs Jahre nach dem galizischen, die oberste Sanktion, während Krakau sein Statut schon im Jahre 1866 verabschieden konnte. Vorangegangen waren intensive Debatten seit Anfang der 1860er Jahre.

Die städtische Autonomie aufgrund des Statuts von 1870

Das kaiserliche Patent vom April 1859 zur Schaffung einer Gemeindeordnung über die Stadt- und Landgemeinden machte es möglich,

---

[33] Seliger/Ucakar (wie Anm. 29), S. 369. Vgl. auch Redlich, Wesen (wie Anm. 28), S. 42.
[34] Klabouch (wie Anm. 18), S. 73. Ein grundlegender Unterschied der Landesgesetze bestand vor allem in der Regelung der Streitfragen zwischen Bürgertum und dem Gutsbesitz.

dass eine aus dem Bürgerausschuss gewählte Kommission mit der Ausarbeitung eines Statuts begann, dessen Entwurf jedoch in der Öffentlichkeit wegen der genauen Aufgabenbestimmung des Bürgerausschusses und des Magistrats scharf kritisiert wurde, zumal ersterer in der Öffentlichkeit als untätig wahrgenommen wurde.[35]

Das Februarpatent rief dann Forderungen nach Bürgerschaftswahlen in Lemberg hervor, die im Oktober 1861 auf Basis des Provisorischen Gesetzes von 1848 durchgeführt wurden. Das neu gewählte Gremium, das insofern als provisorisch empfunden wurde, als sein erstes Ziel die Ausarbeitung eines Gemeindegesetzes für Lemberg war, beschloss bei seiner ersten Zusammenkunft die Öffentlichkeit der Sitzungen und die Umbenennung des Bürgerausschusses in Stadtrat (*rada miejska*). In den nächsten Jahren wurde ein erster Entwurf eines Statuts für Lemberg diskutiert, der jedoch aufgrund der unten erläuterten „jüdischen Frage" bis 1863 und aufgrund der Kritik, dass die städtischen Kompetenzen nicht weit genug gefasst seien, und der Tatsache, dass der Wahlzensus zu niedrig angesetzt war, nicht entschieden wurde.

Die Auswirkungen des Januaraufstandes in Kongresspolen und der Belagerungszustand in Galizien führten zu einer Aussetzung der Debatten um das Statut,[36] die erst im Oktober 1865, also rund zwei Monate nach Einsetzung des Landtages, wieder aufgenommen wurden. Dringender Anlass hierfür war, dass der letzte christliche Nachrücker sein Mandat nicht annehmen konnte und der Rat nur noch aus 99 Mitgliedern bestand. Bis Januar 1866 wurde ein Entwurf beschlossen, der jedoch nicht sanktioniert wurde, weil er einerseits einige administrative Bereiche der Gesetzeslage nicht ausreichend berücksichtigte, die Wahlordnung keine Wahlkörper schuf, sondern den homogenen Wahlkörper der Ordnung von 1848 beibehielt, durch die die Interessen der höher besteuerten Bürger nicht ausreichend berücksichtigt werden konnten. Dies hatte zur Folge, dass im April

---

[35] Zum folgenden Abschnitt: CDIL (Centralnyj Deržavnyj Istoryčnyj Archiv Ukrainy u L'vovi), Zentrales Staatliches Historisches Archiv der Ukraine in Lemberg, Fond 146, opis 4, sprava 115 (Akte mit der Korrespondenz zwischen Magistrat und Statthalterei bezüglich des Statuts).
[36] Dieser Grund wird bei Ostaszewski-Barański (wie Anm. 21), S. 36, nur als „das schwere Schicksal des Landes" umschrieben.

1866 Ratswahlen nach der Wahlordnung des Provisorischen Gesetzes abgehalten wurden.[37]
Der neu gewählte Stadtrat begann unverzüglich, den Entwurf des Statuts zu ändern, worüber dann der Landesausschuss abstimmen musste. Eine weitere Sanktion wurde 1868 verweigert, da der neue Entwurf die grundlegenden Gesetze über das Heimatrecht von 1863 und die Bürgerrechte von 1867 nicht berücksichtigte und entsprechend dieser Gesetze die Position der jüdischen Bevölkerung überarbeitet werden musste. Die langen Debatten über diese „jüdische Frage" führten neben einigen hier nicht zu erörternden Korrekturen in Bezug auf die städtischen Finanzen und die Verwaltungsorganisation zu einer Verzögerung, so dass die kaiserliche Sanktion erst am 14. Oktober 1870 erteilt wurde.

Die „jüdische Frage" in den Debatten um das Statut[38]

Eine für die ostmitteleuropäischen Großstädte sehr typische Herausforderung war die Tatsache, dass Lemberg eine multiethnische und – konfessionelle Stadt war. 1869 bestand die Bevölkerung aus rund 53 Prozent römisch-katholischer, 14,2 Prozent griechisch-katholischer (unierter), und 30,7 Prozent jüdischer Bevölkerung, wobei im Lauf der folgenden Jahrzehnte der römisch-katholische Anteil gleich blieb, der jüdische Anteil zugunsten des griechisch-katholischen abnahm.
Die „jüdische" Frage im Statut basierte auf zwei Problembereichen: Es ging um die Zahl der jüdischen Ratsmitglieder, nicht um eine zum Landesgesetz konforme grundsätzliche Beschränkung, und um den christlichen bzw. jüdischen Gemeindebesitz. Der erste Konfliktbereich bestand in der Vorschrift, das zahlenmäßige Verhältnis von christlichen und jüdischen Ratsmitgliedern festzulegen: Mindestens 80 der 100 Ratsmitglieder sollten im Statut von 1866 christlich sein, 1848 wurde noch ein Verhältnis von 85:15 festgelegt.[39] 1848

---

[37] Ebd., S. 40, 44ff.
[38] Statut für die königliche Hauptstadt Lemberg, in: Landesgesetzblatt Nr. 79 (1870), S. 112-159.
[39] Ebd., S. 32-34.

seien Juden „freiwillig" zum Bürgerausschuss zugelassen worden, so dass die Mehrzahl der Ratsherren auf diesem Verhältnis beharrte. Die Debatten zeigen jedoch, dass etwa der spätere Bürgermeister Florian Ziemiałkowski eine Gleichberechtigung forderte, weil er und seine Anhänger die Notwendigkeit erkannten, aus ihnen „gute Bürger des Landes zu machen. „Wenn nicht wir [die Lemberger christlichen bzw. polnischen Ratsherren, H.H.-K.], dann würde sich die Regierung bei den Juden auf Kosten der Polen beliebt machen".[40] Dies weist auf ein Loyalitätsproblem hin, das die „christlichen", also polnischen, Ratsmitglieder den Juden unterstellten: Der Lemberger Historiker Ostaszewski-Barański umschrieb diese Befürchtungen derart, dass sie [die Juden, H.H.-K.] dadurch den Polen gegenüber nicht „geneigt" genug erscheinen würden.[41] Die Ratsherren erkannten also in der germanisierenden, also zur österreichischen politischen Elite hin assimilierenden Tendenz der Juden Lembergs insofern ein Problem, als dass sie befürchteten, dass mit dieser auf Wien gerichteten Haltung eher eine ihnen, den Polen, gegenüber ablehnende Haltung verbunden sei. Andersherum: Zugeständnisse in Bezug auf die Mitwirkung an der Gemeindeselbstverwaltung würden – so die Hoffnungen - die Lemberger Juden auf die Seite der christlichen „Stadtväter" bringen.

Die Debatten um den Gemeindebesitz zeigten dabei wirtschaftliche Ressentiments auf, denn jüdische Ratsmitglieder sollten über den Besitz der Stadt Lemberg, der als christlicher angesehen wurde, bestimmen können, während die jüdische Gemeinde ihren eigenen Besitz behalten durfte und nicht in den städtischen integrieren musste. Damit entspräche eine Gleichberechtigung nicht den „Interessen der gesamten Stadt". Ausgeschlossen werden sollte also, dass Juden Entscheidungen über Christen bzw. deren Besitz treffen könnten. Diese Regelung ging soweit auch noch konform mit den Gesetzen. Die Lemberger Verwaltung und der Landesausschuss wollten aber darüber hinausgehend ausschließen, dass Juden Bürgermeister und Vizebürgermeister werden konnten. So lautete der an die Statthalterei übermittelte Ratsbeschluss vom Juni 1866: „dass zum Bürger-

---

[40] Zitiert in ebd., S. 35.
[41] Ostaszewski-Barański (wie Anm. 21), S. 35.

Lemberger Selbstverwaltung 1848-1870

meister und Vizebürgmeister nicht gewählt werden kann, wer nicht christlicher Konfession ist". Spätestens seit dem Bürgerrechtsgesetz vom 21. November 1867 war dies nicht mehr haltbar. Als Kompromiss kann man daher den Paragraphen 32 der zum Statut gehörenden, an dieses angehängten Wahlordnung sehen, der festlegte, dass ein nichtchristlicher Stadtpräsident oder erster Vizepräsident nicht die Verhandlungen über die „speziellen Angelegenheiten der christlichen Bevölkerung" leiten darf, dass entsprechend der Gemeinde- bzw. der aus ihm gebildete christliche Administrationsrat einen Vorsitzenden für diese Beratungen zu wählen hatte.

Gemäß dem galizischen Gemeindegesetz wurde daher in dem VI. Hauptstück, in den Paragraphen 96 bis 101 „von der Besorgung der speziellen Angelegenheiten der christlichen und jüdischen Bevölkerung" gesprochen. Paragraph 96 regelte die „Rechte der christlichen und israelitischen [jüdische, H.H.-K.] Bevölkerung". Danach blieb die „christliche und auch die israelitische Bevölkerung im Eigenthume, Besitze und in der Benützung der ausschließlich für ihre eigenen Religions-, Lehr- und Wohltätigkeitszwecke bestimmten Anstalten und Fonde, und bestreitet aus eigenen Mitteln die Auslagen für solche Anstalten und andere Religions-, Lehr- und Wohltätigkeitszwecke, an welchen die ausschließliche Teilnahme nur ihr allein zukommt" (§ 96), mit Ausnahme derjenigen Ausgaben, die bislang aus den allgemeinen Einkünften der Gemeinde bestritten wurden und weiterhin bestritten werden sollten. Also unterscheidet das Statut im Paragraph 96 zwischen den speziellen Angelegenheiten der christlichen und der „israelitischen" Bevölkerung. Hierin wurde geregelt, dass die Dinge, die nur die christliche Bevölkerung betreffen und deren Erfüllung dem Rat zukommt, durch den Rat, jedoch mit der Beschränkung verwaltet werden, dass die „israelitischen" Mitglieder des Gemeinderates an der Abstimmung über diese Angelegenheiten und an der Erledigung dieser Angelegenheiten im Allgemeinen nicht theilnehmen zu haben" (§ 96). Paragraph 97 schrieb weiterhin vor, dass, wenn nicht mindestens achtzig Ratsmitglieder christlicher Religion seien, ein christlicher Administrationsrat einzusetzen sei, der die speziell christlichen Angelegenheiten zu verwalten habe. Konkreter wird jedoch die anhängende Wahlordnung im Paragraph 24: Denn, wenn die Zahl der 80 christlichen Ratsmitglieder nicht erreicht werden sollte, musste der Stadtpräsident unverzüglich die Nachwahl so vieler Christen anordnen, bis die Zahl erreicht wurde. Damit die Beschlüsse gültig waren, wurde neben der absoluten Stimmenmehrheit auch erforderlich, dass mehr als die Hälfte der christlichen Gemeinderatsmitglieder bzw. des Administrationsrates zustimmen mussten (§ 97).

Als „spezielle" Angelegenheiten wurden die Angelegenheiten der Kirche und anderer religiösen Orte, des Kultus, die Ausübung des Patronatsrechtes, die Präsentation oder die Ernennung der Seelsorger, Religionslehrer und Kirchendiener, die Zwecke der Anstalten für Christen, Stipendien, Stiftungen oder andere Fonds wie auch die Angelegenheiten des, ein ausschließliches Eigentum der christlichen Bevölkerung bildenden, oder ausschließlich für diese Bevölkerung bestimmten oder auch in diesen ausschließlicher Benützung stehenden Vermögens angesehen.

Analog dazu wurden dem die Angelegenheiten der jüdischen Bevölkerung gegenübergestellt. Darunter verstand man die Bethäuser, Friedhöfe, die Bestellung der Rabbiner, Prediger, Religionslehrer und Religionsdiener, die Angelegenheiten der für Juden vorgesehenen bestimmten Anstalten, Stiftungen etc. sowie des ausschließlich der jüdischen Bevölkerung dienenden bzw. für diese bestimmten Vermögens. Paragraph 100 sah das Aufsichtsrecht der Gemeindevertretung für die Angelegenheiten beider Gruppen vor, wie auch das Recht der Bewilligung zu Steueraufschlägen für die Zwecke beider Gruppen.

Der jüdischen Gemeinde blieb damit eine gewisse Autonomie innerhalb der Lemberger städtischen Selbstverwaltung erhalten. Nach meinen bisherigen Forschungen scheinen die Regelungen des Statuts eindeutig gewesen zu sein und haben wohl keine tief greifenden Konflikte mehr ausgelöst. Das heißt aber nicht, dass antijüdische Ressentiments verschwanden: Dass die Vorbehalte gegen Juden weiter bestanden und aufrecht erhalten wurden, zeigt etwa auch das Statut, dessen Vorschriften über die Zusammensetzung des Rates eben nicht mehr in Frage gestellt wurden.

Lemberger Selbstverwaltung 1848-1870

Die Debatten zur Erlangung der Sanktion des Statut zeigen, dass die polnischen bzw. „christlichen" Ratsherren kein Interesse daran hatten, die wirklichen Bevölkerungsverhältnisse in der Kommunalpolitik zu berücksichtigen, wobei es einigen daran gelegen war, die jüdische Bevölkerung für die polnische „Seite" einzunehmen. Insgesamt taten sie aber nur den gesetzlichen Ansprüchen genüge, um die Sanktion des Statuts nicht weiter zu verzögern.

Die städtische Autonomie aufgrund des Statuts von 1870

Das Statut untergliedert sich in zwei Teile: die Gemeindeverfassung und die Wahlordnung. Wählen durften erstens diejenigen, die als Immobilienbesitzer in Lemberg eine ererbte oder seit einem Jahr erworbene, der Grund- oder Gebäudesteuer unterliegende „Realität" besaßen, die eine der Erwerbssteuer unterstehende Beschäftigung betrieben und mindestens acht Gulden direkte Steuern ohne Zuschläge zahlten und diejenigen, die aus irgendeinem Titel mindestens zwölf Gulden Steuer jährlich bezahlten. Außerdem durften folgende Personen wählen: die höhere Geistlichkeit, Pfarrer und Prediger der jüdischen Gemeinde, Beamte, Freiberufler, Vorsteher, Professoren und Lehrer aller staatlich oder städtisch finanzierten Schulen, pensionierte Offiziere sowie Korporationen und Anstalten, wenn sie mindestens 250 Gulden jährlich direkte Steuern abführten, wie auch Industrielle, Vereine, Gesellschaften mit mindestens jährlich fünfzig Gulden Steuer. Da auch Frauen Steuern zahlen konnten, besaßen sie ein theoretisches Wahlrecht. Sie mussten von ihrem Ehemann vertreten werden („für die in ehelicher Gemeinschaft lebende Gattin stimmt ihr Ehegatte oder Bevollmächtigter, für andere Frauen die Bevollmächtigten", § 4 der Wahlordnung). Das passive Wahlrecht besaßen die mindestens 30jährigen Männer mit aktivem Wahlrecht, sofern sie nicht Beschränkungen unterlagen. Eine galizische Besonderheit war, dass man zwischen schriftlicher und mündlicher Stimmabgabe wählen konnte (§ 18).

Die städtische Autonomie basierte auf den Vollmachten des hundertköpfigen Gemeinderates, der zunächst für drei, dann für sechs Jahre (ab 1896 wurden alle drei Jahre fünfzig Prozent ausgetauscht) gewählt wurde und in der Regel in öffentlicher Sitzung tagen musste. Dieser war nach Paragraph 33 des Status das in Angelegenheiten der Gemeinde beschließende und überwachende Organ. Er vertrat die Gemeinde in der Ausübung ihrer Rechte und Pflichten und beschloss in allen Verwaltungsangelegenheiten der Gemeinde. Gewählt wurde der Gemeinderat von allen, die Bürger und Ehrenbürger waren und außerdem noch einen hohen Zensus zu bestehen hatten: Dass der Rat, der über die Bürgerschaft entschied, dieses Recht[42] restriktiv vergab, versteht sich aus der Tatsache, dass damit die Zusammensetzung der Wählerschichten nochmals beeinflusst wurden.

Der Rat wählte aus seiner Mitte den hauptamtlich arbeitenden Stadtpräsidenten und seinen ehrenamtlichen Stellvertreter; der Stadtpräsident stand dann dem Rat und den Gemeindeämtern vor. Außerdem wählte er aus seiner Mitte jeweils für ein Jahr maximal zwanzig so genannte „Delegierte", die ein Bindeglied zwischen dem Rat und dem Magistrat darstellten, weil die Delegierten, die für bestimmte Aufgaben zuständig waren, die hauptsächliche Arbeit – die Vorbereitung der Beratungen im Rat – erledigten. Außerdem gab es verschiedene Ausschüsse „Sektionen", die den einzelnen Departements des Magistrats entsprachen.

Den Wirkungskreis der Gemeinde beschreibt das IV. Hauptstück in den Paragraphen 29 – 74. Hierbei ist zu unterscheiden zwischen einem selbständigen und einem übertragenen Aufgabenfeld. „Der selbständige, d.i. derjenige Wirkungskreis, in welchem die Gemeinde mit Beobachtung der Gesetze nach freier Selbstbestimmung anordnen und verfügen kann, umfasst überhaupt Alles, was das Interesse der Gemeinde zunächst berührt, und innerhalb ihrer Grenzen durch ihre eigenen Kräfte besorgt und durchgeführt werden kann", z.B.: freie Vermögensverwaltung, Sorge für die Sicherheit der Person und des Eigentums, Herstellung und Unterhalt von Gemeindestraßen, Brücken, Gassen, für die Sicherheit und Leichtigkeit des Verkehrs etc.; Feld-, Gesundheits-, Feuer-, Bau- und Lebensmittelpolizei, Ge-

---

[42] Zum Heimatrecht allgemein: Grenze und Staat. Passwesen, Staatsbürgerschaft, Heimatrecht und Fremdengesetzung in der österreichischen Monarchie 1750-1867, hrsg. v. Waltraud Heindl, Wien (u.a.) 2000.

Lemberger Selbstverwaltung 1848-1870

sinde- und Dienstbotenpolizei, polizeiliche Überwachung der örtlichen Sittlichkeit, Armenwesen, Sorge für die Gemeinde-Wohltätigkeits-Anstalten, Einfluss auf die von der Gemeinde erhaltenen Mittelschulen, Volksschulen, Sorge für Errichtung, Dotierung und Erhaltung der Volksschulen, Sorge für Spezial- und Fachschulen.

Betrachtet man zusammenfassend die rechtlichen Grundlagen, so wird deutlich, dass man besser von „Selbstverwaltung" denn von „Autonomie" spricht,[43] gerade bei Beachtung der Tatsache, dass die Bestätigung des Stadtpräsidenten durch den Kaiser erfolgen musste und die Polizeidirektion diesem nicht unterstellt war. Die Bemühungen um eine Gemeindeordnung für Lemberg verliefen parallel zu denen um die galizische Autonomie, wobei letzterer Begriff auf die politischen Ambitionen hinweist: die Polen setzten in Galizien und damit in Lemberg „autonom" mit „national" gleich, was zeigt, dass sie die Selbstverwaltung wie die daraus abzuleitenden Rechte für sich beanspruchten – Lemberg wurde nicht nur als galizische Hauptstadt wahrgenommen, sondern übte - zumindest in kultureller Hinsicht - diese Funktion für die gesamte geteilte Nation aus.[44]

Daher sind auch das Handeln der Stadtverwaltung und der Landesverwaltung in einer Wechselwirkung zu sehen: Ohne die Möglichkeiten, die die Gemeindeordnung der Selbstverwaltung auf dem kulturellen Sektor und vor allem im Volksschulwesen einräumte, hätte Lemberg nicht zum Zentrum der polnischen Nationalbewegung werden können: Die Lemberger Stadtväter sahen sich aufgrund der Möglichkeiten, die die Selbstverwaltung bot, als Vorbild und An-

---

[43] So hat auch Papée (wie Anm. 7) in seiner Geschichte Lembergs das in der ersten Auflage von 1894 als „autonomia" („Autonomie", S. 191) benannte Kapitel in der zweiten Auflage als „okres samorządowy" („Zeitraum der Selbstverwaltung", S. 219) bezeichnet.

[44] Insofern konnte Papée in der Auflage von 1894, S. 195f., betonen, dass der „Lemberger Bürger stolz auf sein Statut sei, und zugleich eine tiefe Verbindung für den Monarchen empfinde, dem er seine Erneuerung der Rechte verdanke [...] dass Lemberg gut seine Rechte zu nutzen wusste...".

sporn für die anderen Stadträte in Galizien.[45] Dies führte nach 1870 rasch zu einer vollkommenen Polonisierung der Stadtverwaltung. In den Jahren der städtischen Selbstverwaltung entwickelte sich Lemberg verstärkt durch Sanierungen der Viertel, Modernisierungen im Bereich der Kommunikationsmittel und öffentlichen Hygiene und Gesundheitswesen sowie durch den Ausbau der städtischen Infrastruktur, ohne dass nennenswerte Industrien angesiedelt worden wären. Die Jahre der Selbstverwaltung unter habsburgischer Herrschaft, die mit der russischen Besetzung im September 1914 endeten, waren insgesamt die Hochphase des Wachstums der Stadt, brachten neue Aufgaben für die Kommunalpolitik mit sich: Das Statut stellte die rechtliche Grundlage für den weiteren systematischen Ausbau zu einer städtischen Leistungsverwaltung dar, nicht nur weil es durch die Autonomie die Übernahme der unteren Instanzen im Land verlangte, sondern auch weil ständig neue Aufgaben, wie etwa das Statistische Büro hinzukamen oder erweitert wurden. Ausgangspunkt hierfür war aber nicht allein die städtische Autonomie, sondern auch die Bevölkerungszunahme, durch die gerade auf sozialem Gebiet die Aufgaben wuchsen und die Stadtverwaltung vor zahlreiche, sich verstärkende Herausforderungen in politischer, sozioökonomischer, kultureller und nationaler Hinsicht stellten.

Auf diese reagierte die Stadtverwaltung in nur geringem Maße. Sie zeichnete sich durch ein politisches Beharrungsvermögen auf der einen und einer polonisierenden Kommunalpolitik auf der anderen Seite aus, ohne die kulturellen und politischen Bedürfnisse, insbesondere der ruthenischen Bevölkerungsteile, zu berücksichtigen. Aus verwaltungshistorischer Sicht dagegen hat sich das Statut bewährt – es überdauerte den Ersten Weltkrieg und war bis Ende der 1920er Jahre gültig.[46]

Dass das Statut das Verwaltungshandeln über den Ersten Weltkrieg hinaus prägte, zeigt, dass es eine durchaus tragfähige Gemeindeordnung darstellte, die zumindest die Herausforderungen der Mo-

---

[45] Stanisław Hoszowski, Ekonomiczny rozwój Lwowa w latach 1772-1914 [Die wirtschaftliche Entwicklung Lembergs in den Jahren 1772-1914], Lwów 1935.
[46] Papée (wie Anm. 7), S. 223, betont dass es bis zum heutigen Tag gültig sei, und nur zweitrangige Änderungen erfahren habe.

Lemberger Selbstverwaltung 1848-1870

dernisierung der Stadtverwaltung und die zunehmenden Aufgaben annehmen konnte. War es für Polen während der Teilungszeit ein durchaus wegweisendes Modell von Selbstverwaltung, so förderte die zum Statut gehörende Wahlordnung die Beharrungskräfte – die Honoratioren – in Lemberg, zumal eine Wahlrechtsreform vor dem Ersten Weltkrieg zwar diskutiert, aber nie verabschiedet wurde. Durch die Beibehaltung des Statuts und der damit verbundenen Wahlordnung konnten die Honoratioren – die Stadträte – ihren Einfluss sichern.

Zusammenfassend kann man sagen, dass sich die Lemberger Selbstverwaltung nicht grundlegend von der anderer Statuarstädte unterschied, sie aber in Wechselwirkung zur galizischen Autonomie stand und so die polnischen nationalen Bestrebungen unterstützen konnte. Insofern ist die Entwicklung der städtischen Selbstverwaltung in Lemberg nicht isoliert zu sehen, sondern im engen Zusammenhang mit der Entwicklung der Monarchie, aber auch in Galizien. Sie förderte die polnischen nationalen Ambitionen und trug dadurch auch zu dem sich zuspitzenden Konflikt mit den Ruthenen bei.

Harald Binder

DIE POLONISIERUNG LEMBERGS IM 19. JAHRHUNDERT – KONZEPTION UND REALITÄT

1. Die Polonisierung Lembergs im 19. Jahrhundert scheint ein Gemeinplatz, eine Selbstverständlichkeit zu sein. Schon Zeitgenossen wie etwa Bolesław Limanowski, der in der Stadt zwischen 1870 und 1878 weilte, haben den Wandel Lembergs von einer deutschösterreichischen zu einer polnisch geprägten Stadt festgestellt. Limanowski schrieb:

„Lemberg machte den Eindruck einer durch und durch germanisierten Stadt. Damals tauchten geröstete Kastanien in den Straßen auf, und man konnte Juden rufen hören: ‚Heiße Maronen! Heiße Maronen!' Kleine Geschäfte nannte man ‚grajzlernia" (Greißlerei). Es gab viele Schilder in deutscher Sprache. In den Restaurants war mehr Deutsch als Polnisch zu hören (…). Im Theater gab es häufiger deutsche Vorstellungen als polnische und am Sonntag in der Jesuitenkirche war die Predigt auf Deutsch. In den Amtsstuben und Schulen hatte das Deutsche dem Polnischen noch nicht gänzlich das Feld überlassen. An ein breiteres Publikum gerichtete Reden im Rathaus wurden ebenfalls meist in deutscher Sprache gehalten. Speisen, Getränke, Unterhaltung und Mode folgten dem Vorbild Wiens. Allmählich jedoch verdrängte das polnische das deutsche Element und 1878, im Jahr meiner Abreise, hatte Lemberg schon das Aussehen einer polnischen Stadt."[1]

Selbstverständlich müssen solche Erinnerungen quellenkritisch gelesen werden. Limanowski schrieb aus der Distanz eines halben Jahrhunderts und komprimierte in seiner Erinnerung Veränderungen, die mit Sicherheit wesentlich länger dauerten. Außerdem war der Begründer des nationalen Flügels des polnischen Sozialismus ein glühender Patriot, der die Veränderungen in seinem Umfeld auch retrospektiv entsprechend seiner eigenen Gesinnung und seinen

---

[1] Bolesław Limanowski, Pamiętniki [Erinnerungen], Bd. 2: 1870-1907, Warszawa 1958, S. 19-20.

Wünschen wahrnahm und deutete. Seine Interpretation der geschichtlichen Verhältnisse bringt Limanowski schon dadurch zum Ausdruck, dass er zu Beginn der zitierten Passage nicht von einer „deutschen" (oder eher „deutsch-österreichischen), sondern von einer „germanisierten" Stadt spricht. Diese Wortwahl trägt etwas von Gewaltsamkeit in sich, unterstellt sie doch die kulturell-sprachliche Inbesitznahme einer im Kern polnischen Stadt. Dass Lemberg vor 1772 keineswegs dominant polnisch war, sondern sich als buntes Gemisch von Ethnien präsentierte, wird ausgeblendet. Die Städte werden nicht als eigene Mikrokosmen wahrgenommen, sondern der politischen Landkarte, in der sie sich befanden, eingefügt.[2]

Mit Skepsis müssen auch andere Behauptungen des polnischen Sozialisten betrachtet werden. Dass in der Verwaltung, im Gerichtswesen und in den Unterrichtsanstalten das Polnische die deutsche Sprache sukzessive zurückdrängte, steht außer Frage. Dass dasselbe im gleichen Maße für die Alltagssprache und für die Adaption kultureller Muster gilt, erscheint hingegen fraglich. Man darf etwa vermuten, dass das Wort *grajslernia* wie auch viele der von Limanowski angeführten Speise- und Getränkenamen noch lange nach dessen Abreise aus Lemberg gebräuchlich waren. Die Persistenz von Worten und Wendungen gegenüber politisch gewollten Veränderungen ist bekannt und wird im konkreten Kontext nicht zuletzt dadurch belegt, dass noch bis weit über die Jahrhundertwende hinweg polnisch-national bewegte Parteien und Organisationen in Lemberg regelmäßig Pressekampagnen gegen „Germanismen" führten.[3]

Trotz aller Vorbehalte dokumentiert Limanowski als Zeitzeuge etwas, das uns als Historiker besonders interessiert, nämlich den kulturell-gesellschaftlichen Wandel in einem relativ klar abgegrenzten Sozialgefüge. Es stellt sich unmittelbar die Frage nach den Triebkräften, welche Lemberg im Laufe des 19. Jahrhunderts zu einer – nach allgemeinem Dafürhalten – derart explizit polnischen

---

[2] Es wäre tatsächlich ein lohnendes Unterfangen, den Tatbestand des „mind mapping" einmal nicht auf geographische Räume (beispielsweise die „Erfindung" Osteuropas) zu beziehen, sondern auf interne soziokulturelle Gebilde wie etwa die Stadt im Verhältnis zum flachen Land und dem Staat.
[3] Siehe beispielsweise „Kurjer Lwowski" vom 2.3.1907, Abendausgabe, S. 1.

Polonisierung Lembergs im 19. Jahrhundert

Stadt werden ließen. Erstaunlicherweise ist das Thema Stadt und Nationalisierung ein wenig bearbeitetes Gebiet. Das mag vielleicht gerade daran liegen, dass Urbanisierung und Nationalisierung als unzertrennliche Geschwisterpaare des Modernisierungsprozesses gelten. Der ländliche Raum muss sich erst einfügen in die moderne Nation – Bauern müssen erst Franzosen werden[4] – während die Stadt als aktiver Promotor der nationalstaatlichen Homogenisierung gilt. Inwiefern trifft diese Annahme aber auch für den Typus der multiethnischen Stadt zu, für den Lemberg geradezu als Musterbeispiel gilt? Welche sind in diesem Fall die Relationen zwischen Stadt und Nation und welche Strategien der dominierenden Kräfte gibt es, die Gegenansprüche der Minderheiten auf Vergangenheit und Zukunft der Stadt zu neutralisieren? Dies sind einige der Fragen, denen im vorliegenden Aufsatz nachgegangen wird.

2. Hier sollen zunächst drei Erklärungsansätze für die Polonisierung Lembergs zur Diskussion gestellt werden. Der erste Ansatz argumentiert mit dem fundamentalen politischen Wandel Galiziens seit den 60er Jahren des 19. Jahrhunderts, der zumeist mit dem Stichwort „Galizische Autonomie" bezeichnet wird. Dieser Begriff ist an sich unzutreffend. Dass es auf der Ebene des Kronlands einen fundamentalen Wandel hin zu einer Kontrolle des politischen Machtgefüges durch die polnischen Eliten gegeben hat, ist zwar unbestritten. Die Bezeichnung „Galizische Autonomie" erweckt jedoch den falschen Eindruck, dass hierfür eine rechtliche Sonderstellung Galiziens im Rahmen der Kronländer der Habsburgermonarchie verantwortlich gewesen sei. Entscheidend war vielmehr ein gesamtstaatlicher Wandel, nämlich die Konstitutionalisierung Österreichs und, damit verbunden, die Verlagerung von Entscheidungskompetenzen von der Zentrale hin zu den Ländern, Bezirken und Gemeinden. Das Beson-

---

[4] Eugene Weber, Peasants into Frenchmen. The modernisation of rural France 1870-1914, London 1979. Dieses Buch wurde gerade wegen der stark agrarisch geprägten Sozialstruktur Ostmitteleuropas in der dortigen „nation-building"-Forschung stark rezipiert. Als Beispiele für Galizien seien genannt: Keely Stauter-Halsted, The Nation in the Village: The Genesis of Peasant National Identity in Austrian Poland, 1848-1914, Ithaca NY 2001; Andryi Zayarnyuk, Framing the Ukrainian Peasantry in Habsburg Galicia 1846-1914, Diss. phil., Edmonton 2003.

dere an Galizien war, dass die sozialstrukturellen Vorteile der Polen ungebremst durch Gegenkräfte, wie sie etwa in Böhmen vorhanden waren, auf die konstitutionellen Organe durchschlagen konnten. Entscheidend waren also nicht Rechtsnormen, kein autonomer Sonderstatus, sondern die konkreten Machtverhältnisse, die sich auf einer im Gesamtstaat eingeführten Rechtsbasis entfalten konnten.[5]

In der polnischen Geschichtsschreibung steht hingegen „Galizische Autonomie" für etwas relativ klar Umrissenes, nämlich für eine bestimmte Epoche in der Geschichte des geteilten Polens im Allgemeinen und der Geschichte des österreichischen Teilungsgebiets im Besonderen. Gemeint ist nicht eine besondere territoriale Autonomie Galiziens im Rahmen des habsburgischen Verfassungsgefüges (wie es eigentlich historisch und auch logisch durch den Territorialbegriff „galizisch" zu verstehen wäre), sondern in erster Linie bezogen auf die polnische Geschichte eine spezifische nationalkulturelle Autonomie. Diese wurde durch die Einrichtung des Landtags 1861, die freiheitliche Verfassung von 1867 sowie durch einzelne sprachenrechtliche Konzessionen ab 1868 verankert. Die Differenz, welche im Wort „galizisch" zum Ausdruck gebracht wird, bezieht sich nicht auf die anderen Kronländer Cisleithaniens, sondern auf die politischen Verhältnisse in den anderen Teilungsgebieten. Entsprechend lautet die Formulierung auf einer Website zur polnischen Geschichte „Germanisierung (Preußen), Russifizierung (Russland), Galizische Autonomie (Österreich)".[6]

In unserem Zusammenhang gilt es nun festzustellen, dass Lemberg als Hauptstadt und politisches sowie kulturelles Zentrum des Kronlands natürlich von diesem Wandel besonders stark betroffen war. Der Rückzug des Deutschen aus den Verwaltungsorganen und

---

[5] Die oft zitierten Konzessionen an die polnische Sprache begründeten keine Autonomie im staatsrechtlichen Sinne, und auch der seit 1871 amtierende Minister für Galizien (der offiziell gar nicht so hieß) operierte weder auf einer gesicherten Rechtsbasis noch blieb er lange alleine, denn später gab es auch tschechische und deutsche „Landsmannminister". Zur Problematik „Galizische Autonomie" siehe Näheres in: Harald Binder, "Galizische Autonomie" – ein streitbarer Begriff und seine Karriere, in: Der Mährische Ausgleich von 1905: Möglichkeiten und Grenzen eines ethnisch-nationalen Ausgleichs in Mitteleuropa" (im Druck).
[6] http://prace.sciaga.pl/3607.html.

Polonisierung Lembergs im 19. Jahrhundert

Unterrichtsanstalten zugunsten der „Landessprachen" (nicht unbedingt explizit des Polnischen!) hatte demographische Folgen (Abwanderung deutschsprachiger Personen) und begünstigte Assimilationsprozesse an das polnische Kulturelement. Hinzu kam, dass die politischen Eliten in Lemberg der Stadt eine historische Sonderrolle zuschrieben, die es in die Zukunft fortzuschreiben gelte. Gerade gegenüber dem vergleichsweise konservativeren, im Österreich-Loyalismus gefangenen Krakau verstand man sich als Vorreiter des polnischen Patriotismus, angefangen von den Liberaldemokraten in den 1870er Jahren bis zu den Nationaldemokraten nach der Jahrhundertwende. *Semper fidelis* (gegenüber Polen, nicht, wie ursprünglich gemeint, gegenüber dem christlichen Europa insgesamt) war schon damals ein beliebtes Schlagwort.

Im Kern liegt diesem Erklärungsversuch der Polonisierung Lembergs, dem zweifellos auch Limanowski zugestimmt hätte, die Überzeugung zugrunde, dass die Stadt im Grunde schon immer polnisch gewesen sei und nun dank den Freiheitsrechten zu ihrem historischen Wesen zurückgekehrt sei. Lediglich zwischen 1772 und 1867 wurde sie in ihrer „natürlichen" Entwicklung und Bestimmung durch den germanisierenden Zentralismus behindert. Den Habsburgern, insbesondere Franz Joseph gebührte Dank, aber die eigentliche Kraft kam von innen, von der durch politische Gewalt nicht bezwingbaren kulturellen Stärke der polnischen Nation.

Eine zweite Interpretation sieht nichts Natürliches in der Polonisierung Lembergs, sondern begreift diese als Resultat von Machtverhältnissen und von konkreter Machtpolitik. Wie bereits erwähnt wurde, hatte die Konstitutionalisierung des politischen Lebens in der Habsburgermonarchie zur Folge, dass die Herrschaftsgewalt insgesamt dezentralisiert wurde. In dem Moment, als sich die Zentrale in Wien aus der Provinzpolitik zurückzog, wirkte sie nicht mehr als Korrektiv zugunsten der jeweiligen Minderheiten. Die Macht wurde verlagert zugunsten der Länder und Gemeinden sowie anderer autonomer Körperschaften wie etwa der Universitäten. Davon profitierten überall die Stärkeren in den jeweiligen Organen und Institutionen und das waren in Galizien, national gesprochen, die Polen. Macht ist jedoch nicht mit historischer Legitimität zu verwechseln. Die polnischen Eliten benutzten die städtischen Organe (Gemeinderat und Magistrat), um der Stadt einen exklusiv polnischen Charakter zu verleihen, nicht zuletzt aus dem Bedürfnis heraus, Lemberg zur virtuellen Hauptstadt des als Staat nicht existierenden Polens zu machen. Dazu gehörten die Errichtung von Denkmälern, welche ausschließlich polnische Politiker, Dichter und Künstler darstellten, sowie die Benennung von Straßen, welche Persönlichkeiten und Ereignisse der polnischen Geschichte feierten. Ferner ist zu denken an die aktive Finanzierung von Broschüren und Büchern, welche den polnischen Charakter der Stadt betonten. Schließlich ist an die Organisierung national-polnischer Gedenktage zu erinnern, die von der Zelebrierung der polnisch-litauischen Union bis zur Erinnerung an die Schlacht bei Tannenberg (*bitwa pod Grunwaldem*) reichte.[7]

Gleichzeitig wurden Bemühungen anderer Nationalitäten, die sich durch solche öffentliche Symbole und Ereignisse als Teil der Vergangenheit der Stadt zu deklarieren versuchten, behindert oder verboten. Kurz gesagt: Die durch die Landes- und Gemeindeautonomie legitimierte Übermacht der polnischen Eliten wurde dazu benutzt, um Lemberg polnischer erscheinen zu lassen als es dem multinationalen Charakter der Stadt eigentlich entsprochen hätte. Der hauptsächliche Austragungsort des Konflikts war der öffentliche Raum der Stadt, welcher zum Schauplatz einer Monopolisierung und Homogenisierung im Sinne des Polentums gestaltet wurde. Die Hauptleidtragenden waren die Ruthenen (Ukrainer), welche das Recht für sich reklamierten, die Ersten gewesen zu sein, die eigentlichen Gründer der Stadt vor der Eroberung des Landes und der Verleihung des Magdeburger Stadtrechts an Lemberg durch König Kasimir den Großen.

---

[7] Dazu ausführlich: Harald Binder, Making and defending a Polish Town: „Lwów" (Lemberg), 1848-1914, in: Austrian History Yearbook 34 (2003), 57-81 sowie Yaroslav Hrytsak/Victor Susak, Making a National City. The Case of L'viv, in: Composing Urban History and the Constitution of Civic Identities, hrsg. v. John Czaplicka/Blair Ruble, Washington 2003, S. 140-164.

Polonisierung Lembergs im 19. Jahrhundert

Einem jungen Studenten, der, vom Gymnasium der Provinzstadt kommend, schon stark ukrainisch-patriotisch fühlte, musste diese Diskrepanz zwischen dem historischen Anspruch und der gesellschaftlichen Wirklichkeit besonders auffallen. Dies war der Fall bei Jevhen Olesnic'kyj, dem späteren nationaldemokratischen Politiker und Abgeordneten im Wiener Reichsrat. Olesnic'kyj kam zum Studium nach Lemberg gerade zu dem Zeitpunkt, als Limanowski die Stadt verließ, also in den späten 1870er Jahren. Die beiden Texte weisen auffallende Parallelen auf, nicht nur was die Wahrnehmung Lembergs als mittlerweile polnischer Stadt betrifft, sondern auch hinsichtlich der spezifischen urbanen Orte, welche diesen Umstand reflektierten, und der überragenden Bedeutung der Sprache für die Kennzeichnung nationaler Zugehörigkeit:

„Lemberg zeigte sich mir als rein polnische Stadt. Alle Behörden waren polnisch, die Schulen und die Universität waren polnisch, das Theater war polnisch, die Beschriftungen waren auf Polnisch, der Handel war in den Händen von Polen und Juden, welche sich in nationaler Hinsicht wie Polen benahmen. Die polnische Sprache war überall – in Geschäften, Restaurants, Kaffeehäusern. Sogar die Ruthenen sprachen Polnisch. Es galt als Zeichen großen Mutes, mit einem Kellner oder Kaufmann Ukrainisch zu sprechen, und jeder hätte ein solches Verhalten als etwas Außerordentliches betrachtet. Die kleine ukrainische Bevölkerung in der Stadt versteckte sich irgendwo in den Ecken und war in der Öffentlichkeit nicht sichtbar."[8]

Neben diesen zwei im Kern politischen Deutungen gibt es noch eine dritte Interpretation, die man mit dem Stichwort „Urbanisierung" umschreiben kann. Die Wissenschaft unterscheidet zwischen äußerer Urbanisierung, also der Vermehrung und Vergrößerung von städtischen Siedlungen in einem gegebenen Raum, sowie innerer Urbanisierung, um die es hier geht.[9] Damit ist der Prozess der inner-

---

[8] Jevhen Olesnic'kyj, Storinky z moho žyttja [Blätter aus meinem Leben], L'viv 1935, S. 127.
[9] Siehe stellvertretend für die umfangreiche Literatur: Urbanisierung im 19. und 20. Jahrhundert. Historische und geographische Aspekte, hrsg. v. Hans Jürgen Teuteberg, Köln; Wien 1983; Urbanization in History. A Process of Dynamic Interactions, hrsg. v. Ad van der Woude (u.a.), New York 1990.

städtischen sozialen und kulturellen Verwandlung gemeint: die bauliche Verdichtung, die verkehrstechnische Modernisierung und die Vermehrung und Diversifizierung kultureller Produktion. Diese dritte Interpretation besagt also, dass weder Machtprozesse noch eine gezielte politische Strategie für die Polonisierung entscheidend waren, sondern der endogene urbane und gesellschaftliche Wandel der Stadt. Dieser Wandel transformierte Lemberg von einem verschlafenen Verwaltungssitz einer österreichischen Provinz zu einem diversifizierten Wirtschafts-, Dienstleistungs- und Kulturzentrum. Die menschlichen Ressourcen für diesen Wandel waren nicht mehr importierbar, sondern konnten nur aus dem sozialen Substrat der Stadt und ihrer Umgebung kommen.

Im Zusammenhang mit dem Sachverhalt der Urbanisierung ist zu bedenken, dass letztere auch wesentlich mit einer neuen Inbesitznahme des urbanen Raums zu tun hat. Die dynamischen Prozesse werden auf bisher nicht bekannte Weise öffentlich sicht- und erlebbar. Limanowski sprach von öffentlichen Schildern, von Maroni-Verkäufern (als neuem Phänomen), von Kaffeehäusern, von Ess- und Trinkkultur. Ähnliches gilt für Olesnyc'kyj. Es geht um Sehen, Hören und Schmecken. Die Stadt wird zum Ort verdichteter sinnlicher Erfahrung. Wir sprechen von lesbaren Zeichen, die dann vielfach entsprechend den zeitgebundenen Bedürfnissen national interpretiert werden konnten. Dabei setzt sich die moderne Stadt verstärkt sowohl räumlich gegenüber der sie umgebenden Agrargesellschaft ab wie auch zeitlich gegenüber einer Vorperiode, als der öffentliche Raum noch wesentlich weniger in die kulturelle Produktion einbezogen war. Es gibt eine durch politische Herrschaft und Verordnungen nicht aufhaltbare Demokratisierung des Konsums und der Produktion. Diese kommt zunächst der „ortsansässigen" dominierenden Kultur zugute, welche im Falle Lembergs die polnische war.

3. An dieser Stelle muss allerdings gleich eine Einschränkung angefügt werden. Innere Urbanisierung schafft auch Raum für die Sichtbarmachung der Minderheitskulturen in der Stadt. Die Veräußerlichung im urbanen Raum ist Teil eines Säkularisierungsprozesses, der insbesondere die ukrainische Minorität Lembergs im Laufe des 19.

Polonisierung Lembergs im 19. Jahrhundert

Jahrhunderts erfasste. Die Ukrainer wurden zunehmend nicht nur durch ihre religiösen Einrichtungen wahrnehmbar, sondern auch als säkulare Gemeinschaft in der Stadt. Gleichzeitig war die Dynamisierung der Öffentlichkeit nicht mehr im gleichen Maße durch behördliche Restriktionen zu bändigen. Die oben von Olesnyc'kyj eindrucksvoll beschriebene Absenz im Stadtbild und die Notwendigkeit, sich zu verstecken, gelten denn auch nicht mehr für die Zeit nach der Jahrhundertwende. Davon geben insbesondere die großen Umzüge für die Nationaldichter Ševčenko und Šaškevyč in den Jahren 1911 und 1914 Zeugnis. Es gibt also neben einer Polonisierung Lembergs auch eine Ukrainisierung Lembergs, die zuweilen vergessen wird.[10]

Um die Situation etwas plastischer zu machen, wollen wir uns einen Besucher aus Wien vorstellen, der vor dem Ersten Weltkrieg in die Stadt kam. Bestimmt erschien ihm Lemberg zunächst als polnische Stadt. Im Zug hatte er einen Reiseführer gelesen, der entweder vom Polnischen ins Deutsche übertragen oder vom galizischen Tourismusverband herausgegeben worden war. In beiden Fällen wurde die Bedeutung Lembergs als polnische Stadt betont.[11] In Lemberg angekommen, konnte er die Leute nicht verstehen, die Straßennamen nicht aussprechen und die Monumente nicht deuten. Der slawischen Sprachen nicht mächtig und vorgeprägt durch seine oberflächlichen Vorkenntnisse über Galizien als „polnisches Land", identifizierte der Fremde das Nicht-Deutsche mit dem Polnischen.

Und doch wird er auf den zweiten Blick manches entdeckt haben, das auf die multiple Kultur der Stadt verwies. Er wird die verschiedenen hebräischen und kyrillischen Zeichen in der Stadt wahrgenommen haben. An der Fassade ukrainischer Geschäfte und Institutionen wird er Bezeichnungen gesehen haben wie *Narodna Hostynnycja, Narodna Torhovlia, Narodnyj Dim, Dnister, Dilo* etc. Vielleicht begegnete ihm ein Demonstrationszug ukrainischer Studenten, die das Lied „ihres" Schriftstellers Ivan Franko *Ne pora* sangen und ukrainische Fahnen schwangen. Sollte der Gast nun noch

---

[10] Binder, Making and Defending (wie Anm. 7), S. 78.
[11] Siehe etwa: Kurzer Führer durch Lemberg und Umgebung. Mit 15 Illustrationen und 1 Karte. Hrsg. v. Landesverband für Fremden- und Reiseverkehr in Galizien, Krakau o.J. (1912).

einen kleinen Ausflug in die Umgebung unternommen haben, so wird er an den Rändern der Stadt, im Grenzbereich zwischen Stadt und Land, wiederum eine andere Realität erfahren und sehr viel mehr auch die ukrainische Sprache gehört haben. Bis heute ist ja der Eindruck, den ein Tourist von einer Stadt bekommt, ein durchaus beschränkter, da er nur die innersten Bezirke wahrnimmt. Kaum ein Besucher Lembergs wird heute jemals nach Sichiv fahren.[12] Die europäische Stadt ist wie ein Baumstamm, der von innen nach außen wuchs. Auch die äußerste Schicht, die Borke, gehört zum Baum, und ebenso sind auch die Außenbezirke Teil einer Stadt und gehören zu deren Geschichte.

Manches wird unseren imaginären Gast aber auch an Wien erinnert haben. Das Hotel George, in dem er möglicherweise abstieg, war von dem Wiener Architekturbüro Hellmer und Fellner gebaut worden. Wenn er am Abend in die Oper ging, so konnte er feststellen, dass diese doch derjenigen in Wien sehr glich. Auch wenn, wie im Fall der Oper, kein Wiener Architekturbüro direkt verantwortlich zeichnete, so war doch der indirekte Einfluss der habsburgischen Metropole auf die Architektur in Lemberg wie im ganzen Habsburgerreich unverkennbar.[13] Ähnliches galt auch für das gesellschaftliche Leben. Wenn der Besucher am Abend zu einem Ball eingeladen war, so wird ihn die Etikette bestimmt an ähnliche Anlässe zuhause erinnert haben. Er hätte mit Sicherheit auch feststellen dürfen, dass er sich mit den verschiedensten kultivierten Leuten auf Deutsch unterhalten konnte. Am nächsten Morgen wird er vielleicht zu einem Arbeitstreffen gegangen sein, und erneut hätte er sich der deutschen Sprache bedienen können. Denn sein Gesprächspartner hatte nicht nur seit der Volksschule Deutsch als Pflichtfach gehabt, es war auch gut möglich, dass er in Wien studiert oder beruflich einige Zeit in der

---

[12] Sichiv ist der im Süden gelegene größte Vorort des heutigen Lemberg mit den aus allen osteuropäischen Städten bekannten Plattenbausiedlungen.

[13] Über den prägenden Einfluss Wiens auf die Architektur Lembergs siehe zuletzt Jacek Purchla, Patterns of Influence: Lviv and Vienna in the Mirror of Architecture, in: Lviv. A City in the Crosscurrents of Culture, hrsg. v. John Czaplicka, Cambridge MA 2005, S. 131-147. Siehe auch Markian Prokopovych, Architecture, Cultural Politics and National Identity: Lemberg 1772-1918. Entangling National Histories, Diss. phil., Budapest 2004.

Polonisierung Lembergs im 19. Jahrhundert

österreichischen Hauptstadt verbracht hatte. Wenn unser Besucher am nächsten Abend in einem österreichischen Waggon zurückgefahren ist, wird er vielleicht Zweifel gehabt haben, ob Lemberg wirklich so polnisch war wie der erste Eindruck ihm dies suggeriert hatte.

4. Als Schlussfolgerung lassen sich folgende Gedanken formulieren. Im Zusammenhang mit der Liberalisierung von Presse und Vereinsleben und der Demokratisierung des politischen Lebens wurde Lemberg kulturell, gesellschaftlich und politisch zu einem bedeutenden Zentrum des Polentums. Aufgrund der Urbanisierung wandelte sich die Stadt zu einer auch äußerlich sichtbar, hörbar und spürbar dominant polnischen Stadt. Auf der anderen Seite sind jedoch nach der Jahrhundertwende auch die anderen Gemeinschaften der Stadt, namentlich die Ukrainer, stärker öffentlich in Erscheinung getreten, aus demographischen Gründen, aus Gründen der politischen Emanzipation und ebenfalls aufgrund der Dynamik der Urbanisierung. Zudem waren die Architektur, welche ihrem Wesen nach immer nur träge auf Veränderungen reagiert, sowie viele Elemente des gesellschaftlichen Lebens nach wie vor auch österreichisch geprägt und auf Wien ausgerichtet.

Die Realität war also komplex, aber die hegemonialen Kräfte hatten kein Interesse daran, diese Komplexität zu vermitteln. Verständlicherweise lag es nicht im Interesse der polnischen Eliten, Lemberg als multikulturelle und multinationale Stadt zu propagieren. Multikulturalität als positiver Wert ist eine Erfindung des späteren 20. Jahrhunderts. Damals ging es eher um das Gegenteil, um Homogenisierung, um geeinte Stärke im Kampf mit anderen Nationen. Das hat dazu geführt, dass auch Lemberg polnischer präsentiert wurde als es war. Eine solche Intention in der Vermittlung eines Lemberg-Bilds gibt es im Prinzip bis heute. Unsere Interpretationen der Vergangenheit sind nie absichtslos. Lemberg als polnische Stadt am Ende des 19. Jahrhunderts ist zweifellos eine Realität, sie ist aber auch ein Mythos.

Elżbieta Everding

DAS KULTURLEBEN DER NATIONALITÄTENGRUPPEN IN LEMBERG IN DEN JAHREN 1918-1939

Lemberg hatte in der Zwischenkriegszeit besonderen Flair und einen Sonderstatus. Einerseits war es die einzige der damals polnischen Städte, die mit dem höchsten militärischen Orden Virtuti Militari für die gewonnenen polnisch-ukrainischen und polnisch-sowjetischen Kämpfe von Staatschef Józef Piłsudski ausgezeichnet wurde. Andererseits war fast jeder zweite Lemberger nichtpolnischer Herkunft. Außer Polen lebten hier Juden, Ukrainer, Deutsche und Armenier.

Die Rechte der Nationalitätengruppen wahrte von 1920 bis 1934 der Völkerbund durch den Minderheitenschutzvertrag. Das Recht der Minderheiten auf Beibehaltung der Volkszugehörigkeit sowie Pflege der Sprache und nationalen Eigenarten wurde in den beiden polnischen Verfassungen von 1921 und 1935 verbrieft. Auch die Gleichheit aller Staatsbürger vor dem Gesetz sicherten die Verfassungen zu. Bis heute fehlen zusammenfassende Monographien darüber, inwieweit die Nationalitätengruppen in Lemberg zwischen 1918 und 1939 von ihren Rechten im Bereich der Kultur Gebrauch machten. Der Artikel hat vor, zu diesem Thema einen Beitrag zu leisten. Die Forschung konzentrierte sich bisher vor allem auf die polnische Geschichte der Stadt.[1] An der Bevölkerungsstärke gemessen, ist das aber nur die halbe Geschichte.

Auf einen Überblick über die Geschichte Ostgaliziens mit besonderer Berücksichtigung Lembergs folgt die Darstellung des Kulturlebens einzelner Nationalitätengruppen, ihrer Beziehungen unter-

---

[1] Vgl. Franciszek Pajączkowski, Życie kulturalne Lwowa w czasie walk polsko-ukraińskich 1.XI.1918 – 1.VI.1919 [Das kulturelle Leben Lembergs in der Zeit der polnisch-ukrainischen Kämpfe 1.9.1918 – 1.6.1919], Warszawa 1938; Marian Tyrowicz, Wspomnienia o życiu kulturalnym i obyczajowym Lwowa 1918-1939 [Erinnerungen an das kulturelle Leben und an die Traditionen Lembergs 1918-1939], Wrocław (u.a.) 1991.

einander, ein Resümee sowie eine Übersicht über die Quellenbestände.

Eine historische Skizze

Galizien war spätestens seit dem Mittelalter ein multiethnisches Gebiet. Die autochthone Bevölkerung stellten die Ruthenen dar. Die Armenier wanderten als Kaufleute ein. Im 14. Jahrhundert erwarb der polnische König dieses Gebiet (damals Rotreußen). Seit diesem Zeitpunkt begann die verstärkte Einwanderung der Polen. Die polnischen Herrscher siedelten gezielt auch Juden an. Ende des 18. Jahrhunderts wurde das polnisch-litauische Königreich geteilt, und Galizien fiel an die Habsburgermonarchie. Im Rahmen der bald darauf folgenden planmäßigen Kolonisation Galiziens wanderten Deutsche aus der Pfalz, Rheinhessen und Schwaben ein. In den Städten Galiziens ließen sich österreichische Beamte nieder.

Im Laufe des 19. Jahrhunderts setzten die Nationalisierungsprozesse der Gesellschaften ein. Große Veränderungen leitete der „Völkerfrühling" des Jahres 1848 ein: Als Spätfolge erhielt Galizien im Jahr 1867 eine beschränkte Selbstverwaltungs- und Sprachautonomie. Da die polnischen Abgeordneten eine starke Position im Wiener Parlament besaßen, wurde die Landespolitik von den Polen dominiert. Ruthenische Intellektuelle arbeiteten zu dieser Zeit intensiv an der Herausbildung des ukrainischen Nationalbewusstseins und forderten mehr Rechte für die eigene nationale Gruppe, die zwar in Ostgalizien zahlenmäßig die Mehrheit darstellte, aber politisch schwach war.[2]

Die nach dem Ersten Weltkrieg zerfallende Donaumonarchie hinterließ ein Machtvakuum in Ostgalizien. Polnische Politiker begründeten ihren Anspruch auf dieses Territorium mit den Staatsgrenzen vor den Teilungen Polens. Die Ukrainer argumentierten mit ihrer Bevölkerungsstärke. Die Ereignisse im Herbst 1918 überstürzten sich, die Ukrainer besetzten am 1. November 1918 Lemberg und proklamierten die Westukrainische Volksrepublik. Die Kämpfe um

---

[2] Vgl. Galizien, Bukowina, Moldau, hrsg. v. Isabel Röskau-Rydel, Berlin 1999. (= Deutsche Geschichte im Osten Europas)

Kulturleben in Lemberg 1918-1939

die Stadt dauerten bis zum 22. November 1918 und um Ostgalizien bis zum 16. Juli 1919 an und endeten mit dem Sieg der polnischen Seite.[3] Besonders die Kämpfe um die Stadt Lemberg im November wurden sowohl von der polnischen als auch von der ukrainischen Seite zu nationalen Symbolen erhoben und sollten die Beziehungen beider Nationalitätengruppen in der Zukunft belasten. Am 22. November kam es in der Stadt unter dem Vorwurf, sie hätten auf ukrainischer Seite gekämpft, zu Pogromen polnischer Zivilisten und Soldaten an Juden. Mindestens 150 Juden kamen dabei ums Leben.[4]

Auf der Pariser Friedenskonferenz von 1919 wurden die polnischen Traditionen dieser Region über die ukrainischen Ansprüche auf eine eigene Staatlichkeit gestellt, die, so das maßgebliche polnische Argument, ein „Novum" darstelle.[5] Das vorläufige Verwaltungsrecht wurde also der Republik Polen zugesprochen, doch der Versailler Friedensvertrag, der am 28. Juni 1919 unterzeichnet wurde, ließ die Frage der östlichen Grenze Polens zunächst offen. Nach dem Sieg der polnischen Armee im polnisch-sowjetischen Krieg von 1920 wurde am 18. März 1921 der Friedensvertrag von Riga unterschrieben, der die polnische Ostgrenze weit nach Osten verschob und ganz Ostgalizien Polen zusprach. Die Alliierte Botschafterkonferenz bestätigte diese Grenzziehung in einem Beschluss vom 15. März 1923.[6] Dem fünfjährigen rechtlichen Provisorium in Galizien war damit ein Ende gesetzt.

Lemberg wurde eine der siebzehn Städte in der Wojewodschaft. Die städtischen Angelegenheiten regelten der Stadtpräsident und der ab 1934 von der Bevölkerung gewählte Stadtrat, in dem auch die jüdische und ukrainische Bevölkerung vertreten war. Mit der Beseitigung der Kriegsschäden begann ein wirtschaftlicher Aufschwung

---

[3] Vgl. Michał Klimecki, Lwów 1918-1919 [Lemberg 1918-1919], Warszawa 1998.
[4] Ludwik Mroczka, Przyczynek do kwestii żydowskiej w Galicji u progu Drugiej Rzeczypospolitej [Beitrag zur jüdischen Frage in Galizien an der Schwelle zur Zweiten Republik], in: Żydzi w Małopolsce. Studia z dziejów osadnictwa i życia społecznego, hrsg. v. Feliks Kiryk, Przemyśl 1991, S. 297-308.
[5] Andrzej Chojnowski, Ukraina [Ukraine], Warszawa 1997, S. 51.
[6] Juliusz Bardach/Bogusław Leśnodorski/Michał Pietrzak, Historia ustroju i prawa polskiego [Geschichte der polnischen Verfassung und des polnischen Rechts], Warszawa 1999, S. 467 f.

der Stadt, der durch die weltweite Wirtschaftskrise anfangs der 1930er Jahre gestoppt wurde. Ein Prestigeprojekt war die alljährliche Ostmesse (*Targi Wschodnie*), auf der u.a. industrielle, landwirtschaftliche, textile und chemische Produkte ausgestellt wurden. Trotz vieler Maßnahmen wurden die größten Problemfelder Arbeitslosigkeit und Wohnungsmangel nicht wirklich gelöst. Seitens des polnischen Staates erhielt die Stadt vergleichsweise wenig finanzielle Unterstützung, da dieser sich auf die strategischen Investitionen in Zentralpolen und an der Ostsee, wie den Bau des Hafens in Gdingen (Gdynia), konzentrierte. Die Stärken der Stadt lagen auf kulturellem und wissenschaftlichem Gebiet. Die vier Hochschulen, darunter die Jan-Kazimierz-Universität und die Technische Universität, genossen einen guten Ruf und bildeten hochqualifizierte Wissenschaftler aus, die landesweit begehrt waren.[7]

Ein akutes politisches Problem blieb die ukrainische Frage. Die regionalen Behörden besaßen nicht die Kompetenzen und die zentralen nicht die Entschlossenheit, um sie zu lösen. Obwohl der hohe Anteil an nichtpolnischer Bevölkerung im damaligen Polen keine Besonderheit darstellte und landesweit etwa 30 Prozent betrug, konnte kein detailliertes Programm zur Lösung der Minderheitenfrage ausgearbeitet werden. Die polnischen Parteien entwarfen zwar verschiedene Konzepte, die von dem Entzug der bürgerlichen Rechte und einer Isolierung einerseits bis zur föderativen Beteiligung und Zusammenarbeit anderseits reichten, doch keines der Projekte wurde je umgesetzt. Die Minderheitenpolitik richtete sich generell nach der These, dass die Loyalität der verschiedenen Nationalitätengruppen gegenüber dem polnischen Staat die Gleichstellung garantiere.[8] Für die ukrainische Nationalitätengruppe war das nicht akzeptabel und führte dazu, dass in Lemberg verbale und tätliche Konfrontationen ausgetragen wurden.

---

[7] Vgl. Andrzej Bonusiak, Lwów w latach 1918-1939. Ludność – Przestrzeń – Samorząd [Lemberg in den Jahren 1918-1939. Bevölkerung – Raum – Selbstverwaltung], Rzeszów 2000 (=Galicja i jej dziedzictwo, Bd. 13).

[8] Vgl. Andrzej Chojnowski, Koncepcje polityki narodowościowej rządów polskich w latach 1921-1939 [Die Konzepte der Nationalitätenpolitik der polnischen Regierungen in den Jahren 1921-1939], Wrocław 1979.

Kulturleben in Lemberg 1918-1939

Für Lemberg begann der Zweite Weltkrieg am 1. September 1939 mit Bombenangriffen der Luftwaffe auf die Bahnhofsgegend. Am 12. September erreichte die deutsche Armee die westlichen Stadtteile und belagerte die Stadt. Am 17. September überquerte die Rote Armee die östliche Staatsgrenze Polens und übernahm von den deutschen Truppen die Belagerung. Die Stadt kapitulierte fünf Tage später. Nach der Auflösung der polnischen Behörden errichteten die Sowjets eine vorläufige Verwaltung unter der Leitung von Nikita Chruščev. Am 1. November 1939 wurde Ostgalizien offiziell der Sowjetunion einverleibt.[9] Die Deutschen wurden in den folgenden Monaten bis auf wenige Verbliebene „heim ins Reich" geholt.[10] Nach dem Ende des Zweiten Weltkriegs wurden – bis auf eine starke Minderheit – die Polen aus Ostgalizien vertrieben. Die Juden waren bereits vorher dem nationalsozialistischen Massenmord zum Opfer gefallen.

Die folgenden Ausführungen sind insofern auch eine Erinnerung an eine multiethnische Stadt, die immerhin einmal als „Paradies", wenn auch „mit schweren Fehlern" bezeichnet wurde.[11]

Das jüdische Kulturleben

Die Juden waren die bevölkerungsstärkste Nationalitätengemeinschaft in Lemberg. Mit fast 100.000 Angehörigen des jüdischen Glaubens stellten sie nach der Volkszählung von 1931 fast 32 Prozent der gesamten Einwohnerzahl der Stadt. Doch die jüdische Gemeinschaft war in vielen Aspekten äußerst heterogen. Die Uneinheitlichkeit dieser Gruppe hatte ihre Wurzeln in den religiösen Bewegungen des 18. Jahrhunderts wie Haskala und Chassidismus. Diese führten zur Entstehung neuer gesellschaftlicher, politischer und kultureller Ideen, um die bald Organisationen, Parteien und Vereine

---

[9] Leszek Podhorodecki, Dzieje Lwowa [Geschichte Lembergs], Warszawa 1993, S. 205-215.
[10] Ortfried Kotzian, Die Umsiedler. Die Deutschen aus West-Wolhynien, Galizien, der Bukowina, Bessarabien, der Dobrudscha und in der Karpatenukraine, München 2005.
[11] Salcia Landmann, Ein Paradies mit schweren Fehlern. Mein Galizien ist endgültig und unwiderruflich untergegangen, in: Die Welt vom 30.3.1996, S. G 4.

errichtet wurden. In der jüdischen Gesellschaft herrschte politischer Pluralismus. Ihre Anhänger fand die „Zionistische Organisation". Zionistische und sozialistische Gedanken verknüpfte die „Poalej Syjon Lewica" (Linke Arbeiter Israels). In der „Mizrachi" kamen religiöse Zionisten zusammen. Die orthodoxen Juden waren durch die „Agudas Isroel" (Bund Israels) vertreten. Für das Fortbestehen der Diaspora setzten sich die „Jidische Fołkspartei" und der „Algemajne Jidisze Arbeter Bund" ein.[12] Die Verschiedenartigkeit der jüdischen Gesellschaft in Lemberg äußerte sich zusätzlich in der Sprache. Für über 67.000 Juden war Jiddisch, für 24.000 Polnisch, für fast 8.000 Hebräisch die Muttersprache.[13] Die Muttersprache spiegelte auch zum Teil die Einstellung zur Religion wider; Hebräisch z.B. war die Sprache der streng orthodoxen Juden. Anders verhielt es sich in der Lemberger Reformsynagoge (Templum), wo man die Landessprache bevorzugte: zur Zeit der Donaumonarchie war es Deutsch, in der Zwischenkriegszeit Polnisch.[14]

Doch der Befund der Polonisierung der galizischen Juden darf nicht voreilig erhoben werden. Die Zionisten in Ostgalizien meinten, dass sie sich zwischen zwei Völkern befänden, den Polen und den Ukrainern, deswegen müssten sie eine unabhängige jüdische Politik

---

[12] Zofia Borzymińska/Rafał Żebrowski, Po-lin. Kultura Żydów polskich w XX wieku [Polin. Die Kultur der polnischen Juden im 20. Jahrhundert], Warszawa 1993, S. 62-73.

[13] Urząd Statystyczny Rzeczypospolitej Polskiej. Statystyka Polski, Seria C, Zeszyt 58. Drugi Powszechny Spis Ludności z dn. 9.XII. 1931 r. Mieszkania i gospodarstwa domowe. Ludność. Stosunki zawodowe. Miasto Lwów, Tabela 10: Ludność według wyznania i płci oraz języka ojczystego [Statistisches Amt der Republik Polen. Statistik Polens. Serie C. Heft 58. Zweite Allgemeine Volkszählung vom 9.12.1931 Wohnungen und Haushalte. Bevölkerung. Berufliche Verhältnisse. Stadt Lemberg, Tabelle 10: die Bevölkerung nach Bekenntnis und Geschlecht sowie Muttersprache], Warszawa 1937, S. 11.

[14] Im Jahr 1924 kam es in der Synagoge zu einem politischen Eklat. Während des Besuchs des Staatspräsidenten Stanisław Wojciechowski wurde auf ihn ein Bombenattentat verübt, das jedoch missglückte. Zuerst wurde ein jüdischer Student verdächtigt. Erst später gestand die Tat ein nach Deutschland ausgewanderter Ukrainer. Majer Bałaban, Historia Lwowskiej Synagogi Postępowej [Geschichte der Lemberger Fortschrittlichen Synagoge], Lwów 1937, S. 223-224.

Kulturleben in Lemberg 1918-1939

betreiben.[15] Dasselbe bezieht sich auf das Kulturleben der Juden. Sie schienen vielmehr auf der Suche nach der eigenen Identität zu sein.

Musik:
Das jüdische Musikleben in Lemberg war sehr rege. Die jüdische Minderheit brachte viele große Musikerpersönlichkeiten hervor, die europaweit bekannt waren. In der Stadt agierten zahlreiche Musikvereine und -gesellschaften.

Die „Jüdische Musikgesellschaft" wurde 1919 in Lemberg von Oskar und Maurycy Auerbach gegründet. Da in dieser Zeit wegen der polnisch-ukrainischen Kämpfe kaum ein kulturelles Leben in der Stadt zu vermerken war, waren die von der Gesellschaft veranstalteten Symphoniekonzerte bei der Bevölkerung sehr beliebt. Nach dem Krieg ließ die Qualität nicht nach. 1927 schlossen sich die „Jüdische Musikgesellschaft" und die „Gesellschaft Kunst" in der „Jüdischen Künstlerisch-Literarischen Gesellschaft" zusammen. Der langjährige Dirigent der Symphonieorchester war Natan Hermelin[16], der aus Protest gegen den Zusammenschluss zurücktrat. Seine Nachfolger waren Juliusz Weinberger[17] und Marceli Horowitz[18]. Die Gesellschaft betreute überdies ein Kammerorchester zuerst unter dem Dirigat von Ernest Warhaftig[19], später von Rudolf Morecki.[20] Auch der Chor, der vor allem Volkslieder vortrug, war sehr beliebt, besonders

---

[15] So 1927 Leon Reich (1879-1929), Leiter der ostgalizischen Zionisten. Ezra Mendelsohn, Żydzi Europy Środkowo-Wschodniej w okresie międzywojennym [Die Juden Ostmitteleuropas in der Zwischenkriegszeit], Warszawa 1992, S. 85.
[16] Natan Hermelin (1875-1941), Geiger, Dirigent, Komponist, bekannter Rechtsanwalt in Lemberg, widmete sich der Pflege des Musiklebens unter den Juden. Isachar Fater, Muzyka żydowska w Polsce w okresie międzywojennym [Jüdische Musik in Polen in der Zwischenkriegszeit], Warszawa 1997, S. 263.
[17] Juliusz Weinberger, Geiger, Dirigent, Gründer des Kammerorchesters, des Chors und der Solistengruppe. Ebd., S. 317.
[18] Marceli Horowitz (1900-1942), Geiger, Lehrer, Dirigent. Außerdem spielte er im Orchester im Teatr Wielki in Lemberg und unterrichtete in der Fryderyk-Chopin-Musikschule, wo er den Chor und die Orchester leitete. Ebd., S. 267-268.
[19] Ernest Warhaftig (1900-1942), Fagottist, Dirigent, Jurist. 1930-32 leitete er den Studentenchor im Karol-Szymanowski-Konservatorium in Lemberg. Ebd., S. 313.
[20] Alfred Plohn, Muzyka we Lwowie a Żydzi [Die Musik in Lemberg und die Juden], in: Almanach żydowski, hrsg. v. Herman Stachel, Lwów (u.a.) 1937, S. 48.

seit dem ersten synagogalen Konzert im Templum zu der Chanukkafeier im Jahr 1921.[21] Der Chor der Synagoge fand ebenso große Anerkennung. Der Leiter des Chors, Becalel Kinstler, stammte aus einer traditionsreichen Familie. Sein Vater, Baruch Kinstler, war ein bekannter Kantor und Komponist.[22] Noch als „Jüdische Musikgesellschaft" trug sie 1922 zur Errichtung des „Verbands der Jüdischen Musik- und Sängervereine" bei. Der Verband sorgte für Notentexte, überwiegend von jüdischen Volksliedern, und schrieb Wettbewerbe aus. Zu den kleineren Vereinen zählte der „Jüdische Akademische Chor", der in den 30er Jahren unter der Leitung von Józef Koffler[23] agierte. Der Chor musste nach einigen Jahren seine Tätigkeit aus finanziellen Gründen einstellen. In derselben Zeit entstand die rege „Jüdische Musikgesellschaft Juwal", die von den Brüdern Heilmann gegründet wurde. Der erste Dirigent war Izrael Heilmann[24], ihm folgte Emanuel Roth.[25] Die jüdische Musikergemeinschaft war offen. Viele von ihnen arbeiteten auch in polnischen Einrichtungen. Zu den namhaften in dieser Gruppe gehörten Dr. Marek Bauer, Geiger und Lehrer im Karol-Szymanowski-Konservatorium[26], und Józef Lehrer, Pianist und von 1912 bis 1931 Dirigent in der Lemberger Oper.[27]

Die Musiker konnten auch auf das jüdische Mäzenatentum rechnen. Zu den aktivsten Mäzenen gehörte der angesehene Rechtsanwalt Dr. Leib Landau, der einen großen Einfluss auf die polnische und jüdische Musikwelt hatte. Zu seinen beruflichen Verdiensten zählte

---

[21] Borzymińska/Żebrowski (wie Anm. 12), S. 222.
[22] Fater (wie Anm. 16), S. 271-272.
[23] Józef Koffler (1896-1944), der erste Musiker in Polen, der in Zwölftontechnik (Dodekaphonie) komponierte, Musikwissenschaftler, Lehrer am Konservatorium der Polnischen Musikgesellschaft in Lemberg, Verfasser vieler theoretischer Arbeiten, Redakteur an mehreren Musikzeitschriften. Vgl. Borzymińska/Żebrowski (wie Anm. 12), S. 224.
[24] Icchak Heilmann (1906-?), Dirigent, Lehrer, gehörte zu den ersten Musikern, die im polnischen Rundfunk in Lemberg in speziellen Sendungen die jüdische Musik dem breiten Publikum vorstellten. Er hatte einen großen Einfluss auf die jüdischen Musiker. Im Jahr 1935 zog er nach Brüssel um. Fater (wie Anm. 16), S. 98-103, 262.
[25] Plohn (wie Anm. 20), S. 48.
[26] Fater (wie Anm. 16), S. 233.
[27] Ebd., S. 279f.

Kulturleben in Lemberg 1918-1939

die Aufklärung des Attentats auf den Staatspräsidenten Stanisław Wojciechowski im Templum im Jahre 1924.[28]
Der angesehenste Musikkritiker war Alfred Plohn, Mitbegründer der „Jüdischen Musikgesellschaft". Er hatte eine ständige Rubrik in der jüdischen polnischsprachigen Tageszeitung „Chwila", in der er Essays über die jüdische Musik veröffentlichte. Außerdem verfasste Plohn die Monographie „Musik in Lemberg und die Juden", die im Jahre 1937 herausgegeben wurde.[29]

Theater:
Eine wahre Musikerdynastie bildete die Familie Gimpel, die gleichzeitig eng mit der Geschichte des jüdischen Theaters in Polen verbunden ist. Jakób Ber Gimpel, Chorsänger in der Oper des polnischen Grafen Skarbek, gründete 1888 in Lemberg das erste Jüdische Theater in den polnischen Teilungsgebieten.[30] Nach dem Tod des Gründers im Jahr 1906 übernahm sein Sohn Adolf Gimpel bis 1939 die Leitung. Dessen drei Söhne Bronisław (Geiger), Jakub und Karol (beide Pianisten) waren europaweit bekannte Musiker. Jakub Gimpel gewann einen Preis im ersten Internationalen Fryderyk-Chopin-Wettbewerb in Warschau im Jahr 1927.[31] Im „Gimpel-Theater", wie die Zeitgenossen es zu bezeichnen pflegten, wurden überwiegend Volksstücke, Vaudevilles und Operetten aufgeführt.[32] Das Jüdische Theater war das älteste ständige jüdische Theater in Ostmitteleuropa und damals das einzige Musiktheater in Polen. Doch gegen diese traditionsreiche Einrichtung wurden auch Vorwürfe formuliert. In den 30er Jahren sollte hier ein wenig anspruchsvolles Publikum der Leidenschaft zum minderwertigen Melodrama frönen. Nur selten

---

[28] Ebd., S. 279.
[29] Ebd., S. 292.
[30] Żydzi w Polsce Odrodzonej. Działalność społeczna, gospodarcza, oświatowa i kulturalna [Die Juden im wieder entstandenen Polen. Gesellschaftliche, wirtschaftliche, Bildungs- und Kulturtätigkeit], hrsg. v. Ignacy Schipper (u.a.), Warszawa 1932, S. 126 f.
[31] Fater (wie Anm. 16), S. 98-103, 256.
[32] Plohn (wie Anm. 20), S. 49.

traten in Lemberg die anderen hoch geschätzten jüdischen Theatertruppen aus Warschau oder Wilna mit Gastvorstellungen auf.[33]

Kabarett:
Die bekanntesten jüdischen Kabarettisten, Mieczysław Monderer und Adolf Fleischer, traten auf keiner Bühne auf, sondern in dem damals modernsten Medium, im Rundfunk. Als jüdische Figuren unter den deutschsprachigen Namen „Aprikosenkranz" und „Untenbaum" kommentierten sie die große und die lokale Politik in der beliebten Sendung „Wesoła Lwowska Fala" [Fröhliche Lemberger Welle]. Aus demselben Programm stammt der legendäre „Tońko", den der jüdische Schauspieler Henryk Vogelfänger kreierte. Nach Schwierigkeiten mit der Zensur und der Einstellung der „Fröhlichen Lemberger Welle" erschien im Radio Lwów eine neue Sendung unter dem Titel „Ta joj!", doch der Mitarbeiterstamm blieb derselbe. Die Kontinuität betonten die Namen der jüdischen Figuren. Ab nun hießen sie auf Polnisch „Brzoskwiniak" [Pfirsichbaum] und „Drzewko"[Bäumlein].[34]

Presse:
Die jüdische Presse in Lemberg war so heterogen wie die Gemeinschaft selbst. Das Themenspektrum umfasste viele religiöse, politische, gesellschaftliche und kulturelle Fragen. Die bekanntesten jiddischsprachigen Zeitungen waren „Lemberger Togblatt" [Lemberger Tageszeitung], „Cusztajer" [Beilage] und „Der Morgen".[35] „Wiadomości Gmin Wyznaniowych Żydowskich" [Nachrichten der jüdischen Glaubensgemeinden] (1928-1931), „Nasza Opinia" [Unsere Ansicht] (1935-38) und vor allem „Chwila" [Der Moment] (1919-1939) waren die anerkannten polnischsprachigen Zeitschriften.

---

[33] Marta Meducka, Teatr żydowski w Polsce do 1939 [Das jüdische Theater in Polen bis 1939], in: Między Odrą i Dnieprem. Wyznania i narody, hrsg. v. Tadeusz Stegner, Bd. 2, Gdańsk 2000, S. 136.
[34] Borzymińska/Żebrowski (wie Anm. 12), S. 148.
[35] In der gesamten Zwischenkriegszeit erschienen in Lemberg 63 Titel auf Jiddisch. Ebd., S. 172.

Kulturleben in Lemberg 1918-1939

Der namhafteste Journalist war Henryk Hescheles.[36] Er redigierte die Zeitschrift „Chwila" seit dem Tod ihres Gründers Gerszon Zipper. Unter seiner Leitung wurde das Blatt das erfolgreichste polnisch-jüdische Projekt. Ein anderer bekannter Name der jüdischen Publizistik war Samuel Jakub Imber (1889-1942). In den 20er Jahren gab er die Zeitschrift „Literarische Flugschriften" heraus. Nach einem längeren Aufenthalt in den Vereinigten Staaten kam er 1928 nach Lemberg zurück und widmete sich dem Kampf gegen den Antisemitismus. Zuerst verfolgte er sein Ziel durch Artikel, die er in „Chwila" und in dem Krakauer „Nowy Dziennik" [Die neue Tageszeitung] veröffentlichte. Im Jahr 1936 gründete er einen eigenen Verlag, der die Monatszeitschrift „Oko w Oko" [Auge in Auge] herausgab, in der die Judenfeindschaft bloßstellende Beiträge erschienen.[37] Anzelm Lutwak (1877-?) war ebenso ein geschätzter Publizist und Fachjournalist. Selbst Jurist, gründete er 1924 die Monatszeitschrift „Głos Prawa" [Die Stimme des Rechtes]. Im Jahre 1936 errichtete er in Lemberg den „Verein Jüdischer Rechtsanwälte".[38]

Israel Wolf Brüstiger (1862-1935) gründete 1933 die Monatszeitschrift „Hasoleil". Es war das einzige hebräischsprachige Blatt im östlichen Kleinpolen. Brüstiger war überdies ein großer Förderer der hebräischen Sprache und Literatur. Vorher hatte er Novellen für das literarische Krakauer Blatt „Hamagid" geschrieben, die später in einem Band unter dem Titel „Klastarim" erschienen.[39]

Auch Frauen schrieben für die Presse. Es waren vor allem gesellschaftliche Aktivistinnen, die jüdische und emanzipatorische Fragen erörterten. Die Zionistin Dinah Karlowa (1882-?) wurde 1926 zur Leiterin des Frauenverbandes in Ostkleinpolen gewählt. Außerdem war sie Mitherausgeberin der polnischsprachigen Zeitschrift

---

[36] Henryk Ignacy Hescheles (1886-1942), stellvertretender Vorsitzende des Lemberger Journalistensyndikats, Vorstandsmitglied der Jüdischen Emigrationsgesellschaft „Jeas", seit 1927 Mitglied des Lemberger Stadtrats. In der polnischen Presse veröffentlichte er Beiträge unter dem Pseudonym Jerzy Zglicz oder Henryk Trejwart. Siehe Almanach żydowski [Jüdischer Almanach], hrsg. v. Herman Stachel, Lwów (u.a.) 1937, S. 318f.
[37] Ebd., S. 320-322.
[38] Ebd., S. 325-327.
[39] Ebd., S. 309.

„Haszachar" für jüdische Jugendliche.[40] Die Wissenschaftlerin Cecylia Klaften (1881-?) fand Anerkennung in viel breiteren Kreisen. Im Jahr 1929 wurde sie in Hamburg in den Vorstand des Weltverbandes Jüdischer Frauen gewählt. Außerdem wirkte sie im Lemberger Stadtrat.[41]

Literatur:
Galizien als literarische Heimat ist dem deutschen Leser ein Begriff. Auch die Stadt Lemberg wurde in vielen Werken thematisiert. Dies verdankt sie weniger den deutschen Schriftstellern, vielmehr jüdischen deutschsprachigen Autoren. Die berühmtesten von ihnen stammten jedoch nicht aus Lemberg. Karl Emil Franzos (1848-1904), der noch zu österreichischen Zeiten wirkte („Aus Halbasien", 1876), stammte aus Czortków. Joseph Roth (1894-1939), der trotz seiner vielen Reisen immer an Galizien hing („Hiob", 1930; „Radetzkymarsch", 1932), verbrachte seine Jugendzeit in Brody. Manès Sperber (1905-1984), der seine Romane erst nach dem Zweiten Weltkrieg verfasste („All das Vergangene", 1974-1977), wuchs in Zabłotów auf. Salcia Landmann berichtete in „Erzählter Bilderbogen aus Ostgalizien" (1975) von Żółkiew.[42] Dem polnischen Leser wurde Galizien durch Werke von Bruno Schulz (1892-1942; „Die Zimtläden", 1934) aus Drohobycz und Józef Wittlin (1896-1976; „Mein Lemberg", 1946) aus Dmytrów erschlossen.

Doch die in Lemberg ansässigen Autoren waren nicht weniger produktiv und kreativ. Natürlicherweise wurden Zeitschriften zum Schauplatz und zur Herberge literarischer Aktivitäten. In Lemberg entstanden drei große Autorenkreise um die Zeitungen „Lemberger Togbłat", „Cusztajer" und „Chwila". Das „Lemberger Togbłat" wurde erst zur literarischen Heimat, seitdem der Mitherausgeber Mejłech Chmielnicki (1885-1946) viele Schriftsteller zur Mitarbeit eingeladen hatte. In ihrem Kreis entstand eine neue Strömung in der Litera-

---

[40] Ebd., S. 513f.
[41] Ebd., S. 515ff.
[42] Vgl. Zoran Konstantinović, Das Stadtbild Lembergs in der österreichischen Literatur in: Galizien – eine literarische Heimat, hrsg. v. Stefan H. Kaszyński (Seria Filologia Germańska, Nr. 27), Poznań 1987, S. 9-20; Hubert Orłowski, Galizische Stadtlandschaften zwischen Realität und Utopie, in: ebd., S. 21-33.

Kulturleben in Lemberg 1918-1939

tur – die „galizische Neuromantik" – die in ihrer Wirkung die Stadtgrenzen überschritt. Dieser Gruppe gehörten die Dichter Samuel Jakub Imber und Dawid Kenigsberg (1891-1942?) an. Der Dichter Mosze Lejb Halpern (1886-1932) und der Satiriker Mojżesz Nadir (1885-1943) wanderten später in die Vereinigten Staaten aus, wo sie bekannt wurden. Naftali Gross (1897-1956), ein anderer „neuromantischer" Autor, bezeichnete beispielsweise die galizischen Juden als ein „Volk armer Träumer und Dichter". Diesem informellen Kreis schlossen sich auch die ersten Forscher jüdischer Literatur an: Nachum Stif (1879-1933), Izrael (Sergiej) Cynberg (Zinberg) (1873-1939?), Noach Pryłucki (1882-1941).[43]

In den 30er Jahren kam es zur verstärkten organisatorischen und schöpferischen Differenzierung der Literaten. Manche verließen Lemberg, was bereits die Zeitgenossen beklagten. Ein Teil der jüngeren Autoren wie Izrael Aszendorf (1909-1956), Ber Horowitz (1895-1942), Rachela Korn (1898-?) und Jakub Szudrich (1906-1942) vereinigten sich in der „Jüdischen Künstlerisch-Literarischen Gesellschaft". Die anderen wiederum fanden sich in der Zeitschrift „Cusztajer" zusammen. Diesen Kreis bildeten die so genannten „Légeristen", die kubistischen Anregungen folgten. Zu den bekanntesten gehörten Debora Vogel (1902-1942) und Nachum Bomze (1906-1954). Auch die jiddische Literatur bekam Verstärkung, seitdem Icek Manger (1901-1969) aus Rumänien nach Lemberg umgesiedelt war. Manger war der namhafteste Jiddisch schreibende Lyriker dieser Zeit.[44] Zygmunt Schorr (1890-?) hatte viel Erfolg mit seinen Satiren.[45]

Die zahlreichste Gruppe von Autoren band jedoch die polnischsprachige „Chwila" an sich. Zuerst widmete die Redaktion der Literatur lediglich eine umfangreichere Rubrik, die später zu einer literarisch-wissenschaftlichen Beilage ausgeweitet wurde. Ab 1924 erschienen hier Arbeiten junger talentierter Autoren wie Rubin Feldschuh (1900-?), Maurycy (Mosze) Szymel (1903-1942), Karol Dresdner (1908-1943), Minka Silbermanówna (ca. 1912-1941) und

---

[43] Borzymińska/Żebrowski (wie Anm. 12), S. 134.
[44] Ebd., S. 137.
[45] Stachel (wie Anm. 36), S. 334.

Riwka Gurfein (1908-1983). Noch vor dem Ende der Dekade kamen Anda Eker (1912-1936) und Stefan Pomer (?-1941) hinzu. Mit weiteren jungen Dichtern wie Daniel Ihr (?-1942), Hersz A. Fenster (1908-1942), Roman Brandstaetter (1906-1987) und den Kritikern Pesach Stark (Julian Stryjkowski) und Chaim Löw (Leon Przemyski) entstand ein fester Kreis von „Chwila"-Autoren, die häufig öffentliche Lesungen veranstalteten.[46]

Andere wichtige Zentren der jüdischen Literatur in Polen waren Wilna, Krakau und Warschau, wo das renommierte Blatt „Literarisze Bleter" (1924-1939) herausgegeben wurde, in dem jüdische Schriftsteller veröffentlichten.

Bildende Kunst:
Hoch geschätzt waren die drei Lemberger Maler Zygmunt Menkes (1896-1985), Jerzy Merkel (1881-1976) und Wilhelm Wachtel (1875-1942), die jedoch noch zur Zeit des Ersten Weltkrieges die Stadt verließen, sich in Wien und Paris niederließen und von da aus ihren Einfluss auf die in Lemberg gebliebenen Künstler ausübten. Großer Berühmtheit in Lemberg erfreute sich vor allem Wachtel, der als „Senior der jüdischen Malerei" bezeichnet wurde. Anerkennung fanden Henryk Selzer, der als einer der besten Maler in der Stadt galt, sowie der Grafiker und Illustrator Mosze Efraim Lilien (1874-1925). Den Impressionismus vertraten Erno Erb (1878 oder 1890 - 1943), Marcin Kitz (1891 oder 1894 -1943) und Artur Klar (1895-?), den Expressionismus Mojzesz Psachis (1909-1941) und Emil Kunke (1896-1943), der oft Sagenmotive einsetzte. Ein namhafter Künstler war Fryderyk (Fryc) Kleinman (1897-1943). Für seine Bilder sind Karikatur und Groteske sowie Anspielungen auf das Judentum charakteristisch. Ein bekannter Karikaturist war Jakub Bickels. Seine Zeichnungen in den jüdischen Zeitungen kommentierten oft das zeitgenössische Geschehen.[47]

Viele jüdische Künstler traten polnischen Vereinen bei, so war die Hälfte der Mitglieder im Verband Bildender Künstler „Artes"

---

[46] Borzymińska/Żebrowski (wie Anm. 12), S. 150.
[47] Artur Lauterbach, Żydzi a sztuki plastyczne [Die Juden und die plastischen Künste], in: Almanach żydowski (wie Anm. 36), S. 58-69.

Kulturleben in Lemberg 1918-1939

(1929-1935) Juden. Zu ihnen gehörten Ludwik Lille (1897-1957), Otto Hahn (1905-1941) und Marek Włodarski (Henryk Streng 1903-1960). Diese Gruppe galt als Vorreiterin auf dem Gebiet der abstrakten Malerei in Lemberg.[48] Ein großer Mäzen der jüdischen Kunst war der stellvertretende Stadtpräsident Wiktor Chajes (1875-1941?).[49]

Kulturfördernde Einrichtungen:
Die jüdische Gemeinschaft in Lemberg beabsichtigte seit längerem die Errichtung eines jüdischen Museums. Bereits 1910 plädierte der bekannte Kunstsammler Maksymilian Goldstein (?-1942) dafür. Das einzige bestehende jüdische Museum in Polen befand sich damals in Warschau beim Vorstand der Jüdischen Glaubensgemeinschaft und bestand aus einer von Matias Berson übergebenen Sammlung. Bis ein jüdisches Museum in Lemberg entstand, wurden Ausstellungen in polnischen Einrichtungen veranstaltet. Im Jahre 1926 gab es eine große Ausstellung jüdischer Kunst, die vom Kuratorium zur Pflege der Jüdischen Kunstdenkmäler organisiert wurde. Dazu wurde ein umfangreicher Katalog herausgegeben. Bei der Lemberger Buchausstellung im Jahr 1928 wurden auch Judaica präsentiert. Als verheißungsvoll stellte sich 1933 die Ausstellung im Städtischen Museum für Kunsthandwerk in Lemberg heraus. Sie spornte nämlich zur Errichtung der „Gesellschaft der Freunde des Jüdischen Museums" an. Für ihr Vorhaben gewann die Gesellschaft den stellvertretenden Stadtpräsidenten Chajes. Bereits 1934 wurde das Jüdische Museum in Lemberg unter der Leitung von Ludwik Lille eröffnet.[50] Das Museum kam in Besitz zahlreicher wertvoller Ausstellungsstücke und Inventarverzeichnisse, die vom Kuratorium zur Pflege der Jüdischen Kunstdenkmäler für Kleinpolen erstellt wurden. Als Rarität galt die

---

[48] Borzymińska/Żebrowski (wie Anm. 12), S. 210f.
[49] In den Jahren 1930-1939 plädierte er als stellvertretender Stadtpräsident für die Assimilation der Juden, er war Vorsitzender und Mitglied zahlreicher karitativer und wirtschaftlicher Organisationen (z.b. der ältesten wohltätigen jüdischen Einrichtung B'nei B'rith). Wiktor Chajes, Semper Fidelis. Pamiętnik Polaka wyznania mojżeszowego z lat 1926-1939 [Semper Fidelis. Erinnerungen eines Polen mosaischen Bekenntnisses an die Jahre 1926-1939], Kraków 1997, S. 10, 26, 53.
[50] Borzymińska/Żebrowski (wie Anm. 12), S. 241.

von Marek Reichenstein überreichte Kettuba-Sammlung (Eheverträge-Sammlung).[51]
Die Inventarisierung und Pflege der jüdischen Kunstdenkmäler wurde überhaupt in Lemberg intensiver betrieben als in anderen polnischen Städten. Das erwähnte Kuratorium wurde bereits 1925 gegründet. Beispielsweise führte es Konservierungsarbeiten auf dem jüdischen Friedhof aus. Später wurden für diesen Zweck moderne Techniken herangezogen. In den 30er Jahren unternahm die „Jüdische Landeskundliche Gesellschaft" die fotografische Inventarisierung der jüdischen Kunstdenkmäler[52].

Das ukrainische Kulturleben

Die Ukrainer waren die drittstärkste Nationalität in Lemberg. Wenn man die Muttersprache als Kriterium der ethnischen Zugehörigkeit betrachtet, so stellten sie in den 1930er Jahren über 11 Prozent der Stadtbevölkerung. Wenn man jedoch davon ausgeht, dass die Kirchenzugehörigkeit (im Falle der Ukrainer war es die griechisch-katholische Kirche) glaubwürdiger für die Feststellung der Nationalität ist, so betrug der Anteil dieser Gruppe fast 16 Prozent. Die ukrainische politische Landschaft war ebenso vielfältig wie die jüdische. In der Stadt agierten demokratische, sozialistische, liberale und kommunistische Parteien. Doch in einem grundsätzlichen Punkt unterschieden sie sich von den jüdischen: Alle strebten die Entstehung einer unabhängigen Ukraine an, nur die Mittel zu diesem Zweck unterschieden sich je nach Partei. Die Kämpfe um Lemberg im Jahr 1918 hinterließen tiefe Spuren auf beiden Seiten. Nach meist verbalen Protesten in den 20er Jahren, wie dem Boykott der Sejmwahlen, spitzte sich die Lage in der nächsten Dekade dramatisch zu. Im Sommer 1930 wurde eine Sabotageaktion, die auf Brandstiftungen beruhte, durchgeführt. Später wurde der Regierungsbeauftragte Tadeusz Hołówko, ein Befürworter der polnisch-ukrainischen Zusammenarbeit, in Truskawiec erschossen. Es folgte ein tödliches Attentat

---

[51] Józef Awin, O dawnej sztuce żydowskiej [Über die alte jüdische Kunst], in: Almanach żydowski (wie Anm. 36), S. 37.
[52] Borzymińska/Żebrowski (wie Anm. 12), S. 238f.

Kulturleben in Lemberg 1918-1939

auf den Innenminister Bronisław Pieracki. Die Gewalt richtete sich nicht nur gegen Polen, sondern auch gegen Ukrainer: Großes Aufsehen verursachte der Mordanschlag auf den Schulleiter des ukrainischen Gymnasiums, Ivan Babij, in Lemberg im Jahre 1934. Zwangsläufig war die Einstellung der ukrainischen Bevölkerung gegenüber dem polnischen Staat negativ. Vor diesem Hintergrund spielte sich das ukrainische Kulturleben in der Stadt ab.

Musik:
Seit der Entstehung von Musikschulen nahmen Komponisten eine bedeutende Stellung in der ukrainischen Musik ein. Die ukrainische Musik gewann einerseits durch die Einbeziehung moderner Strömungen an Frische, andererseits behielt sie eine Kontinuität durch die Verwendung nationaler Elemente bei.

Große Anerkennung fand der Komponist Stanislav Ludkevyč (1879-1979). Zu seinen Verdiensten zählte, dass er die ukrainische Instrumentalmusik in Galizien auf einen zeitgemäßen Stand brachte. Er komponierte in allen Gattungen: Sinfonien, Kammermusik und Vokalformen. Seine Werke standen unter dem Einfluss der ukrainischen Volksmusik und deutscher Romantiker. Der beliebteste Komponist der Kammermusik war Vasyl Barvinskyj (1888-1963), der Instrumental- und Vokalformen schuf. In den 1930er Jahren leitete er das Lysenko-Musikinstitut in Lemberg. Patriotische Lieder komponierte Roman Kupčynskyj (1867-1938). Jaroslav Lopatynskyj (1871-1936) wurde wegen seiner Chorkompositionen und Theatermusik bekannt. Andere Komponisten, die einen Platz in der Geschichte der ukrainischen Musik einnehmen, waren Jaroslav Jaroslavenko (1888-1958) und Nestor Nyžankivskyj (1893-1940)[53].

Einer großen Beliebtheit, auch beim polnischen Publikum, erfreute sich das Musikerehepaar Antoni Rudnicki, Dirigent und Kom-

---

[53] Olga Popowicz, Pieśń solowa w twórczości kompozytorów ukraińskich Galicji Wschodniej XIX i XX wieku do 1939 roku [Das Sololied im Schaffen der ukrainischen Komponisten Ostgaliziens des 19. und 20. Jahrhunderts bis 1939], in: Musica Galiciana. Kultura muzyczna Galicji w kontekście stosunków polsko-ukraińskich (od doby piastowsko-książęcej do roku 1945), hrsg. v. Leszek Mazepa, Bd. 1, Rzeszów 1997, S. 135-140.

ponist, und seine Frau Maria Sokół, Opernsängerin. Beide arbeiteten an der Lemberger Oper.[54]

Theater:
Das ukrainische Theater hatte seinen Ursprung in der zweiten Hälfte des 19. Jahrhunderts. In der Zwischenkriegszeit gab es in Lemberg ein ständiges ukrainisches Theater. Das Ukrainische Unabhängige Theater (Ukrajinskyj Nezaležnyj Teatr) führte von 1920-1928 Stücke auf, die hauptsächlich an das ukrainische Publikum gerichtet waren. Diese Einrichtung wurde von freiwilligen Spenden unterhalten und litt unter chronischem Geldmangel. Die Theaterkunst wurde vom Theaterausschuss der Gesellschaft „Prosvita" unterstützt und ihr war die Monatszeitschrift „Teatralne mystectvo" [Theaterkunst] gewidmet. Trotz der Förderung verließ das Theater notgedrungen wegen finanzieller Probleme die Stadt.[55] Seit dieser Zeit traten in Lemberg nur noch Wandertheater auf. Von den zehn war vor allem das Theater „Zahrava" unter der Leitung von Blavackyj geschätzt, weil es auch Stücke von modernen ukrainischen Dramatikern aufführte. Ein hohes Renommee besaß bei den Zeitgenossen das Tobilevič-Theater. Das Theater wurde von dem Regisseur und Schriftsteller Mykola Sadovskyj (1865-1933) und der Künstlerfamilie Tobilevič in der Ostukraine gegründet. Sadovskyj leitete es in den 20er Jahren selbst.[56] Seine zahlreiche Truppe galt als sehr begabt. Andere Theater wie „Ukrajinska Besida", Komorowski- und Kohutiak-Theater blieben dem klassischen Repertoire treu.[57] Um einer Überfülle an Vorstellungsangeboten vorzubeugen, wurde eine koordinierende Stelle geschaffen: die Genossenschaft „Teatr Ukrajinskyj" [Ukrainisches

---

[54] Biuletyn polsko-ukraiński (1934), Nr. 9, S. 7.
[55] Zoja Baran, Lwów jako ośrodek ukraińskiego życia teatralnego w latach dwudziestych XX wieku [Lemberg als Zentrum des ukrainischen Theaterlebens in den zwanziger Jahren des 20. Jahrhunderts], in: Lwów. Miasto, społeczeństwo, kultura. Studia z dziejów Lwowa, hrsg. v. Henryk W. Żaliński/Kazimierz Karolczak, Bd. 2, Kraków 1998, S. 491-498.
[56] Biuletyn polsko-ukraiński (1933), Nr. 2, S. 39-41.
[57] Mirosława Papierzyńska-Turek, Sprawa ukraińska w Drugiej Rzeczypospolitej 1922-1926 [Die ukrainische Frage in der Zweiten Republik 1922-1926], Kraków 1979, S. 93f.

Kulturleben in Lemberg 1918-1939

Theater], die kleinere städtische Zuschüsse bekam. Doch das ukrainische Theater kämpfte in dieser Zeit vor allem gegen das von Anfang an bestehende Hauptproblem eines fehlenden eigenen Theatergebäudes.[58]
Einer großen Bekanntheit erfreute sich die Schauspielerin Marja Morska (eigtl. Marja Fessing, 1895-1932), die in modernen ukrainischen Theateraufführungen in Warschau spielte. Doch ihre Karriere begann in Lemberg, wo sie von 1921-1923 im Theater „Ukrajinska Besida" auftrat.[59] Auch ihr Privatleben sorgte für Spekulationen: Ihr Mann, der Regisseur Zaharov, verließ sie und arbeitete für verschiedene Theater in der Sowjetukraine.[60]

Presse:
In den Jahren 1918-1939 erschienen in Lemberg 904 Zeitschriftentitel, davon 570 auf ukrainisch, und 72 Gelegenheitsblätter.[61] Die höchsten Auflagen erreichte die in Żółkiew herausgegebene griechisch-katholische Monatszeitschrift „Misionar" [Der Missionar]. Die zahlreichste Gruppe von Presseerzeugnissen stellten jedoch die an Tagesereignissen orientierten Blätter dar, die häufig zugleich Parteiorgane waren. „Dilo" war die am meisten geschätzte und traditionsreichste ukrainischsprachige Tageszeitung in Lemberg. Sie wurde bereits 1880 von Volodymyr Barvinskyj, dem Schöpfer des modernen ukrainischen Journalismus, gegründet. In der Zweiten Republik vertrat sie die politischen Ansichten des nationalen Zentrums. Von Geltung waren außerdem zwei weitere Tageszeitungen: „Novyj Čas" [Neue Zeit] (1923-1939), die zuerst radikalnationalistisch geprägt war, sich aber später der gemäßigten Ukrainischen National-Demokratischen Vereinigung (UNDO) näherte sowie die „Ukrajinski Visti" [Ukrainische Nachrichten], die von 1935 bis 1939 erschie-

---

[58] Biuletyn polsko-ukraiński (1934), Nr. 14, S. 4.
[59] Ebd. (1933), Nr. 2, S. 41f.
[60] Ebd. (1933), Nr. 1, S. 45.
[61] Jerzy Jarowiecki, Prasa we Lwowie w latach Drugiej Rzeczypospolitej [Die Presse in Lemberg in den Jahren der Zweiten Republik], in: Lwów. Miasto, społeczeństwo, kultura, Studia z dziejów Lwowa, Bd. 1, Kraków 1995, S. 151.

nen.[62] Eine Sonderstellung besaß das Wochenblatt „Biuletyn polsko-ukraiński" [Polnisch-Ukrainisches Bulletin]. Es wurde auf Anregung des Innen- und des Außenministeriums sowie des Militärs in Warschau herausgegeben und propagierte unter den Intellektuellen die polnisch-ukrainische Verständigung aus der Sicht der Piłsudski-Anhänger. Die Zeitschrift erschien erstmals 1932 unter äußerst ungünstigen Bedingungen, nach der Sabotageaktion von 1930 und dem Attentat auf Tadeusz Hołówko. Deswegen wurde sie von der ukrainischen Intelligenz zuerst skeptisch aufgenommen und als Propagandablatt betrachtet. Bald war jedoch das Eis gebrochen. Ivan Kedryn, der zur Zusammenarbeit eingeladene „Dilo"-Redakteur meinte: „Das ‚Biuletyn polsko-ukraiński' ist zweifellos die erste polnische Zeitschrift dieser Art, die ausschließlich der ukrainischen Frage sowie den polnisch-ukrainischen Beziehungen im weitesten Sinne gewidmet ist. Die verhältnismäßige Kühnheit bei der Behandlung einzelner Themen veranlasst zur Aufrichtigkeit (…)".[63] Was Kedryn zufolge Lob verdiente, war ein paar Jahre später der Grund für die Einstellung der Zeitschrift.

Eine andere Gruppe von Titeln stellten Fachzeitschriften dar. Beispielsweise wurden im Jahr 1930 elf Schriften herausgegeben, die der Kultur, Bildung und Literatur gewidmet waren, sowie fünf wissenschaftliche Zeitschriften.[64] Mit der Kultur befassten sich die „Literaturno-Naukovyj Visnyk", „Osvitu", „Nazustrič", „Amatorskyj Teatr" (herausgegeben von der Prosvita), „Mystectvo" [Kunst] (herausgegeben von der Vereinigung Ukrainischer Unabhängiger Künstler, ANUM)[65] und „Naša Kultura" [Unsere Kultur]. Außerdem erschienen unregelmäßig verschiedene Hefte wie „Karby – mysteckyj zbirnyk". Eine hohe Wertschätzung unter den wissenschaftlichen Zeitschriften genoss die Zweimonatsschrift „Zapysky Naukovoho

---

[62] Henryk Chałupczak/Tomasz Browarek, Mniejszości narodowe w Polsce. 1918-1995 [Die nationalen Minderheiten in Polen. 1918-1995], Lublin 1998, S. 78f; Marek Syrnyk, Ukraińcy w Polsce 1918-1939. Oświata i szkolnictwo [Die Ukrainer in Polen 1918-1939. Bildungs- und Schulwesen], Wrocław 1996, S. 168ff.
[63] Biuletyn polsko-ukraiński (1933), Nr. 1, S. 9.
[64] M. Feliński, Ukraińcy w Polsce Odrodzonej [Die Ukrainer im wieder entstandenen Polen], Warszawa 1931, S. 118f.
[65] Biuletyn polsko-ukraiński (1933), Nr. 2, S. 50.

Tovarystva im. Ševčenka" (1892-1939), die wissenschaftlich anspruchsvolle Beiträge zur ukrainischen Geschichte und Kultur veröffentlichte. Dieselbe Thematik, aber für ein breiteres Publikum verfasst, behandelte die in den Jahren 1927-1939 von der Gesellschaft Prosvita herausgegebene Zeitschrift „Žyttja i znannja" [Leben und Wissen].[66]

Literatur:
In Lemberg wirkten mehrere Autorenkreise, die sich meistens um Zeitschriften bildeten. Die ukrainischen Symbolisten wie Vasyl Bobynskyj, Oleš Babij, Marijka Pidhirjanka, Jurij Škrumelak, M. Holubeč und R. Kupčynskyj vereinigten sich seit 1922 um das Blatt „Mytusa". Als „radianophil" bezeichnete man ukrainische Autoren in Kleinpolen, die die prosowjetische Richtung vertraten. Diese Gruppe entstand bereits in den 20er Jahren und bekam finanzielle Unterstützung aus der Sowjetukraine. Ihr Blatt war zuerst „Novi Šljachy" [Neue Wege], später „Krytyka" [Kritik] (1929-1932). Hier veröffentlichten Antin Krušelnyckyj, Jaroslav Galan, R. Skazynskyj, S. Maslak, A. Kolomyjec, J. Kosač. Die Schriftsteller, die in der nationalen Strömung schufen, gruppierten sich um die „Literaturno-Naukovyj Visnyk" (1922-1932), später „Visnyk" (1933-1939), dessen Chefredakteur der bekannte Publizist Dmytr Doncov war. In der Vereinigung „Logos" kamen ukrainische christlich geprägte Autoren zusammen, die die Schriften „Postup" [Fortschritt] (1921-1931) und „Dzvony" [Glocken] (1930-1939) herausgaben. Dieser Gruppe gehörten Bohdan Ihor Antonyč (1909-1937), Natalena Koroleva und H. Lužnyckyj-Merijam an.[67] In den 30er Jahren befand sich die ukrainische Literatur in einem Schwächezustand und die Kritiker monierten: „Die ukrainische Literatur in Galizien ist gegenwärtig nicht durch allzu große Regsamkeit gekennzeichnet; relativ wenige Schriftsteller veröffentlichen ihre Arbeiten und das Verlagsgeschäft ist seit einigen

---

[66] Marek Glogier, Ukraińskie czasopisma naukowe w międzywojennym Lwowie [Die ukrainischen wissenschaftlichen Zeitschriften im Lemberg der Zwischenkriegszeit], In: Lwów. Miasto, społeczeństwo, kultura. Studia z dziejów Lwowa, Bd. 1, Kraków 1995, S. 168-176.

[67] Michał Łesiów, Ukraina wczoraj i dziś [Die Ukraine gestern und heute], Lublin 1995, S. 48f.

Jahren erheblich geschwächt."[68] Trotzdem wurden auch in dieser Zeit mehrere junge talentierte Autoren entdeckt: Die Zeitgenossen schätzten den Dichter Švjatoslav Hordynskyj, der früher ein bekannter Graphiker war. Nachdem er taub geworden war, schrieb er Gedichte, die von Galgenhumor gekennzeichnet waren. Die Lieblingsgattung von Stefan Levinskyj war die Reportage. Große Anerkennung fand sein Buch „Im japanischen Haus", in dem er das Leben japanischer Studenten in einem Wohnheim in Paris darstellte. Die Leitmotive der Werke von Zygmunt Procyšyna waren Revolution und Verschwörung. Olena Žurba widmete sich wiederum dem Alltag einfacher Menschen. Bohdan Kravciv schuf patriotische Lyrik.[69]

In Lemberg agierte die „Ivan-Franko-Gesellschaft" für Literaten und Journalisten, der einzige Verband dieser Art in Polen. Seit 1933 leitete sie Bohdan Lepkyj, ein berühmter Professor an der Krakauer Universität. Die Gesellschaft zeichnete sich dadurch aus, dass hier Vertreter unterschiedlicher politischer Richtungen zusammenkamen.[70]

Bildende Kunst:
Die meisten bekannten ukrainischen Künstler wirkten entweder in der Sowjetukraine (Mychajlo Bojčuk, Petro Cholodnyj, der oft für Kunden aus Lemberg schuf, beispielsweise die Ikonostase für die Theologische Akademie [71] oder als Emigranten in Westeuropa sowie in den Vereinigten Staaten (Alexander Archipenko). Kennzeichnend für ihre Werke war der monumentale Stil. Diese Ausdrucksform übernahmen die Lemberger Maler M. Osinčuk und J. Muzykova.[72] In Lemberg agierte außerdem die Vereinigung Unabhängiger Ukrainischer Künstler (Asocjacja Nezaležnych Ukrainskych Mystectv – ANUM), die organisatorisch sehr aktiv war. Sie veranstaltete mehrere Ausstellungen moderner ukrainischer Maler. Die fünfte Ausstellung im Jahre 1934 war dem gebürtigen Lemberger Lev Gec gewid-

---

[68] Biuletyn polsko-ukraiński (1933) Nr. 4, S. 37.
[69] Ebd. (1934), Nr. 7, S. 3-5.
[70] Ebd. (1933), Nr. 2, S. 37f.
[71] Ebd. (1934), Nr. 14, S. 10.
[72] Ebd. (1934), Nr. 1, S. 7.

Kulturleben in Lemberg 1918-1939

met, dessen Hauptthemen Landschaften und Schlachten waren.[73] ANUM gab die Zeitschrift „Mystectvo" heraus, dessen Chefredakteur Pavel Kovžun war. Kovžun war zu jener Zeit bereits ein namhafter Grafiker. Er wurde 1931 auf der internationalen Ausstellung von Grafiken und Exlibris in Los Angeles ausgezeichnet.[74]

Kulturfördernde Einrichtungen:
In Lemberg hatten zwei große traditionsreiche Gesellschaften ihren Sitz, die sich zwar nicht mit der hohen Kultur befassten, dafür aber Arbeit an der Basis leisteten. Die Ukrainische Pädagogische Gesellschaft „Ridna Škola" [Heimatschule] (Ukrajinske Pedahohiczne Tovarystvo „Ridna Škola"), wurde bereits 1881 gegründet.[75] Das erklärte Ziel der Gesellschaft war die Einrichtung möglichst zahlreicher öffentlicher Volksschulen mit ukrainischer Unterrichtssprache. Wenn das nicht erreicht werden konnte, wurden private Schulen gegründet und unterhalten. Die „Ridna Škola" veranstaltete außerdem Kurse für Analphabeten, organisierte Jugendgruppen und errichtete Bibliotheken. Auch im Bereich der Volkskultur war die Gesellschaft aktiv. Im Jahre 1939 betreute sie 80 Chöre und 10 Orchester. Ihre Tätigkeit wurde mit Spenden finanziert. Die Hälfte der Ausgaben wurde durch Beiträge von ausgewanderten Ukrainern, vorwiegend aus den Vereinigten Staaten, gedeckt.[76] Dies war die Quelle für die teure Unterhaltung der privaten Schulen, denn Spendensammlungen im Lande waren aus zwei Gründen erschwert: erstens obstruierten die lokalen polnischen Behörden die Spendenaktionen, zweitens war die ukrainische Gesellschaft einkommensschwach, denn 80 Prozent der Ukrainer waren Kleinbauern. Trotzdem entwickelte sich die Struktur der Gesellschaft weiter. Von den 33 Privatschulen im Jahr 1937 befanden sich acht in Lemberg.[77] Der langjährige Vorstands-

---

[73] Ebd. (1934), Nr. 8, S. 8f.
[74] Ebd. (1933), Nr 28, S. 4.
[75] Sie hieß zunächst Ruthenische Pädagogische Gesellschaft, seit 1912 Ukrainische Pädagogische Gesellschaft und seit 1926 Ukrainische Pädagogische Gesellschaft – Heimatschule. Vgl. Syrnyk (wie Anm. 62), S. 76.
[76] Ryszard Torzecki, Kwestia ukraińska w Polsce w latach 1923-1929 [Die ukrainische Frage in Polen in den Jahren 1923-1929], Kraków 1989, S. 299.
[77] Syrnyk (wie Anm. 62), S. 81.

vorsitzende der „Ridna Škola" war Illa Kokorudz, der frühere Leiter des öffentlichen Gymnasiums mit ukrainischer Unterrichtssprache.[78] Nach seinem Tod 1933 übernahm Ivan Haluščynskyj die Stelle.[79]

Die zweite bedeutende Gesellschaft war „Prosvita" [Bildung], die seit 1868 bestand. Während des Ersten Weltkrieges wurden ihre Strukturen und ihr Vermögen erheblich beeinträchtigt, so dass sie ihre Tätigkeit erst 1921 offiziell wieder aufnehmen konnte. Ihr Arbeitsfeld waren hauptsächlich die ländlichen Gebiete und ihr Aufgabenbereich die außerschulische Bildung. „Prosvita" führte überdies Lesehallen, betreute Volkskünstler, Amateurtheater und Chöre. Sie war zudem verlegerisch tätig, was bereits in ihrem Statut verankert war: Das Ziel der Gesellschaft war „die moralische, finanzielle und politische Unterstützung der nationalen Bildung durch die Herausgabe von praktischen Büchern und Broschüren".[80] Ihr Organ war die „Pysmo z Prosvity" (von 1922 bis 1927 als „Narodna Prosvita") und „Kalendarz Proswity" (1921-39).[81] Sie zählte fast 30.000 Mitglieder, die sich im Jahre 1929 in Ostkleinpolen in 84 Außenstellen betätigten.[82] Gegen Ende der 30er Jahre führte „Prosvita" fast 3.000 Lesehallen und gemeinschaftliche Unterhaltungsräume, 190 Bibliotheken, 120 Chöre, 130 Orchester sowie zahlreiche „Bruderschaften der Nüchternheit".[83] Um die Prosvita-Stellen florierte das Kulturleben der Ukrainer.

An der Basis der Gesellschaft arbeiteten auch die ukrainischen Feministinnen. Die aktivste Vereinigung dieser Art war der „Sojuz Ukrajinok" [Verband der Ukrainerinnen], der 1917 gegründet wurde, aber erst nach der Hauptversammlung im Jahr 1921 seine Tätigkeit voll entfaltete. Zu seinem Aufgabenbereich gehörten Kultur, Bildung, Volkskunst und soziale Unterstützung. Im Jahre 1922 wurde die Genossenschaft „Ukrainische Nationalkunst" (Ukrajinske Narodne Mystectvo) gegründet, die Erzeugnisse der Volkskunst an die

---

[78] Biuletyn polsko-ukraiński (1933), Nr. 7, S. 11.
[79] Ebd. (1934), Nr. 3, S. 10.
[80] Papierzyńska-Turek (wie Anm. 57), S. 91.
[81] Syrnyk (wie Anm. 62), S. 133 f.
[82] Torzecki (wie Anm. 76), S. 301.
[83] Tadeusz Olszański, Zarys historii Ukrainy w XX wieku [Abriss der Geschichte der Ukraine im 20. Jahrhundert], Warszawa 1990, S. 100.

ukrainische Emigration vertrieb.[84] Ihr Organ war die Zeitschrift „Žinka" [Frau]. Das Konkurrenzblatt war „Očag" [Feuerstelle] für prosowjetische Feministinnen.

Die „Wissenschaftliche Ševčenko-Gesellschaft"[85] wirkte von 1873 bis 1892 unter dem Namen „Literarische Ševčenko-Gesellschaft". Die spätere Namensänderung war berechtigt, denn der Aufgabenbereich wurde kontinuierlich erweitert. Sie beschäftigte sich mit wissenschaftlicher und verlegerischer Tätigkeit. Die einzelnen Abteilungen der Gesellschaft gaben die Ergebnisse ihrer Arbeit in mehreren Bänden und Reihen heraus. In der Zwischenkriegszeit wurden 21 Bände der philosophischen Sektion, 32 Bände der mathematisch-naturwissenschaftlich-medizinischen Sektion und 22 Bände der archäologischen Sektion veröffentlicht.[86] Die Gesellschaft besaß eine Bibliothek in Lemberg, die auch als Ukrainische Nationalbibliothek bezeichnet wurde, da ihr Bücherbestand bezüglich der Ukraine zu den umfangreichsten im Lande zählte. Seit dem Jahre 1933 erhielt die Bibliothek je ein Pflichtexemplar aller ukrainischen Schriften, die in Polen herausgegeben wurden, sowie von Auslandsschriften, die im Lande verboten waren. Im Jahre 1935 verfügte die Bibliothek über 200.000 katalogisierte Bücher und 2.000 Handschriften.[87] Die Ševčenko-Gesellschaft war eine vermögende Organisation. Sie besaß eine eigene Druckerei, eine Buchbinderei, eine Buchhandlung sowie ein Studentenwohnheim. Überdies leitete sie das Museum für Kultur und Kunst, das naturwissenschaftliche Museum und ein chemisch-bakteriologisches Forschungslabor. Der langjährige Vorstandsvorsitzende war Volodymyr Levickyj.[88]

Mit der Erforschung der gegenwärtigen Ukraine und ihrer Geschichte beschäftigte sich seit 1930 das Ukrainische Wissenschaftliche Institut. Zu seinem Erfolg gehörte die Herausgabe des Werkes von Dymitri Dorošenko „Abriss der Geschichte der Ukraine" (1934),

---

[84] C. Mikułowska, „Ukraiński" ruch kobiecy [Die „ukrainische" Frauenbewegung], Lwów 1937, S. 24.
[85] Taras Ševčenko (1814-1861), der bedeutendste Dichter der Ukraine. Mit seiner volkstümlichen Dichtung gilt er als Vater der ukrainischen Nationalliteratur.
[86] Syrnyk (wie Anm. 62), S. 154.
[87] Ebd., S. 158.
[88] Biuletyn polsko-ukraiński (1933), Nr. 7, S. 8.

das trotz der Förderung seitens des polnischen Staates von den Ukrainern gut aufgenommen wurde. Es war die erste Abhandlung zu diesem Thema auf akademischem Niveau.[89]

Ansonsten konnte sich das akademische Leben der Ukrainer in Lemberg wenig entfalten. Während des polnisch-ukrainischen Krieges durften die Ukrainer nicht an der Lemberger Universität studieren. Als es erlaubt wurde, boykottierte die ukrainische Jugend die Universität. Diejenigen ukrainischen Studenten, die trotzdem das Studium aufnahmen, wurden von den ukrainischen Studentenorganisationen öffentlich geächtet. Die vom polnischen Staat zugesicherte Ukrainische Universität entstand nicht.[90] Die einzigen ukrainischen Hochschulen in der Stadt waren die Theologische Akademie[91] und die Lysenko-Musikhochschule.[92] Trotzdem hatten die meisten ukrainischen Studentenorganisationen in Polen in Lemberg ihren Sitz. In den 30er Jahren wirkten hier 16 Studentenvereinigungen (vergleichsweise nur 4 in Krakau[93]), die auch hier ihre Organe verlegten: „Studentskyj Vistnyk Postup" [Studentenbulletin Fortschritt] (1921-1930), „Studentskyj Vistnyk" [Studentenbulletin] (1935-36), „Studentskyj Šljach" [Studentenweg] (1931-34), „Naš Šljach" [Unser Weg] (1922-23) und „Novyj Šljach" [Neuer Weg] (1925-26).[94]

Das deutsche Kulturleben

Die deutsche Nationalitätengruppe war wenig zahlreich. Nach der Volkszählung von 1931 bekannten sich 2.448 Personen zur deutschen Muttersprache. Davon gehörten 593 Personen der römisch-katholischen Kirche und 1.663 den evangelischen Kirchen an.[95] Bereits die Zahlen weisen darauf hin, dass die Deutschen, die ein Prozent der gesamten Stadtbevölkerung stellten, im Kulturleben der Stadt nicht tonangebend waren. Zudem waren die römisch-

---

[89] Ebd. (1934), Nr. 3, S. 11.
[90] Syrnyk (wie Anm. 62), S. 102.
[91] Ebd., S. 111.
[92] Ebd., S. 164.
[93] Ebd., S. 116ff.
[94] Ebd., S. 122f.
[95] Urząd Statystyczny Rzeczypospolitej Polskiej (wie Anm. 3), S. 11.

Kulturleben in Lemberg 1918-1939

katholischen Deutschen durch den Einfluss der Kirche ständig der Polonisierung ausgesetzt. Unter diesen Umständen nahmen vor allem die evangelischen Deutschen die Pflege der deutschen Kultur auf sich. Diese Kreise waren gut organisiert und kulturell sehr rege. Die wichtigste und am meisten geschätzte kulturelle Organisation der Deutschen in Lemberg war der Deutsche Geselligkeitsverein „Frohsinn", der bereits 1903 gegründet wurde. In der Zweiten Republik nahm er seine Tätigkeit offiziell 1920 wieder auf. Er veranstaltete wissenschaftliche und landeskundliche Vorträge sowie heimatkundliche Ausstellungen, die das Leben der Deutschen in Galizien und in anderen Siedlungsgebieten dokumentieren sollten. Da viele Mitglieder ehrenamtlich wirkten, erzielte der Verein häufig Überschüsse. Das Geld wurde für kulturfördernde Zwecke ausgegeben. Im Jahre 1934 stellte der Verein eine neue Satzung auf. Seitdem hieß er: „Frohsinn, Deutscher Verein für Kultur und Bildung". In dieser Zeit vermerkte der Verein zwar einen erheblichen Zuwachs von jungen Mitgliedern, doch bald stellte sich das als nachteilig heraus: Viele von ihnen standen unter dem Einfluss der nationalsozialistisch geprägten Jungdeutschen Partei. Die ideologischen Auseinandersetzungen obstruierten das bisherige Kulturleben der Deutschen. Im Februar 1939 stellte der „Frohsinn" seine Tätigkeit ein.[96]

Im „Frohsinn" waren viele Berufsschauspieler Mitglieder. Kurz vor dem Ersten Weltkrieg gaben sie den Ansporn, auch Theateraufführungen zu veranstalten. Diese Tradition setzte Jakob V. Rollauer nach dem Krieg fort. Das erste deutschsprachige Theaterstück im polnischen Lemberg wurde 1919 gespielt. Die bis jetzt informelle Theatertruppe gründete die „Liebhaberbühne des D.G.V. Frohsinn" und unterstellte sich dem Vorstand des Vereins. Bis 1923 traten die Schauspieler 34 Mal auf der Bühne auf, auch mit Aufführungen von solch anspruchsvollen Dramen wie „Minna von Barnhelm" von Lessing. Im Jahre 1923 übernahmen Sepp Müller und Fritz Aßmann die Leitung der Theatertruppe. Unter ihrer Führung wurde die Liebhaberbühne fast zu einer Dauereinrichtung. Bis 1930 spielte die Theatertruppe allein in Lemberg 106 Mal und gab überdies Gastspiele in

---

[96] Sepp Müller, Von der Ansiedlung bis zur Umsiedlung. Das Deutschtum Galiziens, insbesondere Lembergs, 1772-1940, Marburg/Lahn 1961, S. 160-163.

anderen Ortschaften. Auf ihrem Spielplan standen Dramen, Schauspiele, Volksstücke und klassische Lustspiele. Den größten Beifall erntete die Aufführung von „Kabale und Liebe" von Schiller, die 1927 dem Publikum präsentiert wurde. Doch wegen der Überalterung der Schauspieler sank die Zahl der Theaterabende und der Neueinstudierungen in den nächsten fünf Jahren erheblich. Im Jahre 1935 begann zusätzlich ein Konflikt mit der Jungdeutschen Partei. Sie griff die Leitung massiv an und forderte mehr Einfluss auf den Spielplan, der aus nationalistischer Perspektive aufgestellt werden sollte. Sowohl die Bühnenleitung als auch der Vorstand von „Frohsinn" scheuten die Auseinandersetzung und übertrugen die Führung der Liebhaberbühne dem Leiter der Jungdeutschen Partei, Herbert Gorgon. Diese Entscheidung stellte sich als fatal heraus: Es wurden nur wenige Stücke von schlechter Qualität aufgeführt. Im Jahr 1936 trat Gorgon zwar zurück, doch die Spannungen hielten an und brachten die Tätigkeit der Liebhaberbühne zum Erliegen.[97]

Der D.G.V. Frohsinn trug auch maßgeblich zur Belebung des deutschen Musiklebens in Lemberg bei. Ein Männerchor wirkte im Verein bereits vor dem Krieg. Der Vorstandsvorsitzende des Vereins, Karl Schneider, bemühte sich lange um die Wiederbelebung des Chores. Im Jahre 1922 wurde der Musiker Alfred Hetschko für die Stelle des Chormeisters gewonnen. Hetschko blieb zwar nur zwei Jahre in Lemberg, leistete aber dafür hervorragende Arbeit. Im Jahr 1923 machte sich der Chor unter dem Namen „Der Deutsche Männergesangverein" selbständig. Zusätzlich wurden ein gemischter Chor und ein Frauenchor geschaffen. Hetschko bildete überdies Solisten aus, die anspruchsvolle Partien sangen. Die Chöre führten Volks- und Kunstlieder sowie Werke von klassischen Komponisten auf. Sie musizierten auf Konzertabenden und in Kirchen. Gelegentlich gaben sie auch Gastspiele. Der Erfolg des Männergesangvereins strahlte auf die Provinz aus und veranlasste viele deutsche Gemeinden zur Gründung eigener Chöre. Im Jahr 1924 verließ Hetschko Lemberg, da der Verein sein hohes Gehalt nicht mehr bezahlen konnte. Unter seinen Nachfolgern gab der Verein etwa zwei Veranstaltungen jährlich, die weiterhin von guter Qualität waren. Große

---

[97] Ebd., S. 166-168.

Kulturleben in Lemberg 1918-1939

Anerkennung fanden Sänger wie Lene Völker und Jakub Köhle und Instrumentalsolisten wie Irene Danek, die ab und zu in Begleitung eines Orchesters auftraten. Den deutschen Musikern gelang es aber nie, ein festes Orchester zu gründen.[98]

Die Presse der deutschen Nationalitätengruppe in Lemberg bestand aus einem Titel. Seit 1922 bis 1939 erschien das „Ostdeutsche Volksblatt" mit der Beilage „Der deutsche Landwirt in Kleinpolen", das von der „Dom-Verlagsgesellschaft" herausgegeben wurde. Außer von politischen Ereignissen berichtete die Zeitschrift ausführlich von den Angelegenheiten der deutschen ländlichen Kolonien und veröffentlichte Texte deutscher galizischer Autoren.

Zu den kulturfördernden Einrichtungen zählt teilweise der „Verein Deutscher Hochschüler", der 1922 in Lemberg gegründet wurde. Er beschäftigte sich mit der Pflege deutschen Brauchtums und veranstaltete Lieder- und Vortragsabende sowie Theateraufführungen. Der „Evangelische Frauenverein" in Lemberg organisierte ebenfalls Vorträge, Musikkonzerte und Bescherungen zur Weihnachtszeit. Das eigentliche Ziel des Vereins war die Spendensammlung für arme Kinder der evangelischen Gemeinde.

In Lemberg unterhielt der „Verband deutscher Volksbüchereien in Kattowitz" eine Bücherei. In den 1930er Jahren zählte ihr Bestand über 1.700 Bücher.[99]

Das armenische Kulturleben

Mit der Erhaltung armenischer Traditionen beschäftigte sich vor allem die Lemberger Erzdiözese des armenischen Ritus, die trotz der Kirchenunion mit der römisch-katholischen Kirche und einer relativ kleinen Anzahl der Gläubigen ihre Eigenart bewahrte und pflegte. Einen großen Beitrag dazu leistete der Erzbischof Józef Teodorowicz (1902-1938), der in der Österreichisch-Ungarischen Monarchie Reichstagsabgeordneter und in der Zweiten Republik Sejmabgeord-

---

[98] Ebd., S. 176-181.
[99] Röskau-Rydel (wie Anm. 2), S. 72.

neter war.[100] Weltliche Organisationen ergänzten die Tätigkeit der Kirche. Einer der Schwerpunkte waren die Erziehungsanstalten. Zu den aktivsten gehörte die Józef-Torosiewicz-Bildungsanstalt,[101] die eigentlich ein Wohnheim mit bis zu 40 Plätzen für lernende und studierende Knaben armenischer Herkunft war. Die Zöglinge lernten die armenische Sprache, Geschichte und Lieder. Die zweite, ebenso von einer privaten Person 1930 gegründete Erziehungsanstalt war die Abrahamowicz-Stiftung,[102] die etwa 80 Plätze für Söhne infolge des Ersten Weltkrieges verarmter Gutsbesitzer anbot. Nicht zu unterschätzen ist vor allem der gesellschaftliche Faktor solcher Einrichtungen, die den Zusammenhalt armenischer Kreise förderte. Zu erwähnen wäre noch die Volks- und Mittelschule für Mädchen, die von den armenischen Benediktinerinnen geführt wurde. Der armenische Charakter blieb in diesem Fall eigentlich nur im Namen erhalten, weil die meisten Schülerinnen aus polnischen Familien kamen.[103]

Im Jahre 1927 entstand die erste Zeitschrift der Armenier in Polen, der polnischsprachige „Posłaniec św. Grzegorza" [Der Bote des hl. Gregor]. Er behandelte die Kultur und Geschichte der Armenier in Polen und wurde in 1.000 Exemplaren alle zwei Monate aufgelegt. 1935 musste die Zeitschrift ihre Tätigkeit aus finanziellen Gründen für drei Jahre einstellen. Ihren Platz nahm 1935 die theologisch geprägte Zeitschrift „Gregoriana" ein, die von der Lemberger Erzdiözese herausgegeben wurde.[104]

Die einzige Vereinigung dieser Minderheit war der Verband der Armenier bei der Erzdiözese, der 1930 in Lemberg errichtet wurde.

---

[100] Grzegorz Pełczyński, Ormianie polscy w XX wieku. Problem odrębności etnicznej [Die polnischen Armenier im 20. Jahrhundert. Das Problem der ethnischen Besonderheit], Warszawa 1997, S. 65.
[101] Die Anstalt wurde 1865 von dem Arzt Józef Torosiewicz gegründet, der nach seinem Tod dieser Einrichtung sein ganzes Vermögen überließ. Während des Ersten Weltkrieges blieb sie geschlossen. Der Erzbischof Teodorowicz trug maßgeblich dazu bei, dass die Anstalt trotz finanzieller Not 1919 wieder eröffnet wurde. Ebd., S. 55.
[102] Dawid Abrahamowicz (1839-1926) war ein bekannter Politiker. Er hatte mit seiner Frau Antonina keine Nachkommen. Sie widmeten ihr Vermögen der Stiftung. Ebd., S. 57.
[103] Ebd.
[104] Ebd., S. 59.

Die 500 Mitglieder setzten sich zum Ziel, die armenischen Kreise zu integrieren, verschiedene Organisationen finanziell zu fördern und die armenische Minderheit im Ausland, besonders im Osten, zu unterstützen. Der Verband unterhielt eine der zwei armenischen Bibliotheken in der Stadt.[105]

Am Beispiel der armenischen Minderheit lässt sich beobachten, wie eine kleine ethnische Gruppe trotz fast gänzlicher Polonisierung unterschiedliche Versuche unternimmt, die eigene Identität zu wahren. Diese Tendenz, die sich besonders stark in den 1830er Jahren abzeichnete, wurde vermutlich dadurch angeregt, dass es für die Armenier die letzte Gelegenheit, eine vollständige Assimilierung zu verhindern. Es kommt allerdings die Frage auf, warum die Armenier gerade zu diesem Zeitpunkt den Bedarf nach der Betonung ihrer ethnischen Eigenart verspürten. Das Leben im polnischen Staat dürfte diese Entwicklung nicht herbeigeführt haben, denn die Armenier wurden politisch nicht benachteiligt und wirtschaftlich gehörten sie der Elite an. Vielmehr spielten die nationalen Verhältnisse in Lemberg eine wichtige Rolle. Gerade in dieser Zeit herrschte in Lemberg eine intensive nationale Konsolidierung vor allem von zwei zahlreichen Bevölkerungsgruppen, der Polen und Ukrainer, deren unnachgiebige Einstellung zur Wahrung nationaler Eigenarten und die daraus folgenden Spannungen sicherlich auf die anderen Minderheiten abfärbten und die Neigung aller Gruppen zur Absonderung verstärkten.

Kontakte zwischen den Nationalitätengruppen

Die Beziehungen in der multiethnischen Stadt Lemberg waren miteinander verflochten. Selbstverständlich waren private und alltägliche Kontakte zwischen den einzelnen Nationalitätengruppen. Im politischen Bereich waren die nationalen Gruppen sogar aufeinander angewiesen, da sie ihre Kandidaten für die Sejmwahlen im gemeinsamen „Block der nationalen Minderheiten" aufstellten. Zu Begegnungen kam es in den religiösen Gemeinschaften. Es gab Ukrainer und Polen in der mehrheitlich deutschen evangelischen Gemeinde,

---

[105] Ebd., S. 60-63.

Deutsche und Ukrainer in der polnisch geprägten katholischen Kirche, sowie Polen in der traditionell ukrainischen griechisch-katholischen Kirche. Im wirtschaftlichen Bereich wiederum lassen sich gewisse Tendenzen zur nationalen Abgrenzung beobachten. Ein Beispiel dafür sind die Genossenschaften der einzelnen Nationalitätengruppen. Die Ukrainer gründeten den erfolgreichen „Revisionsverband der Ukrainischen Genossenschaften" (Revizyjnyj Sojuz Ukrajinskych Kooperativiv), der etwa 80% aller ukrainischen Genossenschaften vereinigte.[106] Auch die Deutschen betrieben einen „Verband Deutscher Landwirtschaftlicher Genossenschaften in Kleinpolen".[107] Die jüdische Bevölkerung errichtete eigene Berufsverbände. Das Ziel dieser Einrichtungen war der soziale Aufstieg und Zusammenhalt der eigenen Bevölkerungsgruppe. Im Kulturbereich lässt sich diese Tendenz verstärkt beobachten. Dabei sind die Aktivitäten einzelner Künstler von der institutionalisierten Kulturtätigkeit zu unterscheiden. Im ersten Fall gab es kaum nationale Abgrenzung. Beispielsweise spielten in der Lemberger Oper jüdische, polnische und ukrainische Musiker. Im Lemberger Rundfunk trat die deutsche Pianistin Irene Danek mit eigenen Konzerten auf. Dagegen waren die meisten kulturellen Vereine und kulturfördernden Einrichtungen der ethnischen Gruppen national orientiert und dienten der Integration der jeweiligen Gruppe. Am deutlichsten wird das am Beispiel der ukrainischen Bevölkerung sichtbar, die sich auf dem Höhepunkt der Herausbildung ihres Nationalbewusstseins befand. Erst die vielfältige Tätigkeit ukrainischer Vereine wie die Errichtung von Lesehallen, Chören, Sportvereinen machte „die Nation im Alltag erfahrbar".[108]

---

[106] Chałupczak/Browarek (wie Anm. 62), S. 75f.
[107] Tadeusz Kotłowski, Położenie mniejszości niemieckiej w Polsce w latach 1918-1939 [Die Lage der deutschen Minderheit in Polen in den Jahren 1918-1939], in: Mniejszości narodowe a wybuch II wojny światowej, hrsg. v. Joachim Benyskiewicz, Zielona Góra 1998, S. 59.
[108] Christoph Mick, Die „Ukrainemacher" und ihre Konkurrenten. Strategien der nationalen Vereinnahmung des Landes in Ostgalizien, in: Arbeit am nationalen Raum. Deutsche und polnische Grenzregionen im Nationalisierungsprozess, hrsg. v. Peter Haslinger/Daniel Mollenhauer, in: Comparativ. Leipziger Beiträge zur Universalgeschichte und vergleichenden Gesellschaftsforschung 15 (2005), Nr. 2, S. 60-76, hier S. 74.

Kulturleben in Lemberg 1918-1939

Aber auch die deutsche Nationalitätengruppe, die ein fundiertes Nationalbewusstsein besaß, war auf sich selbst konzentriert: Das „Ostdeutsche Volksblatt" beispielsweise schenkte den anderen ethnischen Gruppen kaum Beachtung. Abgrenzungsversuche unternahm auch die jüdische Gruppe, z.B. durch die Wahl der hebräischen oder jiddischen Sprache bei Publikationen. Die polnischsprachigen Juden betonten ihre Zugehörigkeit in der Namensgebung ihrer Verbände, z.B. die „Jüdische Künstlerisch-Literarische Gesellschaft". Es wurden nur wenige Projekte durchgeführt, die der Annäherung der nationalen Gruppen dienten, wie die Herausgabe des „Biuletyn polsko-ukraiński" und der „Chwila". Die Kulturvereine, die auch schon satzungsgemäß meistens das Ziel der Festigung und Pflege der nationalen Eigenarten verfolgten, hatten keine Motivation, untereinander lebhafte Beziehungen zu unterhalten. Auch die allgemeine politische Lage begünstigte diese Entwicklung nicht. Im Prozess der Nationalisierung der Gesellschaften sahen die einzelnen nationalen Gruppen, die sich in der polnischen Republik nicht vertreten fühlten, die Kultur als einzigen Garanten der Existenz an.

Resümee

Von allen Nationalitätengruppen in Lemberg war im Bereich der Kultur die jüdische Gemeinschaft am aktivsten. Die Lemberger Juden verfügten über eine abwechslungsreiche Presselandschaft. Aus dieser Gruppe stammten viele große Musikerpersönlichkeiten, bedeutende Schriftsteller und bekannte Künstler. Der Umstand, dass die Juden ihre Kultur in drei Sprachkreisen – dem hebräischen, jiddischen und polnischen – betrieben, zeigt, wie facettenreich ihr Kulturleben war. Diese ungewöhnliche kulturelle Kreativität wurde von mehrere Faktoren verursachte: Die jüdische Nationalitätengruppe war die bevölkerungsstärkste. Ihre religiösen Eigenarten durften die Juden ununterbrochen ausüben. Der wichtigste Umstand war jedoch die jüdische Berufsstruktur. Um die Jahrhundertwende bildete sich eine Mittelschicht, die in den nächsten Jahrzehnten einen erheblichen Entwicklungsprozess durchmachte. In der Zweiten Republik war bereits ein etabliertes jüdisches Bürgertum entstanden, das vor allem aus Freiberuflern wie Ärzten, Rechtsanwälten und Journalisten bestand. Der Kulturbedarf war also erheblich. Überdies kennzeichneten das jüdische Kulturleben eine einzigartige Offenheit, Freimut und Souveränität, die kaum von nationalen Beschränkungen eingeengt wurden.

Auf dem Niveau der nationalen Selbstfindung befanden sich die Ukrainer. Da sie über keine selbständige Staatlichkeit verfügten, durften sie ihre Nationalität nur durch die Kultur ausdrücken. Daher konzentrierte sich die Arbeit vieler kulturfördernder Vereinigungen und weitgehend auch der Presse auf die Pflege der traditionellen Volkskultur an der Basis der Gesellschaft. Die nationale Herkunft war für die Musiker, Schriftsteller und Künstler ein wesentliches Motiv ihrer Werke. Diese Vorgehensweise war für den Zweck des nationalen „Überwinterns" im fremden Staat sicherlich berechtigt. Andererseits bewirkte sie, dass das Kulturleben eingeschnürt wurde, denn übernationale freie Künstler bekamen kaum Unterstützung.

Die deutsche Bevölkerungsgruppe war dagegen zahlenmäßig viel zu schwach, um sich eine nationale Offenheit im Kulturleben zu erlauben. Aus demselben Grund vermochte sie nicht, alle Kunstgattungen zu bedienen. Es gab kaum deutsche Schriftsteller und bildende Künstler in Lemberg. Am aktivsten waren Kulturbereiche, die eine Gruppe an mitwirkenden Personen benötigten, d.h. das Musik- und Theaterleben. In den kulturellen Aktivitäten betonten sie ihre nationale Herkunft. Dies beschränkte sich nicht nur auf die Pflege volkstümlicher Sitten und Bräuche. Sie bedienten sich vielmehr der Methoden des Bildungsbürgertums, beispielsweise durch Aufführungen von deutschen Klassikern. Dadurch, dass sich die Deutschen nicht nur auf die traditionellen nationalen Eigenarten beriefen, sondern auch auf die allgemein anerkannte deutsche Kultur schlechthin, bezeugten sie ihre kulturelle Autonomie.

Von einem wahren Kulturleben der armenischen Minderheit kann man eigentlich kaum sprechen. Vor dem Aufgehen der Armenier im Polentum schützte nur noch die polnischsprachige Lemberger Erzdiözese Armenischen Ritus, die mehrere Initiativen unternahm, um die armenischen Kreise zu aktivieren und integrieren. Auch die kulturfördernden Einrichtungen mussten zunächst eine Aufgabe von

Kulturleben in Lemberg 1918-1939

grundsätzlicher Bedeutung erfüllen: den armenischen Kindern sollte zuerst die armenische Sprache beigebracht werden.

Quellen

Da entsprechende Monographien zur Darstellung des gesamten Kulturlebens in Lemberg in der Zwischenkriegszeit fehlen, sind weitere Untersuchungen in diesem Bereich erforderlich. Viele Unterlagen sind leider in den Kriegswirren vernichtet worden oder verschollen. Die einschlägigen Akten befinden sich heute hauptsächlich in Lemberg: Das Staatliche Historische Zentralarchiv in Lemberg (Centralnij Deržavnij Istoričnij Archiv Ukrainy, CDIA) verfügt über Unterlagen u.a. der „Wissenschaftlichen Ševčenko-Gesellschaft" (Fonds [f.] 309), der Gesellschaften „Prosvita" (f. 348) und „Ridna Škola" (f. 206), der Theatergesellschaft „Ukrainska besida" (f. 514), des Frauenverbandes „Sojuz Ukrainok" (f. 319), der russophilen kulturellen Gesellschaften „Naukovo-Literaturne Tovaristvo Galickoruska maticja" (f. 148) und „Ruskij Narodnij Institut Narodnij Dim" (f. 130), der Zeitschriften „Dilo" (f. 779) und „Literaturno-Naukovij Vistnik" (f. 401). Zur jüdischen Bevölkerung finden sich Akten des „Verbandes jüdischer Frauen" (f. 502) und der jiddischsprachigen Zeitschrift „Di Cionistische Woch" (f. 341). Zur deutschen Bevölkerung gibt es umfangreiche Akten des „Evangelischen Pfarramtes in Lemberg" (f. 427) und des „Bundes der christlichen Deutschen in Galizien" (f. 863).

Im Staatlichen Bezirksarchiv in Lemberg (Deržavnij Archiv Lvivskoj Oblasti, DALO) befinden sich Akten vieler ukrainischer Studenten- und Jugendorganisationen und Zeitschriftenredaktionen wie „Šljach" (f. 312) und „Žinka". Vorhanden ist auch eine Sammlung von Unterlagen zu Kultur- und Bildungsverbänden (f. 1056). Für die Erforschung der Beziehungen der einzelnen Bevölkerungsgruppen mit den polnischen Behörden relevant sind die Akten des Lemberger Wojewodschaftamtes (f. 1) und des Landratsamtes. Die größte Sammlung an Zeitschriften, die in der Zwischenkriegszeit in Lemberg herausgegeben wurden, besitzt die Bibliothek „Ossolineum" in Breslau (Wrocław) in Polen, u.a. „Biuletyn polsko-ukraiński" und „Chwila".

In Deutschland beschäftigt sich das Galiziendeutsche Heimatarchiv am Institut für pfälzische Geschichte und Volkskunde in Kaiserslautern mit der Dokumentation des Lebens der Galiziendeutschen. Die umfangreiche Sammlung besteht u.a. aus Kopien der Akten, die sich heutzutage in den ukrainischen Archiven befinden und die deutsche Volksgruppe betreffen, sowie aus übernommenen Unterlagen von Privatpersonen.

Hanna Krajewska

DIE EVANGELISCHEN IN DEN STÄDTEN DES KÖNIGREICHS POLEN

Das Königreich Polen wurde gemäß den Beschlüssen des Wiener Kongresses im Jahre 1815 aus dem Gebiet des Herzogtums Warschaus, jedoch ohne die westlichen Departements Posen und Bromberg, gebildet. Nach der Niederlage des Novemberaufstandes des Jahres 1830/1831 verlor das Königreich Polen den Charakter eines fast autonomen Staates und wurde 1832 zum Teil des russischen Imperiums.

Die hundertjährige Geschichte des Königreichs Polen unter russischer Herrschaft beendete erst die Annexion dieses Gebiets durch die deutsche und österreichische Armee im Jahre 1915. Das im Ersten Weltkrieg gegründete Generalgouvernement bestand bis zur Wiedererlangung der Unabhängigkeit Polens im November 1918.

Die größten Änderungen in der Geschichte der Städte des Königreichs Polen, insbesondere hinsichtlich der rechtlichen Grundlagen, fanden nach 1864 statt. Am 19. Februar 1864 wurde das von den Bauern genutzte Land zu deren persönlichem Eigentum erklärt, etwas später die Möglichkeit der Vererbung von Städten an Privatpersonen abgeschafft. 1864 gab es nur zwei größere Städte, die über 25.000 Einwohner zählten, nämlich Warschau und Lodz; Lublin, Płock und Suwałki hatten zwischen 5.000 und 15.000 Einwohner. In 313 Kleinstädten lebten bis 5.000 Einwohner, 90 von ihnen zählten nicht einmal 1.000 Einwohner. Insgesamt gab es 452 Städte und Kleinstädte, in denen zusammen 1.415.000 Einwohner lebten.[1] Die Gesamteinwohnerzahl des Königreichs Polen betrug etwas über fünf Millionen Menschen, 26,6 Prozent davon lebten in den Kleinstädten. Allerdings unterschieden sich zahlreiche Kleinstädte kaum von Dörfern, sowohl hinsichtlich der Einwohnerzahl als auch hinsichtlich der sozialen Struktur. Nach dem Januaraufstand im Jahre 1863 wurden

---

[1] Ryszard Kołodziejczyk, Miasta, mieszczaństwo, burżuazja w Polsce w XIX w. Szkice i rozprawy historyczne (Städte, Bürgertum und Bourgeoisie in Polen im 19. Jahrhundert. Historische Skizzen und Abhandlungen), Warszawa 1979, S. 68.

auf Grund von Repressalien der zaristischen Macht 338 Kleinstädten die Stadtrechte aberkannt. Deshalb verringerte sich die Anzahl der Städte auf 114 um 1900. Ende des 19. Jahrhunderts lebten in Warschau und Lodz über die Hälfte der Stadtbewohner des Königreichs Polen. Die Schnelligkeit der Entwicklung in Lodz ist mit keiner anderen polnischen Stadt vergleichbar. Die Stadt Lodz verdankte ihren großen wirtschaftlichen Aufschwung, ebenso wie viele andere umliegenden Städte, der Textilindustrie. Auch die Städte des Landbezirks Lodz entwickelten sich sehr dynamisch wie beispielsweise Zgierz, Pabianice, Tomaszów Mazowiecki, Zduńska Wola, Ozorków, Skierniewice und Żyrardów. Gemäß der Volkszählung von 1897 lebten im Königreich Polen über neun Millionen Einwohner, darunter drei Millionen in den Städten. Warschau und Lodz waren die größten Städte des Königreichs und zählten über 250.000 Einwohner. Danach folgten Lublin mit über 50.000 sowie Tschenstochau (Częstochowa) und Piotrków Trybunalski mit 30.000 bis 50.000 Einwohnern. In den Städten lebten insgesamt etwa 31,5 Prozent der Gesamtbevölkerung.[2]

Die Bevölkerung des Königreichs Polen war sowohl hinsichtlich der Konfession als auch der Nationalität sehr differenziert. Die Juden lebten fast ausschließlich in den Städten. Die Deutschen, die meist evangelischer Konfession waren, gehörten zum überwiegenden Teil dem Bauernstand an. Eine größere Anzahl von Deutschen lebte in Warschau und im Bezirk Lodz. Die Evangelischen gehörten vornehmlich der evangelisch-augsburgischen Konfession an (über 97 Prozent). In Warschau waren 48 Prozent der Evangelischen Polen. Bei den Lutheranern sahen sich 89 Prozent als Deutsche und 7,6 Prozent als Polen an.[3] Deutlich geringer war die Zahl der Evangelisch-Reformierten. In der Volkszählung von 1897 gab die Hälfte von ihnen Tschechisch als Muttersprache an. Das Verhältnis zwischen den Deutschen und den Polen war hier ausgeglichener als bei

---

[2] Ebd. S. 276-277.
[3] Maria Nietyksza, Rozwój miast i aglomeracji miejsko-przemysło wych w Królestwie Polskim 1865–1914 (Die Entwicklung der Städte und der städtischindustriellen Ballungsgebiete im Königreich Polen 1865-1914), Warszawa 1986, S. 197-229.

den Lutheranern: 27 Prozent waren Deutsche, 21 Prozent Polen. Der evangelisch-reformierten Konfession gehörten auch Gläubige schweizerischer, französischer und niederländischer Abstammung an.

Die absoluten Zahlen der Evangelischen im Jahre 1897 sahen folgendermaßen aus: Lutheraner – 414.769 Personen, Calvinisten – 5.502, Baptisten – 3993, Mennoniten – 758, Herrnhuter – etwa 1.700, Anglikaner – 194 und so genannte Andere – 986.

Die Herrnhuter (Angehörige der Herrnhuter Brüdergemeine) und die Mennoniten kamen mit der ersten Kolonistenwelle in das Königreich Polen. Die Mennoniten hatten sich zuvor zunächst in Sumpfgebieten, später dann im Königreich Polen niedergelassen und emigrierten von dort aus weiter nach Wolhynien. Unter der zaristischen Herrschaft wurden die Herrnhuter und die Mennoniten meist als Einheit betrachtet. Beide Gruppen wurden von der evangelisch-augsburgischen Kirche betreut. Die Baptisten kamen etwa im Jahre 1868. Unter den Gläubigen befanden sich vornehmlich Deutsche, aber auch Tschechen, sehr viel seltener dagegen Polen. Die Anglikaner – Engländer und Amerikaner – wirkten vor allem in Warschau. Zu den „Anderen" zählten die Adventisten, die ihre erste Gemeinde 1902 in Lodz gründeten.

Viele kleinere protestantische Gruppen nahmen Anfang des 20. Jahrhunderts ihre Tätigkeit im Königreich Polen auf. Manche von ihnen wirkten nur kurz, wie beispielsweise die Freie Reformierte Kirche, die mit der Brüdergemeine verbunden war. Andere, wie die Zeugen Jehovas oder die Evangelischen Christen, begannen sich erst nach dem Ersten Weltkrieg zu entwickeln. Heutzutage sind die Zeugen Jehovas, nach den Katholiken und den Orthodoxen, die drittgrößte Glaubensgemeinschaft in Polen.

Die deutschen evangelischen Kolonisten gelangten in das Königreich Polen, nachdem die Verordnung des Statthalters Generals Józef Zajączek vom 2. März 1816 in Kraft getreten war. In dieser Verordnung wurden die Privilegien für die sich ansiedelnden „nützlichen Ausländer" bekannt gegeben. Sie bestätigte teilweise die in früheren Dekreten des Herzogtums Warschau den Neuansiedlern zugestandenen Privilegien (vom 20. März 1809 und 29. Januar 1812) und präzisierte weitere Zusagen und Erleichterungen im Handel und im Militärwesen. Die Behörden des Königreichs planten eine organisierte Ansiedlung von Kolonisten und führten zu diesem Zweck Anwerbungskampagnen in Preußen, Sachsen, Mecklenburg, Schwaben, aber auch in Großpolen und in Schlesien sowie in Böhmen und Mähren durch. Insbesondere die wirtschaftliche Lage der Weber war durch die Entstehung von Manufakturen in den deutschen Ländern in jener Zeit besonders schwierig, so dass zahlreiche Weber neue Arbeitsmöglichkeiten in Osteuropa suchten und der Einladung zur Ansiedlung im Königreich Polen folgten. Später siedelten sich hier dann auch andere deutsche Handwerker mit ihren Familien an.[4]

Am 18. September 1820 folgte eine weitere Verordnung des Statthalters des Königreichs Polen, gemäß der gestattet wurde, in den nichtprivaten Städten neue Fabrikansiedlungen zu errichten, vor allem in Masowien und in der Umgebung von Kalisch. Dadurch wurden die Bedingungen für eine rasche Entwicklung der Leichtindustrie im Königreich Polen geschaffen.

Der kleinere Teil der Evangelischen lebte in den Städten, der größere Teil in Kleinstädten, Dörfern und Landgemeinden. In den Städten lebten 1897 etwa 27,6 Prozent der Evangelischen. Die Mehrzahl von ihnen lebte im Gouvernement Piotrków, nämlich in Aleksandrów 46,7 und in Konstantynów 37,1 Prozent.

In Lodz lebten im Jahre 1864 41,5 Prozent Evangelische (15.810 Personen), Ende des 19. Jahrhunderts waren es nur noch 18 % der Gesamteinwohnerzahl, obwohl es zahlenmäßig fast vier Mal so viele Evangelische, nämlich 56.551 Personen, gab.[5] Insgesamt lebten in den Städten des Gouvernements Piotrków 17,5 Prozent Evangelische, im Gouvernement Kalisch elf Prozent und im Gouvernement Suwałki 4,9 Prozent. In Wierzbołów machten die Evangelischen 24,9

---

[4] Anna Rynkowska, Działalność gospodarcza władz Królestwa Polskiego na terenie Łodzi przemysłowej w latach 1821–1831 (Die wirtschaftlichen Aktivitäten der Behörden des Königreichs Polen im Industriegebiet Lodz in den Jahren 1821-1831), Łódź 1951, S. 20-25.
[5] Kołodziejczyk (wie Anm. 1), S. 79.

Evangelische in den Städten des Königreichs Polen

Prozent der Einwohnerzahl aus. Im Gouvernement Warschau lebten dagegen nur 2,8 Prozent Evangelische in den Städten. Die Bildung eines Netzes der evangelisch-augsburgischen Pfarrgemeinden hing unmittelbar mit der Einwanderung der deutschen Kolonisten zusammen, häufig wurden die Gemeinden jedoch trotz des seelsorgerischen Bedarfs erst später gegründet. Die meisten dieser Gemeinden entstanden in der Zeit seit der Gründung des Königreichs Polen bis in die 1840er Jahre. In der zweiten Hälfte des 19. Jh. errichtete man nur noch elf neue Gemeinden. Insgesamt existierten 66 Gemeinden und 33 Filialen mit 568 Gotteshäusern und Kapellen.[6] Die Pfarrgemeinden wurden fast ausschließlich in Städten gegründet. Ein Teil der Gemeinden wurden im Jahre 1869 in Siedlungen (*osady*) umgewandelt. Sie versorgten auch die in der Umgebung lebende Dorfbevölkerung.

Die größte evangelische Pfarrgemeinde im Königreich Polen war lange Zeit die Pfarrgemeinde der Heiligen Dreifaltigkeit in Lodz. Im Jahre 1852 zählte sie etwa 12.000, Ende des 19. Jahrhunderts dann schon über 30.000 Mitglieder. Etwa gleich groß war auch die Kirchengemeinde des Heiligen Johannes in Lodz.

Die kirchlich-administrative Gewalt übte in den Jahren 1828 bis 1849 für beide Konfessionen der Evangelischen ein gemeinsames lutherisches und calvinistisches Konsistorium aus, danach entstanden für beide Konfessionen eigene Konsistorien. Die Vorsitzenden des Konsistoriums waren Laien, die stellvertretenden Vorsitzenden Pfarrer, die Mitglieder je zur Hälfte geistliche und weltliche Personen evangelischen Glaubens.

Die Mitglieder des Kirchenvorstands wurden auf der Generalversammlung der Gemeindemitglieder gewählt. Sie verfügten über eine umfassende Bildung und gehörten meist zum wohlhabenderen Kreis der Gemeindemitglieder. Der Kirchenvorstand verwaltete das Vermögen der Gemeinde, sammelte Mitgliederbeiträge, beaufsichtigte die karitative Tätigkeit und entschied u.a. über die Errichtung von Religionsschulen (der Kantorate) oder von Elementarschulen,

---

[6] Woldemar Gastpary, Historia protestantyzmu w Polsce od połowy XVIII w. do I wojny światowej (Die Geschichte des Protestantismus in Polen seit Mitte des 18. Jahrhunderts bis zum Ersten Weltkrieg), Warszawa 1977, S. 251-297.

über die Renovierung und die Errichtung von Gebäuden oder über Stipendien.

Die Pastoren entstammten vornehmlich bürgerlichen Familien und dem Bildungsbürgertum, seltener dagegen bäuerlichen Familien. Meist hatten sie evangelische Theologie an der Universität Dorpat studiert.

Unter den Kantoren befand sich dagegen eine große Zahl von Bauernsöhnen. Sie erfüllten meist verschiedene Funktionen in der Gemeindeverwaltung und waren neben ihrer Tätigkeit als Organisten auch Lehrer in den Elementarschulen. Sie erhielten ihren Lohn aus den Beiträgen der Gemeinde.

Der Pastor bezog dagegen als Beamter des Standesamtes ein Gehalt aus der Staatskasse des Königreichs Polen. Einen weiteren Betrag seines Einkommens bildete eine Geldsumme, die von der Zahl und dem Vermögen der Gemeindemitglieder abhängig war. Die reicheren Gemeinden unterhielten Kinderhorte, Altersheime und Krankenhäuser. Es gab auch Singkreise, Wohltätigkeitsgruppen und Vereine zur Unterstützung von Waisenkindern und Witwen.

Die Warschauer Gemeinde besaß seit 1736 ein Krankenhaus, das zweitgrößte im Königreich Polen. In Lodz gab es ein Haus der Barmherzigkeit, das für Geisteskranke bestimmt war, und in dem Evangelische aus dem ganzen Gebiet des Königreichs Polen betreut wurden.

Eine Mitarbeit der Familienmitglieder im Pastorenhaushalt und in der Gemeinde war üblich. Die Pastorenfrau war nicht nur Ehefrau des Pfarrers, sondern auch eine Partnerin, auf deren Schultern viele zusätzliche Aufgaben ruhten. Sie sollte ihren Mann bei seiner Arbeit unterstützen, bei den von ihm gehaltenen Messen anwesend und durch ihr Verhalten immer ein gutes Vorbild für die Gemeindemitglieder sein. Oft leitete die Ehefrau die karitativen Tätigkeiten der Gemeinde, beteiligte sich an der Organisationsarbeit der Gemeinde und engagierte sich bei der Gründung des Gemeindechors und der Sonntagsschule. Nicht jedes junge Mädchen war diesen Aufgaben gewachsen, deshalb kam es häufig vor, dass Pastorentöchter Vikare heirateten, da diese die Pflichten einer Pastorenehefrau von ihrer Mutter kannten und mit ihren Verpflichtungen von klein auf vertraut

Evangelische in den Städten des Königreichs Polen

waren. Einen großen Einfluss auf die religiöse Entwicklung ihrer Söhne nahmen die Pastoren selbst, so dass häufig die Pastorensöhne denselben Beruf wie ihre Väter ergriffen.[7]
Die evangelischen Geistlichen bildeten nur eine kleine Gruppe. Im Jahre 1863 gab es 63 lutheranische und sieben reformierte Pastoren. Die Ausbildung der zukünftigen Pastoren wurde unter anderem durch die Stipendien des Konsistoriums ermöglicht.

Die Evangelischen schickten häufiger als andere Konfessionsangehörige ihre Kinder in die Schule. Von 290.000 evangelischen Konfessionsangehörigen lebten um 1900 nur 70.000 auf dem Lande. Aufgrund des leichteren Zugangs zu den Schulen in den Städten, Kleinstädten und Siedlungen konnte eine größere Zahl der Kinder eine Schulbildung erhalten. Die Evangelischen zählten meist zu den wohlhabenderen Bevölkerungsgeschichten und konnten es sich leisten, ihre Kinder in das Gymnasium, eine Berufsschule oder sogar auf die Universität zu schicken. In den evangelischen Familien gehörte es zur Tradition, den Kindern eine Ausbildung zu sichern.

Im Jahre 1838 machte die Anzahl der evangelischen Schulen und der evangelischen Schüler im Königreich Polen fast ein Viertel aller Schulen und Schüler aus, obwohl die Protestanten nur ein Zwanzigstel der Gesamtbevölkerung des Landes stellten. Nach Berechnungen aus jenem Jahr besuchte eines von zwanzig evangelischen Kindern, jedoch nur eines von 100 katholischen Kindern eine Schule.[8] In den Jahren 1856 bis 1864 kann man feststellen, dass die Evangelischen durchschnittlich mehr als ein Sechstel der eine Schule besuchenden Jugendlichen ausmachten.

Die Evangelischen fühlten sich anfangs eng mit der Gemeinde verbunden und beteiligten sich auch intensiv an der Gemeindearbeit. Die Säkularisationsprozesse führten jedoch allmählich zu einer Schwächung dieser Bindungen und teilweise sogar zur Abkehr von der lutheranischen oder reformierten Konfession und zur Hinwendung zu den neu entstandenen Glaubensgemeinschaften der Baptis-

---

[7] Bronisława Kopczyńska-Jaworska, Łódź i inne miasta (Lodz und andere Städte), Łódź 1999, S. 125-126.
[8] Archiwum Główne Akt Dawnych (AGAD), Warszawa (Archiv der Alten Akten in Warschau), Rada Stanu II, Sign. 105, Bl. 276.

ten und Adventisten. Diesem Prozess sollte die Innere Mission entgegenwirken, die verschiedene Formen der Aktivitäten entwickelte und Bibelstunden, Gemeinschaftsveranstaltungen und Wohltätigkeitsaktionen organisierte. In den Großstädten Lodz und Warschau war es besonders schwierig mit jedem Gemeindemitglied Kontakt halten, deswegen waren die oben genannten Prozesse hier besonders deutlich sichtbar.

In einigen Fabriken in Lodz trug man der großen Anzahl der evangelischen Mitarbeiter Rechnung und schloss anlässlich der Osterfeiertage schon am Gründonnerstagnachmittag die Fabriken, um den für die Evangelischen wichtigsten Feiertag im Jahr, den Karfreitag, freizugeben. Das hatte Auswirkungen auf das öffentliche Leben in der ganzen Stadt.

In der Adventszeit schmückten die Evangelischen ihre Haustür und ihr Haus mit einem Adventskranz. Dieser Brauch wurde im katholischen Polen nicht angenommen und wird bis heute als fremd angesehen. Ein anderer Brauch, das Verteilen von Geschenken durch den Osterhasen, hat sich dagegen ziemlich schnell auch in katholischen Familien verbreitet.

Die im Königreich Polen lebenden Evangelischen änderten selten ihren Glauben. Falls sie ihn änderten, wechselten sie meist zu anderen protestantischen Glaubensgemeinschaften. Ähnlich verhielt sich dies beim Prozess der Polonisierung. Man gab die Nationalität und sogar die Muttersprache, nicht aber die Religion auf. Deshalb nahm in der zweiten Hälfte des 19. Jahrhunderts die Zahl der evangelischen Polen immer mehr zu, und damit auch die polnischen Gottesdienste. Gleichfalls entstanden polnische evangelische Zeitschriften, wie die „Głosy kościelne" (Kirchenstimmen), die von Pastor Wilhelm Piotr Angerstein parallel zum deutschsprachigen „Kirchenblatt" herausgegeben wurden, sowie polnische Gebets- und Gesangsbücher.[9]

---

[9] Die Prozesse der Polonisierung werden bei Tadeusz Stegner, Polacy – ewangelicy w Królestwie Polskim 1815-1914. Kształtowanie się środowisk, ich działalność społeczna i narodowa (Die evangelischen Polen im Königreich Polen 1815-1914. Die Entwicklung ihrer Zentren und ihrer sozialen und nationalen Tätigkeit), bei Woldemar Gastpary, Historia protestantyzmu w Polsce od połowy XVIII w. do I wojny światowej (Die Geschichte des Protestantismus in Polen seit Mitte des 18.

Evangelische in den Städten des Königreichs Polen

Die polnische Gesellschaft, die mehrheitlich katholisch war, verhielt sich den Evangelischen gegenüber zurückhaltend. In der damaligen polnischen Presse konnte man eine gewisse Abneigung gegenüber den Evangelischen feststellen. Unabhängig jedoch von der Kritik hielt man die Protestanten für fleißig und sparsam, und diese Charakterzüge verband man auch mit der Religion. Die Probleme der Konfession und der Nationalität betrachtete man getrennt, obwohl sich gerade in dieser Zeit das Stereotyp des evangelischen Deutschen und des katholischen Polen festigte.

Die Evangelischen im Königreich Polen waren eine sich von den anderen Konfessionen unterscheidende Gruppe, die ihre Traditionen auch meistens dann beibehielt, wenn sie in einer mehrheitlich von Polen ansässigen Umgebung lebten. Für die Mehrheit unter ihnen war die Religion der Faktor, der die ganze Gemeinschaft zusammenschweißte und das Bindungsglied zwischen dem Glauben der Vorfahren und den neuen Herausforderungen sowie den Traditionen bildete, die ein Gefühl der Identität gaben. Das Wirken der evangelischen Mitbürger war im öffentlichen Leben der Städte im Königreich Polen stets sichtbar und prägte das Gesicht der jeweiligen Stadt mit.

Jahrhunderts bis zum Ersten Weltkrieg) und bei Bernd Krebs, Nationale Identität und kirchliche Selbstbehauptung. Julius Bursche und die Auseinandersetzung um Auftrag und Weg des Protestantismus in Polen 1917-1939, Neukirchen-Vluyn 1993 (= Historisch-theologische Studien zum 19. und 20. Jahrhundert, Bd. 6) sowie in vielen anderen Artikeln beschrieben.

Bernard Linek

ENTSTEHUNG EINER OBERSCHLESISCHEN INDUSTRIESTADT. ZABRZE VOR DEM ERSTEN WELTKRIEG

1. Einführende Bemerkungen

Schon zu Beginn muss ich zugestehen, dass der umfangreiche Titel dieses Textes bereits vor einigen Monaten entworfen wurde, als ich angefangen habe, den Katalog der Forschungsfragen zu erstellen, und nicht ganz dem aktuellen Inhalt entspricht. Im Laufe der Zeit wurde mir bewusst, dass es mir aus vielen Gründen, vor allen aus Zeitmangel, aber auch wegen der zahlreichen möglichen Ausgangsperspektiven und meines Wissensstandes schwer fallen würde, das so bezeichnete Thema ausführlich darzustellen und dass ich gezwungen sein würde, die Problematik des Beitrags einzuschränken.[1] Daher werden auch solch grundlegende Elemente der Stadtgeschichte, wie die städtebauliche Charakteristik, die gesellschaftlichen Strukturen der Einwohner und die Analyse des gesellschaftlichen und politischen Lebens lediglich ein einführendes Element meines Textes dar-

---

[1] Die Zabrze gewidmete Literatur ist umfangreich und einseitig zugleich. Hierbei dominieren sowohl in der polnischen wie der deutschen Literatur zum Thema Titel mit Albumcharakter, die neben zahlreichen Fotos, Basisinformationen zur Geschichte des Ortes, Industriebetriebs oder der Gesellschaft liefern. Siehe z.b. die zweisprachigen Arbeiten: Peter Mrass/Bernard Szczech, Hindenburg O/S. Zabrze. Stadt und Industrie (bis 1945). Miasto i przemysł (do 1945), Dülmen 1993. Es fehlen Arbeiten mit wissenschaftlichem Charakter, diejenigen, die es gibt, zeichnen sich mitunter durch Einseitigkeit aus, siehe etwa die von Henryk Rechowicz herausgegebene Zabrze-Monographie Zabrze. Zarys rozwoju miasta [Zabrze. Abriss der Stadtentwicklung], Katowice 1967. Mit einer gewissen Übertreibung kann man sagen, dass die vollständigste Monographie zur Stadtgeschichte die Arbeit von Pfarrer Josef Knosalla, Geschichte der Stadt Hindenburg O/S (Zabrze), Katowice 1929, darstellt. Generell kann man auch kaum behaupten, dass die ältere und die neuere Historiographie der schlesischen Städte die methodischen Impulse aus anderen wissenschaftlichen Disziplinen aufgegriffen hat. Als Überblick über den Wissensstand der polnischen Stadtsoziologie liefert die Arbeit: Bohdan Jałowiecki/Marek S. Szczepański, Miasto i przestrzeń w perspektywie socjologicznej [Stadt und Raum in soziologischer Perspektive], Warszawa 2002.

stellen, das dem eigentlichen Teil unterordnet wird. Etwas detaillierter – aber auch nur anhand eines Beispiels – möchte ich den Nationalisierungsprozess (oder besser gesagt die Nationalisierungsprozesse) der Einwohner von Zabrze in der Kaiserzeit darstellen, der aus der heutigen Perspektive als eines der wichtigsten Elemente gesellschaftlicher Modernisierung gilt.

Ich werde bemüht sein, in jedem der Elemente der Wirklichkeit des zu behandelnden Zentrums vor allem auch Änderungen hervorzuheben, das heißt die neuen Elemente und den dynamischen Wandel zu akzentuieren. So könnte man den Titel einschränken in: „Der Darstellungsversuch nationaler Aspekte der städtebaulichen Entwicklung von Zabrze", auch wenn ich zum Schluss kurz die Problematik des „Stadtwerdens" aufnehme und mir darüber Gedanken mache, ob anhand der Analyse dieser einen Erscheinung aus der Ortgeschichte eine Darstellung der Entstehung einer städtischen, regionalen und nationalen Gemeinschaft möglich ist und inwiefern diese lokale Forschungsebene der Schlesienforschung neue Impulse gibt.

Zum Abschluss meiner einführenden Bemerkungen möchte ich noch zwei Randfragen ansprechen, die erwähnt werden müssen, weil sie ernsthafte Konsequenzen hatten, auch wenn sie in diesem Forum nicht ausführlicher diskutiert werden sollen.

Erstens ist es die Tatsache, dass im untersuchten Zeitraum Zabrze keine Stadtrechte verliehen wurden. Dies geschah nämlich erst 1922, bereits nach der Teilung der Region. In dieser formellen Hinsicht stellte Zabrze jedoch keine Ausnahme dar, denn diese Ehre haben neben den mittelalterlichen Städten (Gleiwitz, Beuthen, Tarnowitz) nur wenige Zentren im Industriegebiet (Königshütte, Kattowitz, Myslowitz) erfahren.[2] Auch wenn Zabrze im Vergleich zu den genannten Städten eine ähnliche Rolle spielte, wurde diese von ande-

---

[2] Eine Beschreibung der verschiedenen Typen oberschlesischer Städte und der Voraussetzungen ihres Funktionierens bietet Alfred Sulik, Pruskie prawodawstwo urbanistyczne i jego realizacja w miastach górnośląskich do 1918 r. [Die preußische Stadtgesetzgebung und ihre Umsetzung in den oberschlesischen Städten bis 1918], in: Sobótka (1969), Nr. 1, S. 27-41.

Zabrze vor dem Ersten Weltkrieg

ren Faktoren determiniert, die im Folgenden noch besprochen werden.³

Obwohl Zabrze bereits Anfang des 20. Jahrhunderts seinen eigenen Bürgermeister hatte, war es formell betrachtet nach wie vor eine Landgemeinde, die jedoch recht schnell aus verschiedenen Landgemeinden und Gutsbezirken zusammenwuchs und die manchmal als das größte Dorf Europas bezeichnet wurde, denn es zählte zu diesem Zeitpunkt mehr als 55.000 Einwohner. Im Industriegebiet existierten mehrere solche Zentren. Im Jahre 1905 hatten 20 Gemeinden mehr als 10.000 Einwohner, dazu zählten auch die Nachbargemeinden von Zabrze Zaborze und Biskupitz, die in den 1920er Jahren eingemeindet wurden.⁴

Einen ähnlichen Charakter hat die Feststellung, dass im untersuchten Zeitraum – und eher nicht nur formell, sondern lange auch im Bereich der Kulturpolitik – Zabrze nicht im polnischen Gebiet lag. Für die damaligen Ortsbewohner begann Polen hinter Myslowitz, in Kongresspolen. Die polnische Bewegung bediente sich, anders als in der Provinz Posen, erst seit dem Ende des 19. Jahrhunderts des historischen Arguments (eine besondere Rolle ist dabei Feliks Koneczny zuzumessen).⁵ Auf das piastische Argument beriefen sich entschieden lediglich die nationaldemokratischen Kreise um die „Gazeta Ludowa", die allerdings in der polnischen Bewegung eine Minderheit darstellten. Diese bis heute kontroverse Frage wurde übrigens bereits damals politisiert: Die preußischen Behörden wollten es seit der Wende des 19. zum 20. Jahrhunderts durchsetzen, dass weder Oberschlesien noch die Provinz Posen „polnische Landesteile" genannt wurden. Bevorzugt wurde die Bezeichnung „gemischt-

---

³ Zur Problematik beim Definieren und den Typologien der mit der Stadtplanung verbundenen Phänomene siehe: Dariusz Sokołowski, Niektóre problemy definiowania pojęć geograficzno-osadniczych związanych z urbanizacją [Einige Probleme des Definierens von mit der Urbanisierung verbundenen geographischen und Siedlungsbegriffen], in: Czasopismo Geograficzne (1998), Nr. 2, S. 171-192.
⁴ Hugo Weczerka, Veränderungen im Städtenetz Schlesiens 1809-1973, in: Zeitschrift für Ostforschung 27 (1978), Nr. 3, S. 406.
⁵ Die Entstehung und Evolution der polnischen Nationalbewegung in Oberschlesien bespricht Aleksander Kwiatek in: Przywódca i przywództwo narodowe na Górnym Śląsku [Nationale Führer und Führerschaft in Oberschlesien], Opole 1991.

sprachige Landesteile", wobei die Kreise um den Ostmarkenverein den Namen Ostdeutschland durchzusetzen versuchten. Als bei den Arbeiten an der Novellierung des Bergbaugesetzes 1905, also bereits nach dem spektakulären Wahlsieg Korfantys im Wahlbezirk Zabrze-Kattowitz von 1903[6], im Gesetzentwurf diese Bezeichnung vorkam, legte der Finanzminister in Form eines Votums Protest dagegen ein.[7]

2. Die Kulturlandschaft von Zabrze und dem Landkreis Zabrze

Wie ich bereits erwähnte, befand sich die Region im untersuchten Zeitraum im Zustand einer vielschichtigen Revolution, die auf die reichen Kohlevorkommen und die Industrialisierung zurückzuführen war. Zur Erhöhung der Bedeutung von Zabrze trug die preußische Verwaltungsreform von 1873 bei, die auf dem Gebiet des alten Landkreises Beuthen drei neue Kreise bildete, nämlich Kattowitz, Tarnowitz und Zabrze. Dabei wurde die endgültige Entscheidung über die Gründung des letztgenannten Kreises mit viel Glück buchstäblich im letzten Moment, erst 1873, getroffen (die Bemühungen von Myslowitz blieben dagegen erfolglos). Der Kreistag tendierte ursprünglich zu drei Landkreisen. Der Grund, weshalb die Entscheidung, mit der sich die Beamten seit dem Ende der 1840er Jahre (!) befasst haben, geändert wurde, ist in dem enormen Bevölkerungszuwachs und der Entwicklung der Region zu suchen.[8]

Von großer Bedeutung war auch der Druck seitens der Industriellen aus dem neuen Kreis, die sich in dieser Angelegenheit sogar an das preußische Innenministerium wandten.[9] Übrigens trug deren

---

[6] Wojciech Korfanty war der erste polnische Politiker, der in den Reichstag kam, indem er nationalpolnische Parolen äußerte und sich vom Zentrum distanzierte. Schon im deutschen Parlament schloss er sich der polnischen Abgeordnetengruppe, der bisher großpolnische Politiker angehört hatten, die irredentistische Forderungen äußerten. Zum Thema Korfanty siehe Marian Orzechowski, Wojciech Korfanty. Biografia polityczna [W. Korfanty. Politische Biographie], Wrocław (u.a.) 1975.

[7] Bundesarchiv Berlin (Im Folgenden BA), R. 43, sign. 37, Votum des Finanzministeriums zum Thema Änderung des Bergrechts vom 16.3.1905.

[8] Unterlagen zur Teilung des Kreises Beuthen: Geheimes Staatsarchiv Preußischer Kulturbesitz (Im Folgenden: Gsta), LHA Rep. 77, Tit. 570, No 24, Bd. 1-2.

[9] Ebd., Bd. 1, Schreiben Carl Gustav Breatschs, des Direktors des Borsigwerks an MdI, 1864.

Zabrze vor dem Ersten Weltkrieg

passive Haltung gegenüber den Bemühungen um die Verleihung der Stadtrechte, die Zabrze praktisch seit der Gründung des Landkreises anstrebte, zu deren Erfolglosigkeit bei. Für die Industriellen war es einfach bequemer, mit einigen Gemeinderäten zu diskutieren, die von der Höhe und den Terminen der Zahlungen abhängig waren, als mit einem Stadtrat, der auch über andere Einkünfte verfügte.[10]

Zabrze war also ein Kind der Industrie, die aber sehr einseitig vom Bergbau und Hüttenwesen dominiert war. Im ganzen, nicht allzu großen Landkreis gab es einige Dutzend Berg- und Hüttenwerke. An dieser Stelle soll zumindest die staatliche Königin-Luise-Grube erwähnt werden, die als eine der ersten Gruben in der Region bereits Ende des 18. Jahrhunderts entstanden ist.[11] Einen wahren Boom verursachten die liberalen preußischen Reformen Mitte des 19. Jahrhunderts. Ihnen verdanken der Berg- und Hüttenkonzern Borsigwerk in Biskupitz (als Rohstoffbasis für das Berliner Lokomotivenwerk)[12] und die Donnersmarckhütte ihre Entstehung.[13] Das ersterwähnte war ein privates Unternehmen des Lokomotivkönigs aus Berlin, die letztere gehörte anfänglich einem oberschlesischen Adelsgeschlecht, um Ende des 19. Jahrhunderts in eine Aktiengesellschaft umgewandelt zu werden. Aus solchen Familien stammten übrigens sieben der zehn reichsten Personen Deutschlands. Im nahe

---

[10] Wie Leserbriefe an den polnischsprachigen „Katolik" belegen, erfreute sich dieser Schritt unter den Einwohnern des Ortes keiner besonderen Popularität. Es wurde auf das Schicksal von Königshütte verwiesen, dessen Stadtbehörden angeblich Petitionen mit der Bitte um finanzielle Hilfe nach Berlin schickten. Siehe Katolik Nr. 54 vom 15.7.1864, S. 3.

[11] Zu den Anfängen der Industrialisierung Oberschlesiens siehe Ernst Komarek, Die Industrialisierung Oberschlesiens. Zur Entwicklung der Montanindustrie im überregionalen Vergleich, Bonn 1998.

[12] Mit der Problematik des Borsigwerkes habe ich mich in der zum Druck vorbereiteten Studie mit dem Titel „Robotnicy Borsigwerku. Procesy akulturacji i asymilacji wśród robotników górnośląskich II połowy XIX w. i w XX w." [Die Arbeiter des Borsigwerks. Akkulturations- und Assimilationsprozesse unter den oberschlesischen Arbeitern der zweiten Hälfte des 19. Jahrhunderts und im 20. Jahrhundert] beschäftigt. Dort findet sich auch ein Überblick über die Literatur zu den Borsigs und ihren Firmen.

[13] Donnersmarckhütte. Oberschlesische Eisen- und Kohlenwerke Aktien-Gesellschaft, Glogau 1905.

gelegenen Ruda funktionierte der ähnliche strukturierte Konzern der Familie Ballestrem. Auf dieser Basis entwickelte sich die Metallindustrie und seit dem Anfang des 20. Jahrhunderts auch die chemische Industrie.[14]

Eine Konzentration auf dieses Element kann etwas irreführend sein, denn die alte Welt ist nicht in einem Augenblick verschwunden. Die Landschaft war zwar von Fördertürmen, Hüttenöfen, Straßen, Schmalspurbahnlinien und mehrstöckigen Gebäuden der Bergmannskolonien geprägt (übrigens wurden die heute so berühmten *familoki*, Kasernenhäuser, damals von der Elite der Arbeiterschaft bewohnt – erst durch jahrzehntelange Vernachlässigung änderten sie ihre soziale Platzierung), sie bestand aber auch aus Ackerland und Bauernhütten entlang der Straßendörfer. Das letztere Bild war besonders lange in den Gutsbezirken und im südöstlichen Teil des Landkreises präsent.[15]

Es sieht also danach aus, dass der Vater sein Kind nicht so sehr lieb hatte. Denn die städtebauliche Entwicklung einzelner Ortschaften war nicht so intensiv wie die Industrieentwicklung. Dies war übrigens eines der Grundargumente gegen die Stadtwerdung. Dabei muss aber auch gesagt werden, dass z. B. solche Elemente der kulturellen Landschaft, wie Dorfmärkte, die noch lange Zeit in vielen Ortschaften stattfanden oder Ablässe, dem industrialisierten Zentrum ein spezifisches Kolorit verliehen haben.

Auch wenn die so rasch verlaufenden wirtschaftlichen Prozesse Tausende fremde und einheimische Arbeiter aus einzelnen Ortschaften des Landkreises gelockt haben, wies Zabrze als eine *de facto* Stadt viele Mängel auf. Zwar erfüllte die geringe Verwaltungsinfrastruktur einigermaßen ihre „Gendarm-Aufgabe", im kulturellen Bereich machten sich jedoch Defizite bemerkbar. Bereits seit 1873 erschien das lokale Periodikum „Zabrzer Anzeiger", das sehr schnell

---

[14] Über die Industrialisierung Oberschlesiens im 19. Jahrhundert siehe zudem den Sammelband mit Beiträgen führender Erforscher dieses Prozesses: Industriegeschichte Oberschlesiens im 19. Jahrhundert, hrsg. v. Toni Pierenkemper, Wiesbaden 1992.

[15] Ein solcher Charakter hielt sich noch in der Zeit zwischen den Weltkriegen. Siehe Alfons Macieowitz, Ein Rundgang durch Alt-Zabrze, in:. Hindenburg O.S., bearb. v. Friedrich Kaminsky, Berlin 1923.

Zabrze vor dem Ersten Weltkrieg

zu einer liberalen Tageszeitung wurde, doch die Entwicklung des Schulwesens verlief deutlich langsamer. Ausreichend waren weder das Schulnetz noch die Lehrerzahlen. Die Selbstverwaltungen einzelner Orte bestimmten jährlich zu wenig Geld für die Schulentwicklung, denn sie konzentrierten sich auf die industrielle und städtische Infrastruktur. Sehr langsam, praktisch erst im 20. Jahrhundert, begann die Entwicklung der Infrastruktur für die so genannte höhere Kultur.

3. Einwohner

Bereits in der untersuchten Periode besaß die Formulierung Ihre Berechtigung, die nach den beiden Weltkriegen als offizielle galt, nämlich dass Zabrze eine Ortschaft der Berg- und Hüttenarbeiter sei. Die Feststellung war zweifellos zutreffend, denn bereits in den ersten Jahren des Kaiserreiches arbeiteten in dieses beiden Branchen über elftausend Personen, das heißt knapp die Hälfte aller Berufstätigen. Am Ende dieser Periode, 1910, waren es bereits 30.000 Personen, was zwei Drittel aller Beschäftigten im Landkreis Zabrze ausmachte. Mit Recht wird auch unterstrichen, – allerdings nur in wissenschaftlichen Werken, denn die allgemeine Vorstellung ist anders –, dass zur Entwicklung des Oberschlesischen Industriegebietes einheimische Migranten aus dem Regierungsbezirk Oppeln beigetragen haben. Mehr als 90% aller Zugezogenen kamen eben aus diesem Bezirk, wobei die meisten von ihnen aus den ländlichen, so genannten polnischen Kreisen rechts der Oder stammten.[16]

In statu nascendi dieser sich ankündigenden Dominanz einer polnischsprachigen katholischen Arbeiterschaft gab es wenige Ausnahmen, zu denen unter anderem das Borsigwerk, die Arbeiterkolonie des schon genannten Berliner Konzerns, zählte. Im Borsigwerk hat sich Anfang der 1870er Jahre eine einheitliche Gruppe mehrerer hundert evangelischer Hüttenarbeiter aus der deutschen Hauptstadt niedergelassen, die trotz der immer steigenden Zahl katholischer Kinder bis 1914 in der dortigen Schule in der Mehrheit waren. Ob-

---

[16] Dieses komplexe Problem analysiert ausführlich Lawrence Schofer, Die Formierung einer modernen Arbeiterschaft Oberschlesiens 1865-1914, Dortmund 1983.

wohl im untersuchten Zeitraum die Bevölkerungszahl um ein Vielfaches gestiegen ist, sprach dort die große Mehrheit der Schüler zu Hause unverändert Deutsch. Mit einer ähnlichen Situation hatte man es nur in Klein Zabrze zu tun, die dortige Schule wurde jedoch wohl von evangelischen Kindern aus mehreren Ortsteilen besucht.[17]

Trotz des einheitlichen Charakters der Zabrzer Einwohnerschaft unterschieden sich einzelne Arbeitergruppen voneinander. Die Unterschiede zwischen den Bergleuten und Hüttenarbeitern waren in sozialer Hinsicht wenig relevant, weil die ersteren zwar besser ausgebildet waren und ein höheres Prestige genossen, die letzteren jedoch mehr verdienten. Ende des 19. Jahrhunderts tauchte in dieser Gruppe eine Avantgarde auf, nämlich die Kokerei- und Walzwerkarbeiter. Die ersterwähnten Gruppen entsprachen in konfessioneller und sprachlicher Hinsicht im Großen und Ganzen dem statistischen Durchschnitt, die letztere war dagegen entschieden deutschsprachig.

Bei der Analyse dieser größten Einwohnergruppe erscheint noch ein anderer wichtiger, über die sozialen Rollen einzelner Individuen entscheidender Faktor, nämlich der Zeitpunkt, an dem sie sich in Zabrze niedergelassen haben und der damit zusammenhängende Verwurzelungsgrad. Vereinfachend gesagt: die schwächsten Bindungen mit Zabrze wiesen junge, ledige Menschen auf, die in den Bergwerken höchstens als Schlepper beschäftigt waren und entweder tagtäglich zur Arbeit nach Zabrze kamen oder bis freitags im betrieblichen Übernachtungsheim wohnten, um dann für eine kürzere oder längere Zeit aufs Land zurückzufahren.

In vieler Hinsicht war das die mobilste Gruppe. Gerade sie führte die Streiks von 1889, 1905 und 1912-1913 durch, von denen in erster Linie staatliche Werke betroffen waren. Die Angehörigen dieser Gruppe wechselten oft den Arbeitsplatz, monatlich taten dies in ganz Zabrze einige Prozent der Gesamtbevölkerung, so dass es im Endeffekt keine unbedeutende Zahl war. Auch war vor allem diese Gruppe von verschiedenen Pathologien betroffen wie Trunksucht, Diebstählen, Gewaltverbrechen, Vergewaltigungen, deren Rate An-

---

[17] Daten über schulpflichtige Kinder aus den einzelnen Ortschaften, deren Konfession und Umgangssprache: Archiwum Państwowe w Gliwicach, Akta miasta Zabrze, Sign. 123.

Zabrze vor dem Ersten Weltkrieg

fang des 20. Jahrhunderts zu den höchsten im Reich gehörte und um das dreifache die Landesrate und um das zweifache die Kriminalitätsrate in der Provinz Schlesien überstieg. Dabei muss jedoch hinzugefügt werden, dass sie sich im Vergleich zu anderen industrialisierten Nachbarlandkreisen auf ungefähr gleichem Niveau befand.[18]

Neben dieser größten Gruppe spielten, vor allem in den Ortschaften und Ortsteilen mit längerer Geschichte, traditionelle Anführer wie reiche Bauern, Kaufleute, Handwerker und Grundstückbesitzer eine wichtige gesellschaftliche Rolle. Dass es dieser Gruppe gelungen ist, den Zugezogenen ihre traditionelle Kultur aufzuzwingen, die sich im spezifischen Volkskatholizismus äußerte, ist ein oberschlesisches Phänomen, wobei die Abstammung der Letzteren nicht ohne Bedeutung blieb. Bis heute lebt in den oberschlesischen Städten der St.-Barbara-Kult und an Wallfahrten nach Deutsch Piekar und St. Annaberg nehmen Tausende von Gläubigen teil.[19]

Die konfessionelle Frage hatte bis in die letzten Vorkriegsjahre politisch auf der kommunalen Ebene praktisch keine Bedeutung. Erst 1911 kam es zu einem Konflikt innerhalb der Gemeindeselbstverwaltung: Katholische Vertreter, und nicht ausschließlich Geistliche, warfen Bürgermeister Heldt vor, er habe, da er ein protestantischer Liberaler sei, Beamtenkandidaten protestantischen Bekenntnisses bevorzugt, auch wenn katholische Bewerber ähnliche Qualifikationen besessen hätten. Ähnlich war es im neu eröffneten Krankenhaus, wo man auf die Arbeit der Ordensschwestern zugunsten weltlichen Personals verzichtet habe, obwohl erstere billiger gewesen seien. Am schlimmsten sei aber das Zögern der Behörden bezüglich der Einfüh-

---

[18] Über diesen Aspekt der Industrialisierung der Region schreibt Detlef Puls, Rochaden zwischen Unterwerfung und Widerstand. Oberschlesische Bergarbeiter 1871-1914, Dortmund 1994, S. 233-244. Daten zu den Verbrechen im GSta, LHA Rep. 77, Tit. 343 H. 4, Nr. 14, Bd. 1, Kriminalstatistik des Kreises Zabrze [d.i. Bezirk Zabrze-Zaborze] für die Jahre 1903-1906.
[19] Zu den Wallfahrten auf den Annaberg siehe: ks. Jan Górecki, Pielgrzymowanie Górnoślązaków na Górę świętej Anny w latach 1859-1914. Studium teologiczno-pastoralne [Das Wallfahren von Oberschlesien auf den St. Annaberg in den Jahren 1859-1914. Theologisch-pastorale Studie], Katowice 2002; über den St.-Barbara-Kult Emil Brzoska, Barbaraverehrung und Bergbau mit Berücksichtigung des oberschlesischen Industriegebiets, Dülmen 1982.

rung katholischen Religionsunterrichts in einer neuen Mädchenschule gewesen. Zumal dies im Falle des protestantischen Unterrichts sofort getan worden sei. Der Bürgermeister wies – wie man sich denken konnte – alle Vorwürfe zurück. Die Angelegenheit wurde vom Beuthener Gericht mit dem Ergebnis untersucht, dass dem Journalisten des „Oberschlesischen Kuriers", der all das beschrieben hatte, eine hohe Geldstrafe auferlegt wurde.[20]

Wie man daraus schließen kann, wurde das politische Leben auf der kommunalen Ebene in der ganzen Periode von den Liberalen und Konservativen dominiert, was aus der nicht demokratischen Drei-Kurien-Wahlordnung resultierte. Durch die Unterstützung der Zechenbesitzer und des technischen Bergwerkspersonals gewannen sie mühelos die Wahlen in den ersten beiden Kurien. Grenzen und Gefahren für dieses politische System stellten erst die Reichstagswahlen dar, wo liberale Gruppierungen keine bedeutende Rolle spielten. Siegreich waren bis Anfang des 20. Jahrhunderts die Vertreter der Zentrumspartei und später Wojciech Korfanty sowie der mit ihm verbundene katholische Gewerkschaftler Wojciech Sosiński. Charakteristisch für die Einflüsse liberaler und konservativer Gruppierungen ist das Schicksal des Industriekapitäns Albert Borsig, der trotz verschiedener Möglichkeiten der Einflussnahme auf das Wahlergebnis (zur Abstimmung wurden beispielsweise ganze Schichtmannschaften geschickt), Mitte 1870er Jahre gegen den kaum bekannten Pfarrer Ludwig Edler aus Bujaków schmählich unterlag.[21]

Bei der Darstellung der politischen Lage müsste man hinzufügen, dass sowohl die deutsche als auch die polnische Sozialdemokratie trotz wachsender Unterstützung aufgrund des Kuriensystems auf verschiedenen Wahlebenen und wegen dem Mehrheitssystem auf der Reichsebene keine angemessene Rolle gespielt hat. Dafür wurde sie

---

[20] Zur Beschreibung des Streits siehe: „Zabrzer Anzeiger" 1911, Nr. 255 vom 5.11. sowie Nr. 256 vom 7.11.
[21] Die Wahlergebnisse im Bezirk Katowice-Zabrze finden sich bei: Jerzy Pabisz, Wyniki wyborów do parlamentu Związku Północnoniemieckiego i parlamentu Rzeszy Niemieckiej na terenie Śląska w latach 1867-1918 [Die Ergebnisse der Wahlen zum Parlament des Norddeutschen Bundes und zum Reichstag auf dem Gebiet Schlesiens in den Jahren 1867-1918], in: Studia i Materiały z Dziejów Śląska Bd. 7, hrsg. v. Adam Galos/Karol Popiołek, Wrocław (u.a.) 1966, S. 186-383.

Zabrze vor dem Ersten Weltkrieg

trotz des dauerhaften Drucks des Staatsapparats im kulturellen Bereich und im Bereich der gesellschaftlichen Organisationen immer wichtiger.

Bevor ich zur Funktionsweise der gesellschaftlichen Strukturen übergehe, sollte ich noch eine für die Charakteristik der Einwohner von Zabrze relevante Frage erwähnen, nämlich die nach der Sprache. In der untersuchten Periode stellten polnischsprachige Einwohner die dominierende Gruppe dar, auch wenn ihre zahlenmäßige Stärke trotz des großen Zuzugs in statistischer Hinsicht äußerst schnell zurückging. 1890 waren es 72% der Einwohner, in der letzten Volkszählung von 1910 jedoch nur noch 51%. Ohne sich hier darüber Gedanken zu machen, was in Zabrze der Grund hierfür war, ob man Deutsch oder Polnisch sprach, und welche Rolle bei der Volkszählung Lehrer spielten, kann dieses Phänomen mit gesundem Menschenverstand analysiert als Wille verstanden werden, am Leben der deutschen Gemeinschaft teilzunehmen. In Wirklichkeit hatten wir es hier mit Zweisprachigkeit zu tun oder auch, wie es Tomasz Kamusella bezeichnen würde, mit einer Kreolisierung dieser Gruppe.[22]

4. Das gesellschaftlich-politische Leben

Wie ich bereits erwähnt habe, wurde das politische Leben auf lokaler Ebene von liberalen Kreisen dominiert. Nur selten kam es zu offenen Konflikten mit der konservativen katholischen Mehrheit, was unter anderem auf die Kompetenzenaufteilung einzelner Vertreter zurückzuführen war. Während der Sitzungen der Gemeinderäte standen Bauwesen, Straßenbau, Beleuchtung, Sicherheit und andere Themen im Vordergrund, die ich mir erlauben werde, hier näher nicht zu erläutern. Grund für diesen Zustand war neben der Stabilität der politischen Situation und der beschränkten Kompetenzen kommunaler Behörden, die geringe Politisierung der lokalen Gesellschaft. Sicht-

---

[22] Angaben nach: Zdzisław Walczyk, Lud Zabrza w walce o język polski [Das Volk Zabrzes im Kampf um die polnische Sprache], in: Kroniki miasta Zabrza (1967), S. 74. Eine Auswahl der Texte Kamusellas zur Frage der Sprache bietet: Tomasz Kamusella, Schlonzska mowa. Język, Górny Śląsk i nacjonalizm [Schlesische Sprache. Sprache, Oberschlesien und Nationalismus], Bd.1-2, Zabrze 2005-2006.

bar war diese bis zur Entstehung der Massenbewegungen – einer polnischen und einer sozialdemokratischen – praktisch nur kurz vor den Wahlen und äußerte sich in Versammlungen der Vertrauensmänner, wenigen Kundgebungen und Presseanzeigen liberaler Kandidaten.[23]

Das heißt aber nicht, dass sich das gesellschaftliche Leben in einer Art Komazustand befand. Trotz der Aufhebung der ständischen Gesellschaftsstrukturen waren Überreste dieser Formen noch lange sichtbar. Dies kann aus der Tatsache resultiert haben, dass die feudalen Herren, die dann zu Industriekapitänen wurden, den Arbeitern gegenüber nach wie vor paternalistisch eingestellt waren. Hinsichtlich der sozialen Politik unterschied sich diese Einstellung jedoch kaum von der, die liberale Besitzer und die staatliche Königin-Luise-Grube vertreten haben. Dies hatte auch seine positiven Seiten: die gut ausgebaute soziale Hilfe, nicht nur Arbeitersiedlungen und Übernachtungsheime wurden gebaut, sondern auch Konsumgeschäfte, kostenlose Kohlen und Kartoffeln für die Winterzeit wurden verteilt. Gleichzeitig versuchten die Werksbesitzer das gesellschaftliche und kulturelle Leben ihrer Arbeiter ausschließlich im Rahmen ihrer Firma (oder Werksiedlung) zu organisieren, etwa durch ein eigenes Gasthaus, einen Park oder eine Sporthalle; außerdem unterstützten sie auch das Funktionieren von Kirchen und eigenen Körperschaften.[24]

In den 1870er und 1880er Jahren dominierten zweifelsohne in der Zabrzer Gegend Organisationen, die früher nicht selten als Zunftvereinigungen funktioniert hatten (wie z.B., die Gesellenvereine). Dies führte dazu, dass sich die Einwohner von Zabrze in verschiedenen kulturellen Kreisen bewegten, deren gegenseitige Kontakte beschränkt waren und die gesellschaftliche Wirklichkeit es nicht erzwang, sich nach außen hin zu öffnen. So gab es beispielsweise im Rahmen des so genannten Bierfests, des Werkfestes der

---

[23] Eine ausführliche Beschreibung des Wahlkampfs vor den Wahlen vom Januar 1912 im Wahlkreis Katowice-Zabrze findet sich im Staatsarchiv Oppeln (AP Op.), RO BP, sygn. 223-224.
[24] Eine Beschreibung der Entstehung und des Funktionierens dieser Art einer lokalen Gesellschaft bei Bernard Linek, Robotnicy Borsigwerku (wie Anm. 12).

Zabrze vor dem Ersten Weltkrieg

Königin-Luise-Grube, eigentlich getrennte Veranstaltungen für Bergleute und das technische Personal. Bei dieser Gelegenheit muss man erwähnen, dass das Personal der Bergwerke auf mittlerer Ebene generell zweisprachig war.

Ohne größere Probleme funktionierten beide Sprachgruppen im kirchlichen Leben, wo über lange Zeit die polnische Sprache Vorrang hatte, allerdings kümmerten sich anlässlich großer Feiern, wie zum Beispiel an Fronleichnam oder bei den Wallfahrten, Geistliche gleichermaßen um beide Gruppen. Die nationalen Kulturen – die deutsche und die slavische, die sich in Richtung der polnischen entwickelte – funktionierten nebeneinander oder hierarchisch, wobei die Dominanz der deutschen Sprache immer deutlicher wurde.[25]

An dieser Stelle muss erwähnt werden, dass im Laufe der Zeit in den einzelnen Ortschaften auch zahlreiche Vereine und Organisationen entstanden, an denen beide Gruppen beteiligt waren. In erster Linie waren dies Kriegervereine, Chöre, Orchester, seit Mitte der 1880er Jahre Feuerwehren und Turnvereine und bereits Anfang des 20. Jahrhunderts Sportvereine. All diese Freizeitvereine trugen zur Entstehung eines neuen Lebensstils der Einwohner von Zabrze bei, der immer weniger von dem Arbeitsplatz und der Kirche bestimmt wurde, auch wenn – und das soll noch einmal erwähnt werden – auch auf dieser Ebene Berufs- und konfessionelle Organisationen dominiert haben. Gezeigt wird das durch die Gründung von Kirchenchören, konfessionellen Männer- und Jungmännervereinen oder auch Vereinen katholischer Arbeiter, die Mitglieder beider Sprachen hatten, diese Mitglieder waren aber innerhalb des Vereins in zwei Abteilungen organisiert, was gut den politischen Katholizismus charakterisiert.

Betonenswert ist die Tatsache, dass Vereine der höheren Kultur, wie zum Beispiel Bibliotheken, erst nach diesem Zeitraum gegründet wurden. Erneut kommt dabei die Schwäche des klassischen Bildungsbürgertums dort zum Ausdruck, wo im gesellschaftlichen Leben Angestellte umliegender Werke dominierten. Verständlich ist,

---

[25] Beispiele für Beschreibungen von Feiern der Erstkommunion im Zabrzer Anzeiger Nr .31 von 1887 und im Katolik Nr. 44 vom 10.6.1887.

dass sie einen Radfahrerverein den Wagner-Opern oder Gedenktagen vorgezogen haben.

Auch müsste noch hinzugefügt werden, dass, auch wenn die Vereine einen ständeübergreifenden Charakter hatten, ihre Funktionssprache Deutsch war. Auf diese Weise kam die deutsche Sprache – neben der Schule – nach und nach in das Leben der bisher geschlossenen Gesellschaften. Polnische Vereine dieser Art entstanden gewöhnlich einige Jahre später und standen praktisch ausnahmslos unter polizeilicher Kontrolle, was ihre Aktivitäten bedeutend erschwerte. Vor diesem Hintergrund war das Funktionieren kultureller Gruppen auf unterschiedlichen Ebenen kaum vorstellbar. Auch wollten polnischsprachige Einwohner von Zabrze nicht akzeptieren, dass ihre Sprache höchstens als Element der Folklore funktionieren sollte (wovon übrigens im Konzept der Zentrumspartei über die dominierende und nicht dominierende Sprache die Rede war).

5. Die Nationalisierung der lokalen Gesellschaft

Die Frage des Status einzelner sprachlicher Gruppen hängt direkt mit dem deutsch-polnischen Konflikt zusammen, der Anfang des 20. Jahrhunderts mit ganzer Kraft entflammte. Die Nationalisierung dieser Kreise möchte ich jedoch aus einer anderen Perspektive betrachten. In den ersten Jahren des Kaiserreiches war alles, was Nationales bedeutete, in erster Linie mit zwei Elementen verbunden. Zum einen war das die Person des Kaisers, der immer mehr als Gründer und Erfolgsgarant des neuen Staates galt. Zum anderen handelte es sich um den Sieg über Frankreich am 2. September 1870 bei Sedan, der auch mit Wilhelm I. verbunden war. Dieser Jahrestag und der Geburtstag des Kaisers wurden als Staatsfeste gefeiert.[26]

Wie sah die Gesellschaft von Zabrze aus der Perspektive einer Sedanfeier aus? Die Feierlichkeiten wurden jährlich (seit 1874) in

---

[26] Diese Frage habe ich genauer behandelt in: Bernard Linek, Sedantag – święto narodowe cesarstwa niemieckiego na Górnym Śląsku [Der Sedantag – der Nationalfeiertag des Deutschen Kaiserreiches in Oberschlesien], in: Górny Śląsk wyobrażony: wokół mitów, symboli i bohaterów dyskursów narodowych [Imaginiertes Oberschlesien: um die Mythen, Symbole und Helden nationaler Diskurse], hrsg. v. Juliane Haubold-Stolle/Bernard Linek, Opole; Marburg 2005, S. 179-190.

Zabrze vor dem Ersten Weltkrieg

erster Linie vom örtlichen Kriegerverein veranstaltet. Schon am Vortag versammelten sich die Mitglieder und die Einwohner auf einer mit Fahnen dekorierten Straße zu einem Fackelumzug. Am darauf folgenden Morgen fanden in den christlichen Kirchen und der Synagoge Dankgottesdienste statt, in deren Rahmen unter anderem auch für die gefallenen Kameraden gebetet wurde. Anschließend versammelten sich auf Einladung des Kriegervereins alle gesellschaftlichen Organisationen samt Orchester und wieder die Einwohner auf dem größten Platz im Ort. Dort fand ein feierlicher Appell statt, in dessen Rahmen Vertreter der Behörden und das führende Mitglied des Kriegervereins Reden hielten. Lange Zeit trat in dieser Rolle Major Julius Szmula auf, ein zweisprachiger Katholik, der in seinen Reden gewöhnlich an persönliche Erfahrungen und Berichte anderer Vereinsmitglieder anknüpfte. Zum Abschluss des offiziellen Veranstaltungsteiles wurden Hochrufe zu Ehren des Kaisers erhoben.

An Hochrufen fehlte auch nicht im nicht-offiziellen Teil, der einen Volksfestcharakter hatte und folgende Elemente umfasste: Wettschießen, Orchester- und Chorauftritte, Tänze, Bierkonsum und ähnliche Dinge. Abends wurden Feuerwerke abgebrannt.

Ich vermute, dass die Sedantage in ganz Deutschland nach einem ähnlichen Muster abliefen. Deren Form änderte sich praktisch bis zum Kriegsausbruch nicht, dagegen veränderten sich deren ideologischen Inhalte. Die offene Form der ersten Periode, das heißt bis in die 1890er Jahre, ermöglichte verschiedenen gesellschaftlichen Gruppen in Zabrze, sich mit Deutschland zu identifizieren. Es scheint ziemlich selbstverständlich, dass Personen und Familien, die an dem Sieg von Sedan direkt beteiligt waren, unabhängig von der Sprache und Konfession, ein positives Verhältnis dazu hatten. Um ein Angehöriger der deutschen Nation zu sein, reichte neben den Erinnerungen noch ein positives Verhältnis zum Kaiser, was in der hierarchisierten Gesellschaft selbstverständlich war.

Die Richtung der Änderungen können wir an der Art und Weise beobachten, wie diese Feierlichkeiten in Zabrzer Schulen begangen wurden. Auch hier wurde für des Kaisers Gesundheit gebetet, auch hier wurden Nachmittagsausflüge veranstaltet, den ideologischen

Kern stellte jedoch der kulturelle Kanon dar, der durch Reden der Schuldirektoren, patriotische Gedichte und Lieder vermittelt wurde. Seit dem letzten Jahrzehnt des 19. Jahrhunderts wurden nach und nach auch die offiziellen Feierlichkeiten in die Richtung der imaginierten Nation umgestaltet. Dies war einigermaßen verständlich, weil die Zahl der Veteranen sank und eine persönliche Bindung nicht mehr existierte. Persönliche Erinnerungen wurden nun durch eine ideologische Darstellung des Vaterlandes mit Elementen der Geschichte und der Hervorhebung der Größe Deutschlands und seiner Helden (darunter Friedrichs des Großen, Kaiser Wilhelms I. und auch Fürst Bismarcks, was für das katholische Milieu nicht selbstverständlich war) ersetzt. Es wurde damit auf die Notwendigkeit hingewiesen, die „Sedan-Idee" und den „deutschen Geist" der jungen Generation zu vermitteln. Charakteristisch ist, dass der Vorsitzende des Kriegervereins, Dr. Kleinwächter, bereits 1901 dieser Ansicht war. Dr. Kleinwächter arbeitete als Vize-Direktor und Lehrer an einer weiterführenden Schule. Später wurde er Chef des Zabrzer Ostmarkenvereins.

Solche Elemente der Sedantage wie die Stärkung der antifranzösischen Inhalte mit obligatorischer Erinnerung an die Jahre 1806 – 1812 und den französischen Überfall von 1870 sowie der Ausbau antipolnischer und antisozialdemokratischer Inhalte (beide Bewegungen galten als Feinde des Reiches, die Deutschland zerstören wollten) waren jedoch nicht nur mit den Aktivitäten des Ostmarkenvereins verbunden, der im Landkreis Zabrze aber eher schwach war, sondern mit dem kulturellen Wandel innerhalb der liberalen deutschen Eliten. Bei dieser ideologischen Aufladung fiel es den Beteiligten recht schwer, persönliche Emotionen mit einzubeziehen, denn die Feierlichkeiten hatten keine offene Form mehr. Sie versammelten sich nicht um die Grundsymbole des Staates, sondern wurden zu Begegnungen, in deren Rahmen ein Teil der Bevölkerung aus der Gesellschaft ausgeschlossen wurde. Direkt vor dem Ersten Weltkrieg begann eine Kultur der Angst zu dominieren. Die Feierlichkeiten, an denen nun auch Militäreinheiten teilnahmen, hatten immer mehr einen militaristischen Charakter. Übrigens musste auch im Rahmen von Schulausflügen das Spielvergnügen durch Schießen und Marschieren ersetzt werden.

Die bereits erwähnten Feinde des Reiches boykottierten seit der Jahrhundertwende den Sedantag, denn im kulturellen Angebot hatten beide Bewegungen ihre eigenen Feiern. Für die Sozialdemokratie war es das Fest des 1. Mai. Über dessen Verlauf und ungefähre Teilnehmerzahlen berichtete ausführlich die „Gazeta Robotnicza". Nachdem es den Polen in den 1890er Jahren nicht gelungen war, die kirchlichen Feiern zu nationalisieren, sahen sie die jährlichen Pfingstwallfahrten nach Krakau, an denen Tausende teilnahmen, als eine Art Ersatz-Nationalfeier. Diese national und religiös geprägten Reisen haben eine höchst bedeutende Rolle bei der Erweiterung des kulturellen Angebots der polnischen Bewegung gespielt. Keine dieser Feiern war allerdings so ausgebaut und so gut besucht wie der Sedantag.

6. Schlussfolgerungen

Um nun zu einer kurzen Schlussfolgerung überzugehen: Auch am Beispiel der Sedan-Feiern sehen wir, dass Zabrze, obwohl es formell kein Mittelpunkt war, praktisch nach und nach eine solche Rolle übernahm. Allmählich nahmen an den Zabrzer Feierlichkeiten alle im Landkreis tätigen Kriegervereine teil, die dann schließlich auch einen Kriegerverein auf Kreisebene gebildet haben. Ein ähnlicher Einigungsprozess „von unten" verlief ebenfalls in anderen gesellschaftlichen Organisationen sogar bei den Wallfährten. Davon, dass Zabrze immer deutlicher als eine Stadt fungierte, zeugt – aus der Perspektive gesellschaftlicher Organisationen gesehen – die Tatsache, dass auf der Kreisebene Organisationen entstanden, die für Städte charakteristisch waren, wie zum Beispiel Schrebergärtnervereine, die zahlreiche Preisausschreiben veranstalteten, oder auch Tierzüchtervereine, vor allem Taubenzucht- und Kaninchenzüchtervereine.

Immer deutlicher wurde auch die Stabilität der Einwohner dieses Zentrums; berufliche Beschäftigungen gingen vom Vater auf den Sohn über, wobei die junge Generation der Bergleute nicht selten entsprechende Schulen besuchte. Das Ende dieser Welt fing 1914 an.

Vier Jahre später brach sie zusammen, so dass die Einwohner von Zabrze einen neuen Platz und neue Anhaltspunkte für sich suchen mussten.

Zum Schluss müsste man noch nach der Nützlichkeit der lokalen Perspektive bei der Untersuchung regionaler Geschichte fragen. Dies wäre aber eine rhetorische Frage, denn erst auf dieser Ebene, einer der untersten, zu der Quellenmaterialien vorhanden sind, die von mir synthetisch und schematisch gezeigt wurden, lassen sich die tatsächliche Funktionsweise der Gesellschaft und die Einflüsse von Ideologien und dem Strukturwandel beobachten.

AUTOREN

Harald BINDER, Dr., geb. 1961, Studium und Promotion in Bern, seit 1993 in Wien als Historiker tätig. Gründer des „Zentrum für Stadtgeschichte Ostmitteleuropas" in Lemberg / L'viv (Ukraine). Zuletzt veröffentlichte er: Galizien in Wien. Partien, Wahlen, Fraktionen und Abgeordnete im Übergang zur Massenpolitik, Wien 2005. E-mail: h.binder@lvivcenter.org

Stefan DYROFF, Dr. des., geb. 1976, Studium und Promotion an der Kulturwissenschaftlichen Fakultät der Europa-Universität Viadrina in Frankfurt (Oder). Die Dissertation zum Thema „Erinnerungskultur im Nordosten der Provinz Posen (Wojewodschaft Poznań) in den Jahren 1871 bis 1939" wird voraussichtlich 2007 in der Serie „Einzelveröffentlichungen des Deutschen Historischen Instituts Warschau" erscheinen. Forschungsschwerpunkt: Kunst- und Kulturgeschichte des deutsch-polnischen Kontaktbereichs im 19. und 20. Jahrhundert. E-Mail: stdyroff@yahoo.de

Elżbieta EVERDING, Mag., geb. 1979, Doktorandin an der Universität Breslau. Forschungsgebiet: Kulturgeschichte und Literatur Galiziens. Veröffentlichungen: „Der rechtliche Status der nationalen Minderheiten in Lemberg in den Jahren 1918-1939" (In: Orbis Linguarum 2005); „Heinrich Kipper,der Erfolgsschriftsteller der Buchenlanddeutschen" (In: Studia Niemcoznawcze, Bd. 33. Warszawa 2006). E-Mail: elzbietaeverding@web.de

Heidi HEIN-KIRCHER, Dr., seit 2003 wissenschaftliche Mitarbeiterin im Herder-Institut Marburg. Forschungsschwerpunkte: polnische und ukrainische Geschichte des 19. und 20. Jh., politische Mythen und Kulte, Kulturgeschichte des östlichen Europa, Nationalismus, Geschichte der Juden im östlichen Europa. Derzeit laufendes Forschungsprojekt: Kommunale Verwaltung und nationale Bewegung in einer Vielvölkerstadt. Lemberg im 19. Jahrhundert. E-Mail: heinh@herder-institut.de

Autoren

Hanna KRAJEWSKA, Dr., 1990 Promotion über das Filmleben Lodzs in den Jahren 1896-1939, Direktorin des Archivs der Polnischen Akademie der Wissenschaften in Warschau, Forschungsschwerpunkt: Geschichte des Protestantismus in Polen. E-Mail: archiwum@apan.waw.pl

Markus KRZOSKA, Dr., geb. 1967, Studium an der Johannes-Gutenberg-Universität Mainz, Promotion an der Freien Universität Berlin bei Klaus Zernack mit einer Arbeit über den Historiker Zygmunt Wojciechowski. Zahlreiche Veröffentlichungen zur Geschichte Polens, Habsburgs und der deutsch-polnischen Beziehungen, Vorsitzender der Kommission für die Geschichte der Deutschen in Polen e.V. E-Mail: krzoska@t-online.de

Bernard LINEK, Dr., geb. 1965, Studium der Geschichte an der Universität Wrocław 1987-1992, wo er 1999 auch promovierte. Seit 1993 wissenschaftlicher Mitarbeiter des Instytut Śląski in Oppeln. Derzeit Vorbereitung einer Habilitationsschrift zu den Identitätsveränderungen oberschlesischer Arbeiter im 19. und 20. Jahrhundert. Forschungsschwerpunkte: Geschichte Oberschlesiens im 19. und 20. Jh.; Nachkriegsgeschichte Polens, deutsch-polnische Beziehungen, Nationaismus in Ostmitteleuropa. E-Mail: bernard65@poczta.onet.pl

Peter Oliver LOEW, Dr., geb. 1967, Historiker, wissenschaftlicher Mitarbeiter am Deutschen Polen-Institut Darmstadt, hier unter anderem Redakteur der Reihe „Denken und Wissen". Beschäftigt sich mit der Geschichte der deutsch-polnischen Grenzgebiete (Dissertation über Geschichtskultur in Danzig zwischen 1793 und 1997), mit deutsch-polnischer Beziehungsgeschichte, polnischer Ideengeschichte und verschiedenen kulturwissenschaftlichen Fragen. E-Mail: loew@dpi-da.de

Isabel RÖSKAU-RYDEL, Dr., geb. 1959, Studium an der Ludwig-Maximilians-Universität München, Johannes-Gutenberg-Universität Mainz und Jagiellonischen Universität in Krakau. Magister 1986 und Promotion 1992 in München. Veröffentlichungen u.a.: Kultur an der

Peripherie des Habsburgerreiches. Die Geschichte des Bildungswesens und der kulturellen Einrichtungen in Lemberg von 1772 bis 1848, Wiesbaden 1993 (= Studien der Forschungsstelle Ostmitteleuropa an der Universität Dortmund, Bd. 15); Hrsg.: Galizien, Bukowina, Moldau, Berlin 1999 (Deutsche Geschichte im Osten Europas). Seit 2005 wissenschaftliche Mitarbeiterin am Instytut Neofilologii Akademii Pedagogicznej im. KEN in Krakau. Zurzeit Vorbereitung der Habilitation zur Akkulturation und Integration deutschösterreichischer Beamtenfamilien in Galizien im 19. Jahrhundert. E-Mail: roeskaurydel@o2.pl

www.ingramcontent.com/pod-product-compliance
Lightning Source LLC
LaVergne TN
LVHW021821060526
838201LV00058B/3464